Didier Cornaille

INUKSUK

Editions Anne Carrière

Du même auteur

Aux éditions de l'Armançon :

Le Vol de la buse, roman, 1991 – *Prix Sully Olivier-de-Serres 1992.*
La Croix du carage, roman, 1994.
Autun, toute une histoire, document, 2004.
Nouvelles inuit, carnet de voyage, 2004.

Aux Presses de la Cité :

Les Labours d'hiver, roman, 1995 – *Prix Emile Guillaumin 1995.*
Les Terres abandonnées, roman, 1996.
La Croix de fourche, roman, 1997.
Etrangers à la terre, roman, 1998.
L'Héritage de Ludovic Grollier, roman, 1999 ; Pocket, 2002.
L'Alambic, roman, 2000 ; Pocket, 2002.

Aux éditions Albin Michel :

Les Voisins de l'horizon, roman, 2001 ; Pocket, 2003.
Histoires racontées de Bourgogne et du Morvan, récit, 2001.
Je reviendrai vers vous, roman, 2002 ; Pocket, 2004.
La Muse dans le grenier, roman, 2003.
Le Périple du chien, roman, 2004.
Les Gens du pays, roman, 2005.

ISBN 10 : 2-84337-363-8
ISBN 13 : 978-2-84337-363-3

www.anne-carriere.fr

Or, que sont-ils devenus ?
Des hommes le moins du monde ?
Ou des petits fortins déplaçables,
des magasins d'armes
au service de quelque puissant sans scrupule ?

Henry David THOREAU (1817-1862),
La Désobéissance civile

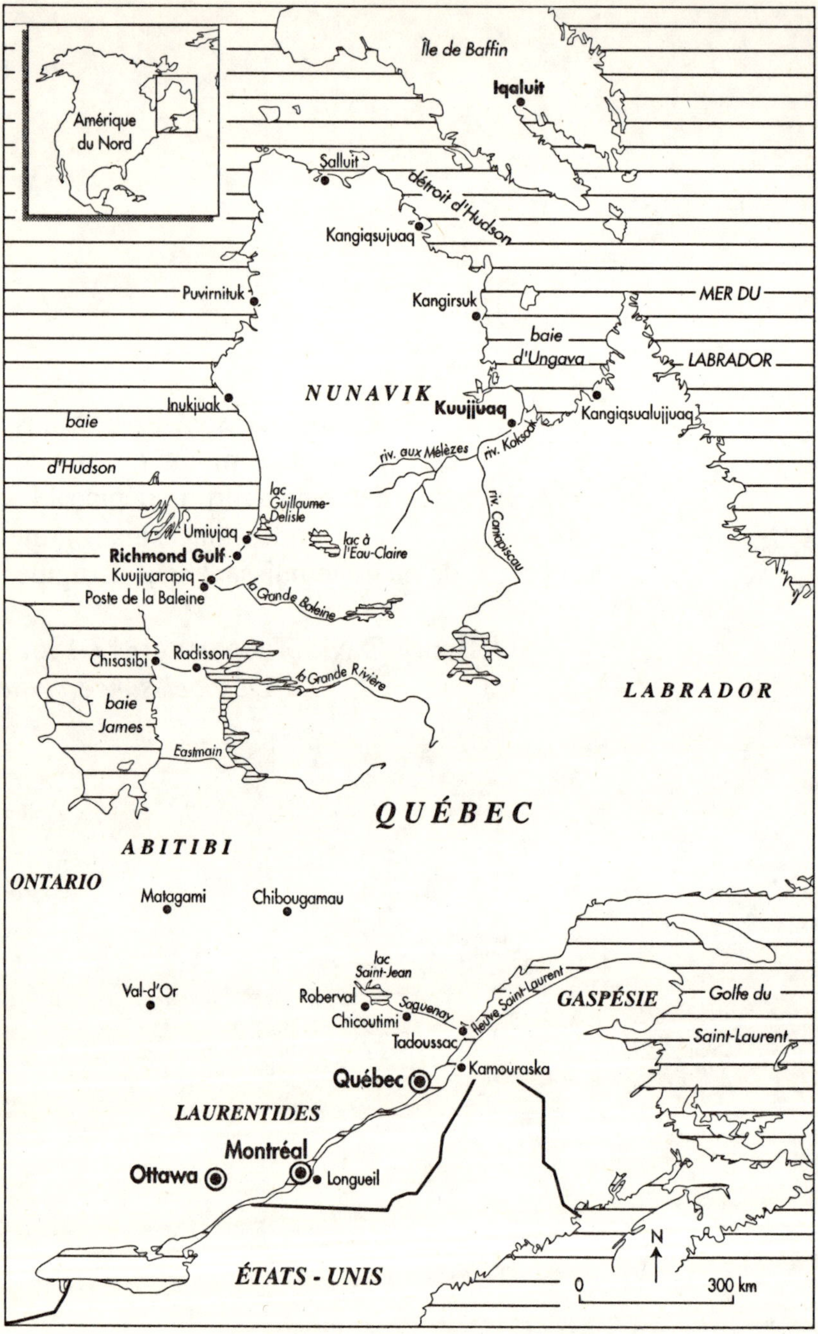

Amérique du Nord
Île de Baffin
Iqaluit
Salluit
détroit d'Hudson
Kangiqsujuaq
Puvirnituk
Kangirsuk
MER DU
LABRADOR
baie d'Ungava
NUNAVIK
Kuujjuaq
Kangiqsualujjuaq
Inukjuak
baie d'Hudson
riv. aux Mélèzes
riv. Koksoak
riv. Caniapiscau
lac Guillaume-Delisle
Umiujaq
lac à l'Eau-Claire
Richmond Gulf
Kuujjuarapiq
Poste de la Baleine
la Grande Baleine
Chisasibi
Radisson
la Grande Rivière
baie James
Eastmain
LABRADOR
QUÉBEC
ABITIBI
ONTARIO
Matagami
Chibougamau
lac Saint-Jean
Roberval
Val-d'Or
Chicoutimi
Saguenay
fleuve Saint-Laurent
GASPÉSIE
Golfe du Saint-Laurent
Tadoussac
Kamouraska
Québec
LAURENTIDES
Montréal
Ottawa
Longueil
ÉTATS - UNIS
N
0
300 km

Avant-propos

Bien sûr, il y a eu Jack London et James-Oliver Curwood. Plus près de nous et dans un tout autre genre, il y eut encore Paul-Emile Victor et Jean Malaurie. Cela ne suffit pourtant pas à expliquer l'attrait que j'ai toujours ressenti pour les peuples du septentrion et plus particulièrement pour les Inuit. S'il suffisait de telles lectures pour se prendre d'amour pour les innombrables peuplades plus ou moins délaissées qu'elles décrivent, ni elles ni nous ne saurions plus où donner de la tête !

Peut-être ne se serait-il rien passé si, voici une quinzaine d'années, je n'avais pas eu l'occasion de tomber sur plusieurs reportages, dans différentes revues dites « de vulgarisation » dont j'étais alors gros consommateur, évoquant l'étonnante évolution de ce peuple. Il y était question de mines gigantesques, de retenues hydroélectriques plus vastes que l'un ou l'autre de nos départements. La mode n'était pas encore à se pencher sur les effets environnementaux de ces entorses faites à la nature. Accessoirement, parce qu'ils faisaient partie du paysage et que les évoquer apportait à ces longues et doctes études une pointe d'exotisme, il était fait mention des Esquimaux, qu'on peinait encore à appeler Inuit, et des changements radicaux que cette intrusion tonitruante de la technologie la plus destructrice pouvait apporter à leur façon de vivre.

On y évoquait systématiquement le renouveau d'un petit peuple qu'on croyait encore, à quelques années de là, perdu d'alcoolisme, de tuberculose et de misère. On y évoquait surtout sa volonté obstinée de concilier les valeurs du monde moderne dans lequel il entrait, avec celles de sa culture traditionnelle. Il y avait là quelque chose qui me turlupinait. Je ne parvenais pas à concevoir que puisse se trouver une interface crédible entre la société de consommation telle qu'on la leur proposait, et une culture quatre fois millénaire, pour ce qu'on en sait, qui ne s'est bâtie que pour aider cet étonnant petit peuple à trouver sa place au sein d'une nature impitoyablement rigoureuse.

Les contre-exemples ne manquent pas. L'effet destructeur de l'intrusion de notre société dite moderne dans des civilisations premières est malheureusement notoire. Pour y vivre et pour y avoir longtemps exercé mon métier de journaliste, je sais, bien plus près de nous, la mort lente d'une infinité de cultures paysannes auxquelles toutes les incidences du progrès n'ont pas laissé la moindre chance de salut. Pourquoi, chez les Inuit, cela ne se serait-il pas produit ?

« Ainsi naissent les personnages de fiction : tels des dormeurs se réveillant soudain sous l'impulsion d'un songe, ce météore du désir [1]*. »* Longtemps, je me suis contenté du songe. Pour des raisons médiocrement matérielles, le désir, celui d'aller au-devant de cette intrigante exception, ne me semblait pas pouvoir raisonnablement dépasser cet état !

---

1. Sylvie Germain, *Les Personnages*, « L'Un et l'autre », Gallimard, 2004.

Il devait pourtant être très fort puisque, en 2004, par la grâce d'un prix Stendhal attribué par le ministère des Affaires étrangères, il a pu, de façon totalement inattendue, entrer dans le domaine du possible. En quelques jours, le dormeur s'est éveillé. Impérieusement, il m'a réclamé *« l'offrande d'une histoire dont lui-même ne sait rien de précis, et nous bien moins encore, mais qui lui revient au nom d'une dette énigmatique contractée par nous du seul fait de l'avoir laissé dormir dans les douves de notre imaginaire, enveloppé dans sa chrysalide de songe, et de l'avoir bercé dans les houles de nos rêves* [1]. »

Je me suis retrouvé chez les Inuit du Nunavut (terre de Baffin), puis du Nunavik (extrême nord de la province de Québec) sans avoir eu le temps de préparer cette aventure. Et ce fut aussi bien ainsi. Si un voyageur, un jour, fut libre de tout préjugé, de toute idée reçue, ce fut bien moi. Je ne savais quasiment rien de mon sujet. J'étais en état de tout apprendre ! Je n'avais qu'un seul viatique : ce personnage de fiction que je portais en moi, qui s'éveillait en moi et dont, en somme, je ne fus, durant ces deux mois, que le compagnon.

Deux mois durant, allant d'une communauté à l'autre, je n'ai fait qu'observer. Sans rien provoquer, sans chercher l'occasion, sans questionner ou presque, je me suis laissé porter; j'ai été une éponge avide de capter. La rédaction de mon carnet de voyage, diffusé chaque semaine sur Internet et publié en octobre 2004 [2], m'a contraint, jour après jour, à réfléchir et à analyser ce que je voyais, ce que je vivais, ce que je rencontrais. Ce fut d'une richesse prodigieuse !

---

1. *Ibid.*
2. *Nouvelles inuit*, éditions de l'Armançon, octobre 2004.

Dans le même temps se dressait peu à peu en moi et prenait force ce personnage de fiction rêvé qui se nourrissait de mes propres découvertes. *« Sans une parole il nous dicte son vœu, lequel a force d'ordre tant il est impérieux :* être écrit. *Il a l'autorité du songe* [1]. »

Avec moi, dans les premiers jours, un peu effaré, il a douté. Il a fallu qu'avec moi, il s'oblige à faire abstraction de ce qu'il était. Avec moi, il a eu la chance de quelques-unes de ces aventures de hasard qui sont les portes dérobées par lesquelles on pénètre jusqu'au plus près du sens des choses. Avec moi, il a pu ainsi voir se dessiner peu à peu les lignes de force d'une société fondamentalement rurale et qui met à le rester autant de détermination que nous en avons mis à nous urbaniser.

Devoir s'éloigner de la communauté, chez les Inuit, est aussi redouté que, fut chez nous, du moins à une époque, la perspective de devoir rester au pays. La communauté ! Voilà le grand mot, celui autour duquel tout, absolument tout s'organise, depuis le quotidien de la chasse ou de la pêche, jusqu'à la gouvernance d'un pays grand comme la France et peuplé de 13 000 habitants... Evidemment, la comparaison atteint vite ses limites ! Rien n'est transposable, il ne s'agit pas de ça.

A l'épopée propre aux Inuit s'en sont juxtaposées deux autres, pour le pire et le meilleur. Celle de cette entreprise titanesque des Québécois qui ont réalisé là-haut, au prix d'inimaginables difficultés, mais dans un esprit pionnier typiquement nord-américain, un des plus grands ensembles hydroélectriques du monde. Il a englouti d'immenses territoires de chasse et de pêche, des sanctuaires inuit. Il a provoqué leur réaction et leur a fait prendre conscience d'eux-mêmes lorsqu'il leur a donné l'occasion de tenir tête aux « Blancs » qu'ils redoutaient

1. Sylvie Germain, *op. cit.*

tant jusque-là. Il leur apporte maintenant, nonobstant ces destructions, une relative richesse qu'ils ont la sagesse de très bien gérer.

La dernière de ces épopées et pas la moindre à mon sens, est celle d'une poignée de ces « Blancs » du sud qui, depuis les années soixante, se sont pris de passion pour cette Nation inuit en devenir. Durant toute leur carrière, ces gens-là, fonctionnaires du gouvernement de la province du Québec, puis de l'administration du Nunavik, se sont dévoués corps et âme pour la cause de ce peuple. Ils arrivent aujourd'hui à l'âge de la retraite, non sans avoir préparé des Inuit à leur succession.

Notre société, après l'Algérie, mai 1968 et quelques autres avatars, s'enfonçait doucement dans la somnolence des nantis pendant que ressuscitait une Nation. Nous n'en savions rien ou si peu que seuls l'indifférence ou le doute accueillaient l'information. La *« chrysalide de songe »* dans laquelle veillait le personnage dont la seule volonté d'exister m'avait conduit jusque chez les Inuit, pouvait-elle trouver meilleur terreau pour prospérer et éclore ?
« Son corps immatériel est tissé de mots en vrac, ourlés de nuit et cousus de silence.

Alors le langage se met à remuer étrangement dans la pensée encore indécise du romancier sollicité. Il remue, il remue comme une eau inquiète, une lave en tourment, balbutiante [1]... »

Didier Cornaille

1. *Ibid.*

1

– Tu te souviens ?

Cette petite pointe d'excitation dans la voix de Pasha ! Que lui valait donc tout ce bonheur ? Clément osa dévisager sa fille sans plus rien cacher de son étonnement.

– On s'assied ? Comme dans le temps ?

Sans attendre, elle se laissa choir à même la roche. Ce fut plus fort que lui ; malgré l'aversion qu'il avait pour tout ce qui, de près ou de loin, pouvait ressembler à de la nostalgie, il ne put empêcher que surgisse l'évidence. Malgré les années, malgré la séparation, elle avait si peu changé. Jusque dans la souplesse et l'élégance avec lesquelles elle avait semblé lover sur elle-même sa longue silhouette de liane.

– Non, tu ne t'assieds pas ?

Un instant, elle avait douté et l'ombre qui avait glissé sur son visage désarçonna encore un peu plus Clément.

– Mais si, bien sûr.

Il mit beaucoup moins d'aisance que sa fille à s'installer auprès d'elle. Certes, le poil poivre et sel du cheveu encore abondant, comme de l'épaisse moustache qu'il portait à la gauloise, avait des allures de coquetterie que se serait permise cette espèce de vieux jeune homme à qui, en définitive, on était bien incapable de donner un âge.

La soixantaine, pourtant, était bien là. Le hâle du visage, la lumière de l'œil bleu avait beau contredire les traits et les rides, il le savait bien, lui, qu'il lui était de plus en plus difficile de dissimuler quelques raideurs, quelques douleurs insidieuses de plus en plus présentes. A croire qu'elles le faisaient exprès ! C'était, évidemment, aux mêmes moments, où il aurait tant voulu paraître ce qu'il n'était plus, qu'il fallait qu'elles lui enfournent rudement leurs aiguillons dans les reins.

Pasha, bien sûr, ne vit rien. Ou du moins, avec ce tact toujours souriant qu'elle avait toujours eu le don de manier, elle n'en laissa rien paraître.

– Ça fait combien de temps ? Combien d'années ? demanda-t-elle gravement.

« La voix de sa mère », pensa-t-il en se reprochant déjà l'espèce de sentimentalisme facile qu'il trouvait ordinairement à ce genre de remarque.

– Bien six ans, peut-être plus, continua-t-elle.

– Oh ! Tu crois ? Tant que ça ?

– Eh ! Compte bien. Quatre ans que je suis à Montréal. Et les derniers temps que j'étais ici...

Il rit.

– Tu avais d'autres choses à faire ! Rester des heures sur un rocher à papoter avec son père... Tu aurais eu bien trop peur qu'on puisse nous voir ! Qu'en auraient dit les copains et les copines ?

– Arrête, tu veux !

Elle riait, elle aussi. Son père avait raison, elle le savait bien, mais le temps passé faisait de ces petites crispations de jeunesse de doux souvenirs. S'en taquiner était un bonheur qu'ils s'offraient en se régalant du plaisir qu'ils ressentaient, l'un comme l'autre, à pouvoir à nouveau juxtaposer les petites aspérités de leurs vies trop longtemps séparées.

La conversation grave de six bernaches les interrompit. Venues du sud, elles remontaient la côte, à mi-distance du littoral et des longues îles qui le protégeaient de la houle du large. Du sommet sur lequel ils se tenaient, ils dominaient les oies. Elles allaient sans hâte et ils purent à loisir admirer le lent et puissant mouvement de tout leur corps ramant avec méthode dans l'épaisseur de l'air.

Quand elles se furent éloignées, Pasha baissa les yeux. Lisse comme un os mort, la roche rabotée par des millénaires de glaciation plongeait devant eux en une courbe élégante jusqu'au bleu turquoise de la mer dans laquelle elle pénétrait sans même la rémission de la moindre grève. Plus loin, entre les îles et le rivage, des glaçons immaculés dérivaient lentement. Parfois, un vol rapide d'eiders presque noirs surgissait du bord déchiqueté de l'un d'eux et allait s'abattre dans quelque crique mouvante que devaient habiter des bancs entiers de petits poissons. Plus loin encore, au-delà des falaises en cuestas sombres que les îles, d'un bord à l'autre de l'horizon, dressaient en face de la côte, dans la brume laiteuse que levait le soleil de juin, on devinait le pack encore figé de la baie d'Hudson.

Pasha reprenait possession de son bien. Sans même avoir l'idée de s'en défendre, elle se laissait submerger par un gros flot d'émotion qui lui faisait le souffle court. Tout naturellement, elle se tourna vers la gauche. Son père, assis à côté d'elle, la gênait. Elle s'appuya fortement des deux mains sur la roche, loin derrière elle, et se pencha autant qu'elle le put pour retrouver, derrière le dos de Clément, au-delà de la profonde gorge qui les en séparait, le décor du village. Son village.

Toutes taillées selon les mêmes lignes sans aucune fantaisie, ne se différenciant l'une de l'autre que par les couleurs vives de leurs pignons ou de leurs façades, ses maisons ne parvenaient pas plus que dans son souvenir à suggérer la moindre osmose entre leur impeccable alignement et la rude nudité sauvage du décor au milieu duquel on les avait plantées. Malgré le beau désordre de matériaux variés, de motoneiges et de leurs traîneaux, de canots à la renverse sur leurs tréteaux, de quatre roues plus ou moins en ordre de marche, qui les environnait, elles semblaient toujours en attente de quelque chose, posées là un peu par hasard, peut-être prêtes pour d'autres destinations.

Pasha n'en avait pas moins pour son village le regard indulgent et même ébahi du plus profond amour. Elle gardait quelques vagues souvenirs de sa plus tendre enfance, à l'époque où on l'avait bâti. En somme, ils étaient quasiment jumeaux, son village et elle, et il y avait là amplement de quoi justifier l'indulgence qu'elle nourrissait à son égard. Tout neuf, bien sûr, mais si bien placé ! Et son regard s'attardait au long de la plage de sable doré doucement incurvée qu'encombraient encore d'innombrables glaçons malgré l'arrivée du printemps. Le village la serrait au plus près. Pasha égrenait les noms des familles qui habitaient là, un œil sur la mer l'autre sur le canot toujours prêt à s'élancer vers le large. Tout au bout, au-delà d'une brève jetée et des dernières maisons, la vue butait sur ce qui, de loin, semblait être une grande bâtisse en bois sombre.

Elle s'y attardait. C'était chez elle. C'était là qu'elle avait passé son enfance, entre ses parents et ses deux frères. La bicoque paraissait totalement anachronique, ainsi plantée légèrement à l'écart des alignements de maisons neuves, ses murs courts en gros madriers, à peine percés de deux ou trois fenêtres étroites, tassés sous un toit creusé d'âge. Elle n'en était pas moins l'image que juxtaposait tout naturellement Pasha à une collection de souvenirs heureux, de jeux et de joies. Elle en était immanquablement auréolée, aussi bancale et vermoulue qu'elle parût, de ces vertus qui, à ses yeux, en feraient toujours et de plus en plus, au fur et à mesure que s'idéaliseraient les souvenirs, le lieu de tous les enchantements.

– Alors ? finit par s'impatienter Clément. C'est juste pour le plaisir du coup d'œil que tu as fait le voyage de Montréal ?

Il faisait bon sur leur rocher. Dans l'éclatante lumière un peu laiteuse de ce beau matin de printemps, la caresse du soleil semblait une résurrection. Pasha n'avait pas vécu l'hiver au village, mais elle en gardait assez de rudes souvenirs pour savoir à quel point ce réveil tardif et fulgurant de la nature peut être un moment essentiel pour tous les habitants de l'Arctique.

– La débâcle a eu lieu il y a longtemps ?

– Douze jours aujourd'hui.

– J'aurais aimé être là.

Clément préféra ne pas relever. Il sentait sa fille à vif. Un feu étrange la brûlait qui n'avait pas pour seule source l'immense bonheur qu'elle vivait, il le savait, à chaque fois qu'elle retrouvait son pays. Il ne lui déplaisait évidemment pas qu'elle manifestât un tel attachement à ce coin pourtant bien rude du Grand Nord québécois. Il s'en savait pour une bonne part responsable, lui qui n'était pas d'ici. Il lui arrivait même de se reprocher d'avoir tant contribué à cet attachement de ses enfants pour ce village qu'il avait aidé à planter là, entre toundra et mer gelée huit mois de l'année.

Il lui arrivait de se demander quel avenir sa fille et ses deux fils pourraient bien avoir dans ce bout du monde dont ne s'éloignait même pas une route. Ce n'était pourtant jamais que des scrupules fugaces que supplantait vite son propre attachement à ce lieu étonnant. L'avenir, ce serait eux qui le feraient et il ne pouvait pas imaginer, quel que soit le poids du bagage qu'ils rapporteraient de leurs études dans le sud, que puisse leur être compté comme handicap de trop aimer leur pays.

« Je ne suis qu'une vieille bête, concluait-il. Je ne me passerai jamais l'habitude de vouloir juger en fonction de mon temps. Sait-on seulement de quoi sera fait le leur ? » Il se rassurait ainsi à bon compte et continuait béatement à s'émerveiller du bonheur que manifestaient ses enfants lorsqu'ils revenaient au pays.

La veille, pourtant, il avait tout de suite compris, en trouvant Pasha à l'escale d'Air Inuit [1], qu'il n'y avait pas, dans le sourire lumineux par lequel elle l'avait accueilli, que cette seule et simple satisfaction de toucher au port familial. D'ailleurs, pourquoi, pour ce seul plaisir, aurait-elle entrepris ce voyage ? S'attendait-il d'ailleurs à l'entendre lorsqu'il avait décroché le téléphone ?

– Tu peux venir me chercher ? lui avait-elle tout bonnement demandé.

Il en était resté tellement interloqué qu'il n'avait pas su quoi répondre.

– Allô ? Tu es là ? avait-elle dû insister.

– Oui, oui, je suis là, mais toi, tu es où ?

– Eh bien, à l'escale, pardi. Tu peux venir me chercher ?

Comme si ça allait de soi ! Le temps avait-il passé si vite ? La date de son retour était-elle arrivée sans même qu'il s'en aperçoive ? Il était près de s'en faire le reproche quand il avait réalisé. Non, décidément, il s'en fallait de plus d'un mois.

– Qu'est-ce qui se passe ? Rien de grave ?

---

1. Air Inuit est la compagnie aérienne autochtone dont les petits avions desservent très ponctuellement les villages du Grand Nord québécois où n'existe aucune route.

Tout de suite, l'inquiétude.

– Non, non, rien de grave, s'était-elle empressée de répondre comme si elle avait prévu la question. Je t'expliquerai.

Elle n'avait pas voulu en dire plus et il vivait, depuis, dans l'incertitude. Il fallait tout de même une bonne raison pour que Pasha fasse le voyage, hors des dates habituelles et surtout sans avertir. Sa mère n'avait pas pu obtenir plus de précision et Clément n'avait pas eu d'autre choix que de suivre Pasha lorsque, le matin même, après avoir avalé un petit déjeuner rapide, elle avait prétendu l'entraîner sur ce rocher dont, petite, elle avait fait le lieu secret où elle n'aimait rien tant que de partager avec son père tous ses secrets et ses interrogations d'enfant.

2

Il fallut longtemps pour que Pasha parût repue. Lorsque, enfin, elle se résolut à se détourner du paysage, son regard débordait d'un contentement paisible. Il réjouit tant Clément qu'il en oublia, pour quelques instants, la question brûlante qui lui taraudait l'esprit depuis la veille.

– Si tu savais ce que ça fait du bien ! dit-elle.

– Je m'en doute. Tu n'aimes pas Montréal.

Elle eut un geste vif de dénégation.

– Non, ce n'est pas ça. C'est une belle ville, Montréal, une ville vivante. Je m'y sens bien. Je crois que j'aime. Mais, comment te dire ? Ce n'est pas chez moi, c'est tout. Ce n'est pas plus compliqué que ça. On peut se sentir bien quand on est en visite. C'est un peu ça. Je suis en visite à Montréal. Pour apprendre, pour découvrir le monde. Enfin, une partie du monde. Mais je n'y suis pas chez moi. Je ne suis jamais qu'en visite. Chez moi, c'est ici. Ce sera toujours ici.

Elle parut tout à coup hésiter.

– Du moins, reprit-elle, je crois... Je crois que c'est ici chez moi.

– Pourquoi cette restriction ?

Du lointain dans lequel elle avait laissé son regard se perdre, elle vint lentement le planter dans celui de son père.

– C'est toi qui as la réponse, dit-elle.

Il sut qu'on y était. Enfin, il allait savoir le pourquoi de ce retour étonnant.

– Qu'est-ce qui te fait dire ça ?

En se contorsionnant sur son rocher, elle parvint à extraire de sa poche deux feuilles de papier pliées en quatre. Elle les ouvrit soigneusement, s'appliqua à les défroisser du plat de la main, en choisit une, fit le geste de la tendre à son père, se retint au dernier moment.

– Promets-moi de ne pas m'en vouloir.

Lui en vouloir ? Et de quoi donc ?

– Pourquoi veux-tu que je t'en veuille ?

– Promets.

– C'est si grave que ça ?

– Je ne sais pas. C'est toi qui me diras. Promets.

Il promit et prit délicatement la feuille un peu fripée qu'elle s'était résolue à lui tendre.

– Qu'est-ce que c'est ?

– Regarde.

Il lui fallut lire. Elle dut subir l'épreuve de tout ce qu'elle tentait de décrypter sur le visage de son père. Figée, très raide à côté de lui, elle l'observait avec une attention inquiète. Ses traits s'altéraient en même temps qu'elle le voyait froncer les sourcils. L'angoisse tout à coup l'étreignit. Et si elle venait de casser irrémédiablement tout ce qui lui semblait jusque-là être le socle inaltérable de son existence et de sa joie de vivre ? Déjà, elle se reprochait son initiative, en même temps qu'elle la savait inévitable.

Sa lecture finie, Clément lui rendit son document.

– Et l'autre, c'est quoi ?

Sa voix avait la consistance de la glace. Fixant l'autre feuillet qu'elle hésitait à lui tendre, son regard ne perdait rien de l'extrême tension qui s'y était dessinée pendant qu'il lisait le premier.

– Tu m'as promis... s'affola-t-elle.

– Ai-je dit le contraire ? Donne.

C'était presque un ordre. Elle en frémit et ne lui tendit qu'à moitié la seconde feuille qui se replia. Il la lui arracha presque des mains, la rouvrit nerveusement et se plongea dans sa lecture. Il lui fallut plus de temps encore que pour la première. Il semblait peser chacun des mots, les livrer à une laborieuse réflexion, peut-être déjà les livrer aux arguments de ses dénégations. Elle avait été d'une naïveté totale. Il allait nier, rejeter tout en bloc et la laisser avec ses doutes, et surtout le reproche d'avoir osé, qu'il ferait à jamais peser sur elle.

Lorsqu'il eut fini de lire, il abaissa doucement la main, laissant la feuille pendre le long de sa jambe. Sidérée et folle d'incertitude, elle vit le regard de son père se perdre si loin, dans une rêverie d'une telle profondeur qu'elle en fut effrayée. A quels rivages venait-il d'aborder ? Quels paysages inconnus venait-elle ainsi de faire surgir du fond de la mémoire de Clément, avec une telle intensité qu'il lui sembla qu'elle était assise auprès d'un étranger ? Elle ne connaissait donc pas son père. Au-delà de l'immense complicité qui les avait toujours rapprochés, il y avait donc un autre homme, un inconnu d'autant plus redoutable qu'elle n'avait jamais soupçonné son existence et qu'il se dressait entre eux avec une effrayante brutalité.

Elle aurait dû s'y attendre. Nul autre qu'elle-même avait commis le geste fatal. En décidant d'entreprendre ce long voyage, elle avait pourtant cru se résoudre à la solution la plus raisonnable. Avant toute autre démarche, elle devait lui parler, lui expliquer, obtenir son accord. Pas un seul instant, elle avait imaginé qu'il puisse réagir avec une telle force.

Le temps semblait étal. Il glissait à leurs pieds, aussi lisse que la surface des eaux de la baie dont les glaçons qui l'encombraient effaçaient le moindre clapot. Au loin, sur une des îles, on entendait les chiens aboyer. Depuis que les oies bernaches s'étaient éloignées, c'était à peu près le seul bruit qui venait troubler la perfection du silence.

Pasha n'osait pas interrompre la réflexion de son père. Immobile à côté d'elle, le dos voûté, le regard vide, il lui faisait mal. Tout plutôt que cette espèce de rupture, cette évasion vers des horizons connus de lui seul. Tout plutôt que cette exclusion qu'elle avait provoquée et qui la laissait seule avec ses questionnements ridicules.

Elle frissonna. Pas de froid ; il faisait doux. Elle aimait cette étonnante et légère caresse du printemps quand l'air apaisé oublie qu'il mordait encore quelques jours plus tôt. Simplement, en levant les yeux, la conscience lui était revenue, plus fort encore peut-être que par le passé, de leur infinie petitesse. A l'exception du village, sur sa gauche, où qu'elle tournât le regard, il y avait cette immensité de la mer et de la toundra au sein de laquelle, quoi qu'elle fasse, elle se sentait infime, irrévocablement déchue de tout pouvoir. L'élément naturel s'imposait là dans une telle force sauvage qu'elle se sentait réduite à l'état du plus modeste de ses composants. Elle était à sa merci, mais cette constatation ne l'avait jamais vraiment effrayée. Il lui avait toujours semblé, au contraire, que c'était de cette perception très claire qu'elle avait de la modestie de sa place, dans cet univers d'une rare rudesse, qu'elle tirait la certitude qu'il ne serait jamais son ennemi.

Et voilà qu'il lui semblait hostile. C'était son père qui lui avait inculqué ces règles simples de profond respect pour les forces de la nature qui les entouraient. Plus encore que ses frères, que l'exercice ne passionnait que modérément, elle l'avait suivi dès son plus jeune âge dans ses fréquentes parties de chasse ou de pêche.

Elle avait pleuré toutes les larmes de son corps lorsqu'il avait remplacé son attelage de chiens par une motoneige toute neuve dont il était pourtant très fier, mais elle n'avait pas tardé à se laisser conquérir par l'abri douillet qu'il lui avait confectionné dans le coffre du traîneau qu'il attelait à son engin. Emerveillée, des heures durant elle contemplait la toundra qui défilait, souvent éclairée, au plus fort de l'hiver, de la seule lueur diffuse née de la neige omniprésente et de la glace des lacs qu'ils traversaient comme des bolides.

Blottie contre lui, elle dormait dans de minuscules refuges qu'il savait toujours dénicher au plus profond de ces immensités sans bornes ni repères. Au matin, elle n'aimait rien tant que de rester lovée au creux de la forme qu'il avait laissée dans leur duvet, pendant qu'il s'activait, à la lueur d'une lampe à gaz, pour vaincre le froid et faire fondre la neige de leur petit déjeuner. Puis ils repartaient pour de folles courses vers des lacs plus poissonneux les uns que les autres ou sur la trace des caribous. Sur le chemin du retour, il n'était pas rare que le corps énorme de l'un d'eux, vite raidi par le froid, encombre l'arrière du traîneau. C'était là une conséquence logique de ces expéditions, mais elle n'aimait pas beaucoup sentir dans son dos cette encombrante présence. Elle rentrait recrue de fatigue, la peau du visage brûlée par le gel, mais exubérante de bonheur. Il allait lui falloir encore bien des années pour comprendre que c'était simplement de s'être satisfaite d'être si petite au milieu de tant d'espace.

Tout ceci, toutes ses trépidantes jeunes années dans l'orbite d'un père tant admiré n'auraient donc été qu'un tissu d'illusions... On en était donc au moment de la chute, des yeux que l'on ouvre enfin et de l'insupportable douleur que procure l'éclat soudain de la vérité.

Pasha, de plus en plus tétanisée, ne parvenait plus à discerner autre chose que cet affolant regard vide. Son père était là, bien sûr, à côté d'elle, mais il lui semblait l'esprit perdu à jamais dans un monde qu'elle ignorait. Il fallait pourtant en finir. Elle s'était trop engagée pour qu'il soit encore possible d'ignorer. Elle n'avait plus d'autre choix que d'aller au bout de sa démarche. Elle reprit doucement la feuille de papier que Clément tenait encore le long de sa jambe, et la leva à hauteur de ses yeux.

– C'est bien toi ? demanda-t-elle d'une voix blanche.

Le pire aurait été qu'il ne réagisse pas, qu'il reste irrémédiablement dans cet autre monde, dont Pasha venait de prendre conscience qu'il existait, et de découvrir du même coup la terrible douleur d'en être exclue. Durant quelques instants qui lui parurent une éternité, elle redouta qu'il en soit ainsi. Mais il finit par se tourner lentement vers elle et elle eut l'immense bonheur de voir un sourire un peu triste, un peu penaud, rendre vie à son visage.

– Qui veux-tu que ce soit ? Bien sûr que ce Clément Simare-là, c'est moi et personne d'autre.

– Jamais tu ne nous avais dit... fit-elle l'erreur de reprocher.

Elle le vit sur l'instant se refermer comme une tombe. Son regard à nouveau avait filé droit devant lui, très loin, à l'infini blanchâtre des glaces de la baie d'Hudson et du ciel de l'Arctique, au-delà des îles.

– Jamais je ne vous ai dit, répéta-t-il comme s'il s'en étonnait. C'est pourtant vrai. Peut-être, j'aurais dû. Peut-être que c'était mieux comme ça. Va savoir...

Il ne reprochait pas. Le soulagement fut tel, pour Pasha, qu'elle eut quelques instants la sensation d'être terrassée par une fatigue insurmontable. Il ne s'en aperçut pas, trop occupé à tenter de maîtriser ses propres émotions.

– Comment as-tu trouvé ça ? demanda-t-il.

Expliquer, simplement exposer les faits, remettre de quelques mots l'affrontement des sentiments. C'était comme un répit. Elle s'y engouffra.

– Un copain, dit-elle. Un fondu d'Internet. C'est lui qui est tombé, par hasard, m'a-t-il dit, sur le site de ce Luc Simare. En fait, c'est le grand jeu. On va sur les moteurs de recherche et on tape le nom d'un ami, d'un voisin, d'un prof, juste pour voir ce qui va sortir. Il en pince un peu pour moi. Il aura fait mon nom, voilà tout.

Clément en était encore au stade du télécopieur. Certes, pour son travail, il savait, pour se l'être fait souvent répéter, qu'Internet lui serait de la plus grande utilité, mais tout cela lui semblait bien compliqué. Jusque-là, il lui avait été assez commode de se réfugier derrière les difficultés de communications du Grand Nord, la terrible lenteur des transmissions et le coût exorbitant des liaisons satellites par lesquelles ils étaient encore obligés de passer. Pouvait-il imaginer qu'il n'était pas pour autant à l'abri de ces redoutables outils ?

– Et il est où, ce Luc Simare ? demanda-t-il.

– En France, j'imagine, mais ça n'a pas grande importance. Il a voulu en savoir plus, apparemment, sur son oncle. Il a lancé ce site sur le Web...

– Comme une bouteille à la mer.

– Si tu veux. Il y a un peu de ça.

– Et l'autre ?

Du menton, Clément désignait le feuillet que Pasha venait de lui reprendre et qu'elle tenait toujours à la main. Elle parut hésiter et ses pommettes rosirent imperceptiblement.

– Ça, c'est moi, finit-elle par admettre en baissant les yeux vers la page d'un autre site, sortie de son imprimante.

Une fois de plus, il fallait expliquer. Elle prit le temps d'une grande aspiration qui l'aida à maîtriser son émotion.

– Le message de ce Luc, ça ne dit pas grand-chose, mais, tout de même, ça correspondait trop. Le nom, la date de naissance ; c'était toi, évidemment. Pour le reste... On le sait bien que tu es venu de France, mais tu nous en as si peu parlé... J'ai eu la tentation de répondre, de lui dire, à ce Luc, que, selon toute vraisemblance, nous étions cousins. Tu sais, ça fait quelque chose de se trouver un cousin comme ça. Et puis, j'ai réfléchi. J'ai cherché à en savoir plus. Moi aussi, je suis allée sur un moteur de recherche. Je n'ai pas eu de mal à trouver. En fait, peut-être que le copain aussi, il avait trouvé, mais il ne m'en a rien dit. C'est la grande mode, ces sites voués à la généalogie. On se retrouve comme ça des ancêtres inouïs ! Je ne sais pas, ça doit rassurer les gens de savoir d'où ils viennent. Celui-là, bien sûr que c'est le même Luc Simare qui l'a fait. Ça doit être un vrai mordu d'Internet, ce cousin-là. Bref, il m'a confirmé ce dont au fond je ne doutais déjà plus. C'était bien de toi dont il s'agissait. J'ai appris comme ça que tu étais originaire d'un pays de France que je ne situe même pas et qu'on appelle le Morvan...

Il eut un étrange sourire, presque attendri. D'un geste de la main, il l'incita à ne pas s'interrompre.

– Je t'expliquerai, dit-il. Je te montrerai sur une carte. Continue.

Lentement, elle juxtaposa les deux feuilles de papier, les remit dans leurs plis. Elle semblait prendre le temps de peser les mots qui allaient venir.

– J'ai aussi appris que ton père était bourrelier. Ça non plus, je ne sais pas ce que c'est.

– Je t'expliquerai...

– Et puis...

Elle leva tout à coup sur lui un regard lumineux, presque triomphant.

– Et puis j'ai appris que j'ai une grand-mère paternelle !

Clément marqua le coup. Jamais, jusqu'à cet instant, sa fille n'aurait pu imaginer que les yeux de son père puissent se mouiller d'émotion.

– Elle est encore de ce monde... bafouilla-t-il bêtement. Et... Et mon père ?

Il tourna lentement sur Pasha un regard livide. Elle dut faire un gros effort sur elle-même pour lui asséner ce coup. Elle n'avait pas pensé qu'il puisse ignorer.

– Décédé. Il y a sept ans.

Le dos rond, les épaules voûtées, Clément opinait doucement du chef.

– Décédé, répéta-t-il. Il y a sept ans...

Il semblait chercher à se convaincre.

– Tu ne savais pas ?

Il ne put que confirmer d'un geste lent de la tête, mais il se reprit vite. Cette émotion-là, c'était pour lui, plus tard, quand il serait seul.

– Et alors, cette grand-mère ? se força-t-il à demander.

– Elle s'appelle Jeanne et elle a quatre-vingt-cinq ans, c'est bien ça ?

– C'est bien ça.

Pour Pasha, le bonheur de s'être retrouvé une grand-mère primait sur tout le reste.

– Tu vois, quand j'ai découvert ça, je n'ai plus eu qu'une idée en tête : lui écrire, à cette grand-mère Jeanne ; lui dire que j'existe, que mes frères existent, qu'elle a trois petits-enfants à moitié esquimaux, que tu es le meilleur père que des enfants comme nous puissions espérer ! J'ai failli le faire. Il s'en est manqué de peu, tu sais. Et puis, tout de même, je me suis dit qu'il fallait bien que tu aies des raisons pour avoir rompu comme ça...

– Je n'ai pas rompu.

La remarque de Clément avait jailli comme une balle. Elle laissa Pasha interdite. Une question lui brûlait les lèvres, qu'elle eut la présence d'esprit de ne pas poser. Chaque chose en son temps. Elle préféra reprendre comme s'il ne l'avait pas interrompue.

– J'ai pensé que je devais t'en parler avant d'entreprendre quoi que ce soit.

– Ce voyage, c'était pour ça ?

– Bien sûr.

– Tu repars quand ?

– Dès demain. J'ai encore des examens.

– Bien sûr.

Enfin, elle vit son trouble. Les coudes sur les genoux, les mains jointes devant la bouche, le dos voûté, elle lui trouva un air misérable et s'en sentit coupable.

– Pardon, demanda-t-elle.

Il se tourna vers elle, surpris.

– Et de quoi donc ? s'étonna-t-il. Tu as bien fait. Tu as bien fait de ne rien entreprendre avant de m'en parler. Je t'en remercie.

Et maintenant ? Il semblait préférer s'en tenir à ce constat et ne rien vouloir envisager de ses conséquences. Pasha, elle, ne pensait qu'à ça.

– Papa ?

Il était bien rare qu'elle s'adresse ainsi à lui. Elle usait plus couramment de son prénom ou même de ce sobriquet, « Inuksuk », que lui avaient donné les Inuit du village. Il se fit attentif.

– Dis-moi que tu veux bien que j'écrive à ma grand-mère Jeanne.

Evidemment, il s'y attendait, mais que répondre ? Il savait pertinemment qu'il n'avait aucune raison valable de refuser la demande de sa fille. Et pourtant, comme toujours, comme depuis plus de quarante ans, quelque chose en lui s'opposait, avec la même force inébranlable, à ce qu'il consente enfin à ce geste qu'il n'avait jamais su faire.

– Dis-moi que tu veux bien, insista-t-elle.

Etre dans l'incapacité de dire oui suffisait-il à justifier qu'il puisse dire non ? Et d'ailleurs, en avait-il l'envie ?

– Attends, dit-il. Laisse-moi réfléchir. Ce n'est pas si simple.

Il savait qu'il gagnait du temps et se reprochait cette forme de lâcheté. Il esquivait tout en sachant très bien que ce jeu-là ne pourrait pas durer éternellement.

– Quand ? s'obstina-t-elle.

Il eut de la main un geste un peu exaspéré.

– J'y penserai, je te le promets. Et je te tiendrai au courant. Mais là, comme ça, à brûle-pourpoint, je n'ai pas de réponse à te donner. Tu dois comprendre.

Pour Pasha, ce n'était pas si évident que ça.

– Tu sais, dit-elle, elle a quatre-vingt-cinq ans, la grand-mère Jeanne. Je voudrais tant qu'elle nous connaisse !

Abrupt réalisme des jeunes ! C'était donc ça ? Pasha avait tout bonnement peur que sa grand-mère disparaisse avant qu'elles aient eu le temps de faire connaissance !

– Je te promets, ne put que répéter Clément. Je te tiendrai au courant. Mais tout ça doit rester strictement entre nous. Personne, tu m'entends bien : tu ne dois en parler à personne, surtout pas à ta mère. On est bien d'accord ?

Malgré toutes les questions qui se bousculaient dans sa tête, Pasha dut s'incliner.

– Fais vite, dit-elle simplement en se relevant. Je voudrais tant la connaître, la grand-mère Jeanne !

Debout sur le dos rond et nu de la roche qui s'incurvait jusqu'à la mer, elle prit un dernier plaisir à envisager du regard le plus d'espace possible pour se convaincre, une fois encore, qu'ils n'étaient, son père et elle, que d'infimes particules posées comme par hasard sur l'immensité d'eau, de glace et de roc du toit du monde.

3

Pasha est partie hier après-midi. Je l'ai emmenée moi-même à l'escale dans mon vieux pick-up. De tout le temps que nous avons passé à attendre l'avion d'Air Inuit, elle est restée plantée devant le spectacle du village qu'on découvre de là-haut, blotti au fond de la baie, avec les îles, en face qui le protègent des vents d'ouest. Il faisait délicieusement beau. La vue portait très loin au large, sur le pack encore figé qui scintillait et projetait vers le ciel une belle lumière blanche telle qu'on n'en voit nulle part ailleurs. Elle ne voulait rien en perdre.

Je suis resté auprès d'elle. Nous avons parlé de tout et de rien, de ses frères et de leurs études, de sa mère et des petites incompréhensions qui parfois les déchirent, de mon travail, de mes voyages qui l'inquiètent toujours un peu, du « Café de Paris » dont elle dit en riant que c'est ma danseuse ! De tout ce temps, elle ne m'a pas accordé un regard. Ses yeux restaient rivés sur ces paysages qu'elle aime tant, celui du village comme ceux de la mer ou de la toundra qui l'entourent.

Parfois, cet attachement presque déraisonnable qu'elle manifeste pour notre bout du monde m'inquiète. Puisqu'elle veut à tout prix y revenir, que fera-t-elle de tout ce qu'elle a appris à l'université, à Montréal, dans ce village perdu entre mer et toundra, où rien ne se passe que la monotonie des jours entre chasse et pêche ? Quand je lui en fais la remarque, elle se rebiffe.

– Et toi ? dit-elle. Tu n'as pas su y faire ton trou, dans notre village ? Tu n'es pas inuit, tu n'étais ni chasseur, ni pêcheur. Tu y as tout de même réussi, non ?

Elle est évidemment d'une parfaite mauvaise foi, mais que puis-je répondre ? Entre un pilote de brousse désargenté, un peu aventurier, et une jolie fille bardée de diplômes comme elle, il y a tout de même une différence. Et puis les temps ne sont plus tout à fait les mêmes.

Quand je suis arrivé ici, voici vingt ans, il n'y avait rien, pas même un village ; rien que la toundra avec des traces de caribous, de loups et d'ours noirs dans la boue, au bord des ruisseaux. Je n'y étais venu qu'à la demande de quelques Inuit qui voulaient que je les transporte jusque ici avec leurs hardes. Ils avaient pris la décision, complètement folle, de venir s'installer ici, loin de Kuujjuarapiq, des Indiens Cris qui y habitent et qu'ils n'aiment pas beaucoup, et, disaient-ils, des projets des Qallunaat – les « gros sourcils » en inuktitut, leur langue. C'est comme ça qu'ils nous appellent, nous les Blancs dont ils se méfient bien un peu et ils ont quelques bonnes raisons pour ça ! Les projets, c'étaient ceux d'Hydro-Québec qui parlait, à l'époque, de construire sur la rivière de La Grande Baleine un ensemble hydroélectrique plus grand encore peut-être que celui de La Grande, au sud.

Les Inuit de Kuujjuarapiq ont décrété que cette affaire-là ne les intéressait pas, que les Blancs, qui allaient inonder leurs territoires de chasse et de pêche et leurs sanctuaires, n'avaient qu'à les dédommager et les aider à s'installer loin de tout ce remue-ménage. Comme ils sont malins comme des singes et que, depuis qu'un juge de Québec leur a donné raison voici plus de trente ans, quand ils se battaient pour qu'on reconnaisse leurs droits sur ces fichues terres gelées d'un bout de l'année à l'autre, ils ont compris qu'ils avaient de sérieux atouts. Ils se sont bagarrés et ils ont obtenu gain de cause. Ça n'a pas été une mince affaire, mais enfin, il a bien fallu qu'on le leur construise, leur village ! Et le plus drôle, c'est que, une fois qu'ils ont été bien installés, leurs grands chefs ont fait tant et si bien que le projet qui devait inonder toute la vallée de La Grande Rivière de la Baleine est passé aux oubliettes !

Et moi, dans cette affaire ? Eh bien, c'est simple, j'étais venu juste pour un transport même pas payé au tarif, et je ne suis jamais reparti ! Difficile de comparer une histoire pareille à celle qui attend inévitablement Pasha. Elle n'en démord pourtant pas et chaque fois qu'elle prend l'avion de Montréal, c'est pour en revenir au plus vite.

Cette fois, bien sûr, les conditions ne sont pas tout à fait les mêmes. Elle aurait pu attendre un bon mois, que l'année universitaire soit finie, ses examens dans la poche, comme d'habitude, pour que nous en parlions. Non. Il a fallu qu'elle vienne me mettre tout ça sous le nez sans le moindre délai. Sa mère tout craché ! Ce n'est pas une Inuk [1] pour rien ! Une fois décidé, ça doit être fait, on n'attend pas ! Le genre à remettre au lendemain, ce n'est pas de chez eux ! Après tout, ce sont peut-être eux qui ont raison.

L'avion était presque à l'heure. Un événement ! Par Puvirnituk et Inukjuak, il arrivait de Salluit, tout en haut, là-haut, sur le détroit d'Hudson. A l'heure qu'il est, le pays est peut-être encore totalement pris dans la glace. De là, par Kuujjuarapiq et Radisson, il redescendait

1. Inuk, singulier d'Inuit. Le mot n'a pas de genre : un, une Inuk, des Inuit. L'adjectif inuit est invariable.

jusqu'à Montréal dont il était monté le matin même. L'omnibus du Grand Nord ! Eh ! Quand on n'a pas la moindre route sur un pays aussi grand que la France, ponctuels ou pas, c'est qu'on y tient à nos petits coucous d'Air Inuit. Et puis, après tout, est-ce que ce n'est pas aussi bien comme ça ? En admettant qu'ils arrivent à les tracer, leurs routes, elles seraient utilisables, quoi ? quatre, cinq mois de l'année, pas plus. Et puis d'ailleurs, les Inuit, pas fous, n'y tiennent pas. Ils n'ont aucune envie de voir leur tranquillité chamboulée par les hordes motorisées qui se précipiteraient. Et là aussi, je crois bien qu'ils n'ont pas tort.

Il a fallu qu'on entende l'avion se poser pour que Pasha consente, visiblement à regret, à se détourner de la vue du village, de la baie, des îles et de la mer. On a traversé le hall de l'escale. Le petit bimoteur à plan supérieur venait se ranger sur le minuscule tarmac. L'employée ouvrait la porte et commençait sa collecte des billets. Pasha m'a soudain saisi le bras.

– Tu feras vite ?

Elle m'implorait, plongeant dans le mien un vrai regard de chien battu. J'ai promis, bien sûr.

J'ai attendu d'avoir vu l'avion décoller pour me décider à tourner les talons. Je savais ce qui m'attendait. Comme si ça servait à quelque chose, je ne suis pas passé par la maison. J'ai emprunté la porte de derrière, celle qui donne directement dans la grande salle du restaurant, et je suis allé chercher de quoi m'occuper les doigts et l'esprit derrière le bar.

Un bien grand mot, il faut l'admettre, que celui de restaurant ! C'est mon vieux copain Josepi qui l'a baptisé ainsi voici bien longtemps. Un grand hangar, en fait, rien de plus. A l'origine, l'entrepôt d'un comptoir de la société Revillon-frères de Paris, France. Ici, on stockait d'un côté les fourrures qu'apportaient les Inuit et de l'autre les armes, les munitions, les pièges, le thé, les allumettes, les petits poêles à bois en tôle – dont certains réchauffent encore de nos jours les campements – , mais aussi d'effarantes quantités d'alcool de piètre qualité et bien d'autres produits de l'industrie des Blancs dont, sans le moindre scrupule, les commis des grandes compagnies, telles que Revillon ou bien plus encore la compagnie de la Baie d'Hudson, polluaient la société inuit.

Et puis, vers les années trente, sans autre préavis, on a fermé boutique. Au retour de la chasse, les habitués de la maison ont tout simplement trouvé porte close. Ils n'ont plus eu qu'à aller proposer leurs peaux de renard, de lynx ou d'ours aux comptoirs de la Baie d'Hudson les plus proches qui s'étaient si longtemps impatientés de devoir compter avec la concurrence de Revillon. Ils se sont bien gardés d'expliquer que c'étaient eux qui, après avoir racheté les parts de Revillon, avaient tout simplement décidé de supprimer ces gêneurs. Dès lors, ils étaient seuls et pouvaient imposer leur loi aux Inuit.

Un malheur n'arrivant jamais seul, la mode de la fourrure est passée, en Europe comme aux Etats-Unis. Les renards argentés et les visons qu'on élevait dans des fermes, au sud, comme des oies ou des cochons, ont pu satisfaire la demande. Sans parler de la fourrure synthétique qui faisait son apparition. Et comme si tout cela ne suffisait pas, il a fallu que le troupeau de caribous se mette à fondre comme neige au soleil.

Bref, ce ne furent pas des temps heureux pour les Inuit. Ils étaient encore nomades et vivaient sous la tente l'été et dans l'igloo l'hiver. Et la misère la plus noire par-dessus le marché... On mourait de faim, dans ces pays-là, dans ces temps-là. C'est-à-dire il y a un demi-siècle, pas plus.

Même la compagnie de la baie d'Hudson a fini par renoncer, c'est tout dire. On les a bien abandonnés à leur triste sort, ces braves Inuit. On a fait scintiller sous leurs yeux le miroir aux alouettes d'un commerce dont on avait omis de leur dire qu'il ne durerait que ce que durent les modes.

Ils nous le reprochent encore aujourd'hui. « Les oui-oui » qu'ils nous appellent ; ceux qui sont toujours d'accord en face et qui font exactement le contraire dans votre dos. Ça nous colle à la peau, cette histoire-là, et ce n'est pas près d'être oublié. Sans compter, il faut le dire, que ce n'était pas pour déplaire à ceux d'Ottawa, les anglophones et leurs missionnaires anglicans, pas fâchés de voir ces catholiques français embourbés dans leurs maladresses. Alors, s'il fallait en rajouter une petite couche...

Les commis de Revillon-frères n'en construisaient pas moins comme si ça devait être pour toujours ou presque ! Leur bâtiment avait encore fière allure, quand les Inuit de Kuujjuarapiq m'ont entraîné dans cette aventure. Ils m'ont expliqué qu'ils l'avaient bien un peu entretenu, depuis le temps. Il leur servait de « pourvoirie », comme ils disent, pendant leurs expéditions de chasse au phoque, sur le pack, ou de pêche, dans le lac Guillaume Delisle tout proche. Et puis, déjà, peut-être, l'idée qu'un jour il pourrait bien servir... On y a passé le premier hiver, avant que soient construites leurs maisons. On était bien moins nombreux que maintenant, mais ça faisait tout de même du monde. On étaient un peu serrés, mais ça tenait chaud, voilà tout !

Plus de vingt ans après, le Café de Paris existe toujours. J'ai aménagé le logement du commis de Revillon. J'en ai fait, je crois, un appartement confortable où Alasi et moi avons élevé nos trois enfants. Ce soir, en faisant semblant de m'activer derrière le bar, je sais pertinemment ce qui va advenir, mais je n'ai pas la moindre idée de la façon dont je vais pouvoir me tirer d'affaire.

4

A l'origine, ce qui avait été le logement du commis n'était pas bien grand. Juste deux petites pièces à côté de celle, bien plus spacieuse, qu'occupait le magasin. Il n'était pas là pour pantoufler, le commis. Déjà pas mal qu'on lui ait consenti ce petit espace où il pouvait de temps à autre venir se réchauffer. Car, dans le magasin, pas de chauffage, ou alors le minimum juste pour que toutes les denrées exposées dans les rayonnages ne gèlent pas. Il ne s'agissait pas que les clients, sortant de leur igloo ou arrivant en droite ligne du fond de la toundra, prennent goût au confort et passent plus de temps que nécessaire au coin d'un feu dont il aurait fallu, par-dessus le marché, payer le combustible !

L'entrepôt était bien suffisant pour recevoir mes activités d'aubergiste. J'ai repris tout l'ensemble des deux petites chambres et du magasin et, d'abord à temps perdu, puis dans l'urgence quand s'annonça notre premier enfant, j'en ai fait un appartement confortable dont je suis très fier aujourd'hui encore. Le village était alors en pleine construction et il n'était pas trop difficile de se procurer les matériaux nécessaires.

Ça, c'est mon côté manuel, le plaisir et même le besoin que j'ai toujours ressenti de m'occuper les mains quand ça commençait à trop tourner dans la tête. Une façon comme une autre de penser à autre chose. J'ai gardé les deux petites chambres. J'ai eu bien assez du magasin pour créer une salle de séjour, une cuisine, une salle d'eau et encore une autre chambre. Le plus difficile a été de caser à l'abri du gel les deux réservoirs que nécessite l'absence totale de système d'adduction d'eau potable et d'évacuation d'eaux usées. Comment voulez-vous enterrer des canalisations dans un sol gelé à longueur d'année ? Les Inuit ont fini par adopter une fois pour toutes la solution initialement transitoire qu'avaient imaginée les ingénieurs québécois. Des camions-citernes sillonnent les rues du village à longueur de journée, été comme hiver, les uns approvisionnant chaque habitation en eau claire, les autres évacuant les eaux usées.

Mon problème était qu'il fallait bien que j'intègre ma bâtisse à la norme en application sur toutes les maisons préfabriquées, livrées en pièces détachées, depuis le sud. Avec bien des difficultés, j'ai fini par y parvenir et cela n'a pas été pour rien dans mon intégration définitive parmi la population locale. Pendant que je m'escrimais à résoudre quantité de problèmes de bricolage rendus cruciaux par l'inflation des contraintes liées aux conditions climatiques locales, les Inuit, mes voisins et déjà passablement amis, en étaient encore à se délecter des charmes d'un habitat moderne tranchant quelque peu, on en conviendra, avec la tente ou l'igloo, selon la saison, dans lesquels ils avaient tous passé leur jeunesse. Que je sois parvenu à fabriquer moi-même une bonne part de ces merveilles était de nature à faire naître chez eux un profond sentiment d'admiration. J'en fus bénéficiaire juste à temps, avant qu'eux-mêmes, avec la prodigieuse capacité d'adaptation qui les caractérise, découvrent les plaisirs ineffables de la perceuse à percussion, de la ponceuse et autre raboteuse qu'ils s'empressèrent de reconvertir pour servir leur passion : l'extraction de formes très élégantes contenues, selon eux, dans chaque bloc de stéatite.

De la disposition initiale des lieux, je n'avais gardé, en fin de compte, que les deux petites chambres du commis et la porte qui lui permettait de passer directement de son magasin à l'entrepôt. Lorsque ce dernier prit progressivement des allures de gargote, j'installai le bar devant cette porte de façon à pouvoir, quoi qu'il advienne, préserver l'intimité de notre logement.

C'était de cette porte à quelques centimètres de laquelle je cherchais, assez vainement, il faut le dire, à me donner une contenance très affairée, que n'allaient pas tarder à provenir mes difficultés. Je n'eus pas à attendre longtemps. Comme à son habitude, Alasi est entrée si discrètement que si je n'avais pas été là, accroupi devant ma glacière dans laquelle je prétendais mettre un ordre qui y régnait pourtant déjà, j'aurais très bien pu me laisser surprendre. Elle est venue s'adosser aux bacs de lavage du bar.

– Elle est bien partie ? a-t-elle demandé.

Dans le grand vide de la salle déserte, sa petite voix très douce a porté avec une netteté de scalpel.

Alasi ! Avec sa délicatesse coutumière, Josepi m'a donné son point de vue sur notre union le jour même de notre mariage

– Elle n'est pas faite pour toi. Je ne te donne pas six mois pour que tu la foutes dehors ! m'a-t-il froidement déclaré en matière de vœux de bonheur et de prospérité.

Ou alors, c'était peut-être qu'il commençait à me connaître et qu'il avait compris, le bougre, qu'il suffisait de me dire « blanc » pour que je m'obstine à prouver « noir » ! Ça doit être d'ailleurs à peu près à cette époque qu'il m'a surnommé Inuksuk. Le sobriquet m'est resté. Il me plaît et je veille à ne pas le trahir.

C'est quelque chose, un *inuksuk*, pour un Inuk. Ce n'est pas pour rien qu'ils ont fait de ces silhouettes de pierre à formes vaguement humaines, qui jalonnent leurs pistes et dominent leurs villages, le symbole de leur propre obstination à rester eux-mêmes. Jamais ils n'ont consenti à se laisser pervertir et affadir par les sirènes et les miroirs aux alouettes des Blancs. On ne pourra pourtant pas reprocher à ces derniers, qu'ils tiennent en telle défiance, d'avoir tout essayé, mais les tentations auxquelles tant de peuples colonisés n'ont pas survécu n'ont pas eu de prise sur eux. Ils ont tenu bon et j'ai apprécié à sa juste valeur qu'ils aient jugé possible d'affubler un Qallunaaq de mon espèce du nom qui, pour eux, symbolise le mieux cette opiniâtreté.

Toujours est-il que Josepi, délibérément ou pas, s'est trompé voici maintenant plus de vingt ans ! Et tout Inuksuk qu'ils me veuillent, après tant de temps, rien à faire, je suis toujours aussi petit garçon face à mon bout de femme, à son regard doux et à cette sorte d'humilité désarmante avec laquelle, sans jamais hausser le ton, elle sait aborder sans détour les questions les plus ardues. Je dois à l'honnêteté de reconnaître que je lui ai donné peut-être plus souvent qu'à son tour l'occasion de ces conversations où elle va droit au but sans me laisser la moindre échappatoire et sans jamais se départir d'un calme désarmant.

Or, hier soir, dans mon bar, je me savais totalement à sa merci et incapable d'imaginer ce que j'allais lui répondre.

Jamais Alasi ne s'est formalisée de l'étonnante complicité qui a toujours existé entre Pasha et moi. Elle y aurait eu pourtant quelques sérieuses raisons. Son unique fille, non contente de me suivre partout et de m'avoir élu comme seul auditeur possible de ses multiples préoccupations d'enfant puis de jeune fille, ne se gênait pas pour signifier rudement à sa mère, chaque fois que l'occasion lui en était donnée, que j'étais sa chose exclusive et qu'elle n'avait pas droit au chapitre. J'avais bien essayé de lui faire entendre qu'il y avait une hiérarchie à respecter, qu'elle pouvait très bien me porter une estime dont j'étais évidemment très fier, sans pour autant exclure ainsi sa mère. Rien n'y avait fait et seule l'étonnante force de caractère d'Alasi, qui avait décidé que c'était pour le bien de Pasha, avait empêché que tout cela tourne au drame.

Elle n'avait même pas suggéré de nous accompagner jusqu'à l'escale. Elle savait que Pasha entendait m'avoir pour elle toute seule jusqu'au bout, mais elle était également persuadée que, conscient de l'injustice qu'il y avait dans tout cela, je ne me défilerais pas lorsqu'elle me demanderait les raisons de ce voyage impromptu et si rapide depuis Montréal.

J'aurais pu m'éclipser, aller retrouver l'un ou l'autre de mes amis dans le village, aller m'enfermer dans le grand hangar où dormait l'hydravion. En garant mon vieux pick-up devant la maison et en feignant de m'activer dans le bar, je ne faisais que compenser comme je le pouvais sa frustration silencieuse et me mettre à la disposition des questions qu'elle devait brûler de me poser.

Ce qu'elle ne pouvait pas savoir, c'était que cette transparence, à laquelle je m'étais toujours appliqué jusque-là, ne serait, cette fois, que de façade. Et je n'avais même pas idée de la façon dont j'allais m'y prendre pour lui dissimuler la raison de la venue de Pasha.

– Pourquoi ce voyage ?

On ne pouvait concevoir interrogation plus directe ! Et je n'avais toujours pas le premier mot d'une explication à peu près crédible. Je renonçai à farfouiller dans ma glacière, me relevai lentement et la fermai en poussant doucement la porte du pied. Alasi se tenait parfaitement immobile, son beau regard noir posé très paisiblement sur le mien. Je la savais capable de rester ainsi indéfiniment, jusqu'à ce que je cède. Je la considérai longuement, tâchant de faire la part entre l'affolement du mensonge qui ne venait pas et l'envie de la prendre dans mes bras, histoire de détourner le sujet de notre conversation.

– C'était si important que ça ? insista-t-elle.

Ça, je pouvais confirmer sans risque.

– Oui, c'était important. De là à entreprendre un tel voyage...

– Et c'était ?...

Elle ne me lâcherait pas. Alors, sans avoir vraiment raisonné mon geste, je la pris doucement par les épaules et plongeai dans le sien un regard que je dus faire le plus persuasif possible.

– Alasi, il faut que tu comprennes. Là, aujourd'hui, dans cet instant, je ne peux rien te dire. Tout ce que je peux faire, c'est te promettre que ça ne changera rien pour nous. On est heureux ici. On le restera. Pasha m'a posé un problème que je n'ai pas pu résoudre. Je lui ai fait à peu près la même réponse que celle que je t'adresse maintenant. Laissez-moi du temps. Laissez-moi comprendre. Tu as ma promesse la plus formelle : je t'expliquerai comme je lui expliquerai. Mais, là, tout de suite... C'est bête, mais je ne peux rien te dire.

Elle me glaça en se dégageant doucement de mon étreinte et en se reculant d'un pas. Son regard, soudain très dur, semblait fouiller au plus profond du mien pour y trouver la faille, l'infime trace d'une trahison. Je me défendis.

– Non, Alasi, je te le répète : tu n'as rien à craindre. C'est moi et moi seul que cela concerne. Et je te dirai.

Mais pas tout de suite. Attends, je te le demande. Tu attendras ?

J'avais osé cette question parce que j'avais lu dans ses yeux qui s'adoucissaient que je le pouvais. Je ne me trompais pas.

– J'attendrai, dit-elle simplement.

Mon soulagement fut d'autant plus grand que jamais, en plus de vingt ans de vie commune, je n'avais eu à lui adresser une telle demande. Les choses avaient toujours été trop claires entre elle et moi. Non que je n'aie eu des choses à lui cacher, peut-être d'ailleurs plus souvent qu'à mon tour ! Mais avec une adresse diabolique doublée d'un remarquable sens du pardon, elle avait toujours su faire en sorte qu'il n'y ait pas de vrai secret entre nous. Je lui en étais infiniment reconnaissant et c'était probablement ce qui me mettait le plus mal à l'aise lorsqu'il fallait que je lui demande d'accepter ma part d'ombre. Elle me l'accordait, et moi, ballot derrière ce bar où nous nous tenions si près l'un de l'autre, je ne savais pas comment lui signifier ma reconnaissance. Bien sûr, elle le comprit et sut faire en sorte de dissiper le malaise sans pour autant me laisser la moindre illusion.

Elle fut plus rapide que moi. Je n'avais qu'un geste à faire pour la prendre dans mes bras et que nous succombions à l'un de ces moments de tendresse que vingt ans de vie commune n'avaient en rien érodés. Elle m'échappa avant que je me décide et trouva tout de suite, à quelques mètres de moi, le petit désordre, la petite imperfection, dans l'ordonnancement de notre salle de restaurant, de nature à occuper ses mains et lui donner une contenance.

Après tout, elle venait de me faire une concession de taille. Je lui en étais redevable. Elle me le signifiait ainsi bien plus clairement que par tous les reproches du monde.

5

Cette fois, le printemps est bien là. La lourde chape de glace qui couvrait encore la baie il y a moins d'une semaine, a admis cette nuit de ne plus regeler après que les courants et la marée descendante, pourtant de faible amplitude en baie d'Hudson, l'eurent, une fois de plus, disloquée. Ce matin-là, en écartant mon rideau, j'ai compris que la débâcle était là. Je me suis précipité.

Ça craquait de partout. C'était comme de longues plaintes, parfois ponctuées de sèches détonations, qui couraient sur la baie et que nous renvoyaient en écho les falaises bordant les îles. Une brume légère venue du large courait sur cette espèce de naissance du monde qui nous émeut chaque année comme si c'était la première fois.

Je n'étais pas seul sur la plage. Ils étaient presque tous là, allant et venant, les mains au fond des poches, incapables de rester en place. Quelques-uns ne parvenaient à se tenir tranquilles que par l'artifice d'une sorte de communion physique avec leur canot auquel ils se tenaient adossés. Cela faisait des semaines qu'on avait vu apparaître les premières embarcations, encore renversées sur des tréteaux, mais déjà prêtes à s'élancer vers le large. C'était plus fort qu'eux.

Depuis que la neige s'est faite trop rare pour permettre les grandes expéditions en skydoo vers l'intérieur, ils sont comme prisonniers du village. Un Inuk privé d'espace est un oiseau en cage. L'attente fébrile de tous ces hommes déambulant sur la plage, c'est l'eau libre et la possibilité, enfin, d'aller marauder entre les glaçons, le long des immenses packs sur lesquels les phoques se prélassent au soleil, au bord de leur trou. Les bernaches et les eiders sont arrivés du sud. Ils nidifient. C'est à qui se précipitera le premier pour aller à la quête de leurs œufs, tout au long de la côte, vers le goulet et sur les îles.

Etonnant spectacle que celui de cette immensité de glace tailladée, brisée, enchevêtrée par l'effet conjugué des marées, des courants et des tempêtes, toujours raccommodée par le gel durant près de huit mois, qui se met lentement en marche. Mouvement d'abord imperceptible, puis, d'heure en heure, comme une sorte de liquéfaction du paysage où il faut, à chaque instant, reprendre ses repères pour se convaincre que, cette fois, c'est bien vrai : tout bouge !

Je dois être le dernier à me soucier de mettre mon bateau à l'eau. Huit jours au moins que les glaçons défilent dans la baie. On en a encore pour plusieurs semaines, mais ce n'est pas ce qui va nous empêcher de prendre le large. Ce matin, même si ma préoccupation n'a rien à voir avec le ramassage des œufs et encore moins avec la chasse au phoque, j'ai décidé d'y aller.

Il fait un temps magnifique. J'ai beau faire, les années ont beau passer et les printemps revenir, je suis toujours émerveillé par la rapidité avec laquelle, après la grisaille des derniers jours de l'hiver, s'établit une lumière étonnante. Ça doit être la réverbération du soleil sur la glace, là-bas, au large, qui crée cette impression d'une éblouissante clarté un peu laiteuse dans laquelle on se sent baigner comme si elle était l'essence même de l'atmosphère. Alors la végétation qui, depuis des semaines déjà, malgré le froid persistant, poussait obstinément ses bourgeons et ses feuilles minuscules vers le jour, a littéralement explosé. C'est une profusion, un bouillonnement, au ras du sol, de pousses et de fleurs délicatement colorées. On ne peut imaginer changement plus rapide de décor. Telle île, que j'observe chaque matin depuis ma fenêtre en me levant, encore rousse et pelée la veille, me jette à la figure, à mon réveil, une époustouflante robe aux infinies nuances de vert tendre que rehausse encore, par place, le subtil mélange de couleurs des fleurs écloses aux premières heures du jour.

Josepi s'est bien proposé de venir avec moi. J'espère ne pas l'avoir froissé en déclinant son offre. Ce matin, j'ai besoin d'être seul. Mettre mon bateau à l'eau n'est pas un problème. Il me suffit d'ouvrir les portes du hangar, d'ôter la cale qui bloque le canot sur son berceau et de laisser doucement filer le câble du treuil. Il glisse lentement sur ses rails et vient retrouver son élément. J'ai eu tout l'hiver pour lui faire subir la petite cure de jouvence que méritent sa coque, qui en a déjà vu beaucoup, et son moteur qui, pour être moderne, n'en nécessite pas moins tous les soins que l'on se doit de prodiguer à l'accessoire dont la panne, dans ces immensités désertes, pourrait avoir des conséquences pour le moins redoutables.

J'ai rapidement embarqué l'indispensable : la carabine et quelques munitions, la radio HF au cas où... J'allais pousser mon bateau pour le dégager de la grève de sable sur laquelle je l'avais immobilisé lorsque, comme par hasard, est arrivé Amaruk. On dit que c'est mon chien. Il me semble que le possessif est quelque peu usurpé, à moins qu'il ne faille inverser la suggestion ! Rarement j'ai vu allier avec la plus grande désinvolture opportunisme et sens de l'indépendance !

– C'est bien de ta faute, me répète l'incontournable Josepi. Si tu le caressais un peu moins... Un chien de traîneau, ce n'est pas un caniche. Ça se mène à la dure.

Il a voyagé, Josepi, et il tient à ce que ça se sache. Il sait, lui, ce qu'est un caniche ! Rien à voir, bien sûr, avec un chien de traîneau. Ne me demandez pas la race. Bien que moi aussi j'aie quelque peu voyagé, je suis moins calé en matière de huskies que Josepi pour tout ce qui concerne les caniches ! Tout ce que je sais, c'est que beaucoup d'entre eux ont les yeux bleus, qu'ils sont énormes, mais qu'ils savent, quand il le faut, mettre une telle gouaille attendrie dans leur regard qu'il faut être un Inuk complètement endurci pour ne pas céder.

Amaruk n'a même pas eu à user de ces artifices pour se faire adopter. Il était si mignon quand on me l'a donné ! Pasha, qui était évidemment avec moi, n'a pas été pour rien dans l'accès de faiblesse qui m'a fait accepter ce cadeau à qui il n'a fallu que quelques mois pour devenir un aimable molosse d'un demi-quintal. Il n'avait d'ailleurs pas eu besoin de tout ce temps pour comprendre le parti qu'il pouvait tirer de notre étrange comportement à son égard. Nous le caressions, nous jouions avec lui, nous avions des tas d'attentions pour sa sympathique personne qui dispose de son tapis à la maison et passe ses nuits au coin du feu. Autant de gestes sidérants dont se gardent bien les Inuit. Durant des millénaires, les chiens furent plus que leurs compagnons de voyage. De leur coopération, de l'entraide qu'ils s'apportèrent dépendait tout simplement leur survie. Ils leur réservent d'ailleurs une place tout à fait particulière, très proche de la leur, dans leur complexe hiérarchie de la vie arctique. Reste pourtant la vigilance avec laquelle il faut veiller à marquer l'ultime différence. Sinon, où irait-on ? Qu'adviendrait-il de l'autorité ?

Un chien de compagnie ! Quelle idée de Qallunaaq ! Amaruk lui-même doit le penser, mais, contrairement à Josepi, il ne s'en formalise pas du tout. Pas fou, sans le moindre état d'âme, il en profite. Que bêtement je l'aie baptisé de ce nom d'Inuktitut qui ne signifie rien d'autre que « loup », ne l'a guère plus choqué. Cela d'ailleurs n'interfère en rien dans l'existence de parfaite liberté qu'il s'est vite organisée. Débarrassé une fois pour toutes des problèmes de subsistance qui imposent ordinairement à ses congénères de déférer à l'autorité de leurs maîtres, Amaruk mène sa vie ! Et, curieusement, alors qu'on peut passer plusieurs jours sans avoir de ses nouvelles, il a le don de réapparaître toujours à l'instant précis où nos activités peuvent l'intéresser !

Amaruk était dans le bateau avant que j'aie eu le temps de réaliser et, surtout, avant qu'il risque de devoir se mouiller les pattes ! Je donnai un coup d'épaule et, dans le même mouvement, je me laissai tomber sur l'étrave au moment où elle retrouvait l'élément liquide.

Pour atteindre l'eau libre, il m'a fallu traverser le barrage de glaçons qui se forme le long de la côte, engager doucement et à plusieurs reprises ma frêle embarcation entre d'énormes blocs de glace et insister, sous la poussée raisonnable du moteur, pour qu'ils consentent à s'écarter. Tout cela se fait non sans chocs sourds et sinistres craquements le long de la coque, qu'Amaruk n'aime pas plus que moi ! Depuis la proue, où il s'installe dès le départ, il a une façon de porter le regard alternativement au fond du bateau, puis sur moi, qui me fait toujours sourire ! Pouvoir enfin tourner énergiquement la poignée des gaz et lancer le canot à pleine vitesse vers le large est un véritable soulagement.

Me tenant à égale distance des îles et du rivage, cap au sud, j'ai pu ainsi me griser de ce sentiment de liberté qui jette les Inuit dans cette espèce de conquête de l'espace retrouvé dès les premières heures de la débâcle. L'exercice n'est pourtant pas sans risque. Il demande une vigilance de chaque instant. D'innombrables glaçons continuent longtemps de dériver au ras de l'eau. En prendre un de face à pleine vitesse et ce serait inévitablement le coup du *Titanic* ! Comment résister pourtant à la griserie de la vitesse ? Amaruk, lui, s'y abandonnait totalement. Dressé à l'avant du bateau, tête haute, queue en panache, il aboyait à tue-tête son bonheur ! Discrétion assurée.

Aujourd'hui, je ne l'ai pas fait taire. J'ai emporté la carabine et les munitions, mais je savais que ce n'était qu'un prétexte, un geste d'habitude. J'ai laissé filer ainsi durant près d'une demi-heure. La marée était descendante. Quand nous sommes passés devant le goulet, j'ai senti le puissant courant qui s'en échappe pousser mon embarcation vers les îles. Je m'en suis approché. J'ai longé d'assez près l'immense pack qui encombre encore leur rivage pour deviner quelques silhouettes de phoques se trémoussant au soleil, au bord de leur trou. Amaruk les a probablement vus aussi, car il s'est retourné et, soudain silencieux, a posé sur moi un regard étonné. Décidément, le comportement des hommes, et tout particulièrement celui de ce maître étrange dont il a hérité, resterait toujours pour lui un mystère. Il avait autre chose à faire que de chercher à le percer. Il s'est remis à mordre le vent de notre course à belles dents.

J'avais vu juste. Le vent avait dégagé la petite crique à laquelle je pensais. Nous pouvions y aborder sans avoir à affronter le barrage de glaçons. J'ai relevé le moteur. Courant sur son erre, le canot est venu planter délicatement sa proue dans le sable d'une petite plage en arc de cercle. Sans m'attendre, Amaruk a filé à l'assaut des gros rochers ronds au-delà desquels il sait tout un univers de vallons et de lacs, de nids à détrousser, de lapins à pister, de renards à provoquer. Je n'ai rien fait pour le retenir. Je savais que c'était inutile. Ou bien, comme par miracle, il réapparaîtrait à l'instant où je déciderais de réembarquer, ou bien il rentrerait par ses propres moyens... et ce ne serait pas la première fois.

J'avais d'ailleurs l'esprit occupé de bien autre chose. Si Josepi me voyait, à n'en pas douter, il s'inquiéterait. Au lieu de filer comme le chien vers l'intérieur des terres à la recherche d'une occasion de chasse, je me suis contenté d'escalader la plus haute des roches dominant la crique. J'ai posé mon arme sur le sol dès que j'ai eu atteint son sommet, et je me suis assis face à la mer, un peu comme nous étions, Pasha et moi, à deux jours de là, lorsqu'elle m'a mis sous le nez ces fichus documents.

Le moment est donc arrivé. A dire vrai, depuis que je lui ai fait la promesse de lui donner rapidement une réponse, c'est en moi une étonnante sarabande de questions dont je démêle mal l'écheveau. La seule chose dont j'ai une conscience à peu près nette, c'est que, pour la première fois de mon existence, je n'ai plus le choix. Parce que c'est ma fille qui m'a ainsi mis au pied du mur, je n'ai plus d'échappatoire. Ce trouble récurrent que je dissimule au plus profond de moi depuis plus de quarante ans, je ne peux plus lui échapper, comme je l'ai toujours fait, en me contentant de m'en détourner, de l'ignorer, de le nier pour que quelque préoccupation du moment le supplante et le renfourne dans un coin quelconque de ma mauvaise conscience. Je ne l'ai jamais totalement oublié. Je l'ai toujours su aux aguets, attendant patiemment son heure, toujours prêt à bondir, à refaire surface au moment même où mon esprit abandonnait, ne fût-ce que pour quelques instants, sa course incessante à l'activité.

Il n'y a pas à chercher plus loin. Ce que tous les gens que j'ai eu à côtoyer ont toujours appelé mon étonnant dynamisme, ce qu'ils admiraient comme une stupéfiante capacité à toujours entreprendre, n'était en fait qu'une fuite en avant. J'étais seul à savoir. C'est probablement pourquoi rien ne m'a jamais contraint à m'affronter moi-même. Je le sais, il aurait fallu que je m'arrête, que je prenne le temps. Il aurait fallu que je consente au face à face avec cette question absurde qui me taraudait l'esprit. Depuis qu'elle s'est posée à moi pour la première fois – c'était... je n'arrive même plus à savoir, c'est tout dire ! Peut-être à Genève, en 1962 ? A moins que ce ne soit à Paris, quelques années plus tard –, je n'ai jamais accepté cette évidence. Je n'ai même pas voulu envisager qu'elle puisse exister. Il y a un moyen bien simple de ne pas voir ce que l'on n'a pas envie de voir, c'est de détourner les yeux. C'est très exactement ce que j'ai fait, et la vie a été assez indulgente avec moi pour me trouver chaque fois de quoi l'occuper suffisamment pour que je remette à plus tard...

Je ne peux plus remettre à plus tard. Là, sur mon rocher, dans l'éclatante lumière d'un matin du printemps arctique, j'admets enfin qu'il faudra bien que je comprenne et que j'explique pourquoi, depuis plus de quarante ans, j'ai remis jour après jour le geste pourtant bien simple d'écrire, ou même de téléphoner, à ma famille, à mes amis de ces temps-là, à Fabienne, juste pour leur dire l'évidence, c'est-à-dire que j'existe encore, que je vais bien, que je les aime.

6

Ce chien, décidément, est pourvu d'une sensibilité hors du commun. Je n'étais pas assis sur mon rocher depuis cinq minutes que, rompant avec toutes ses habitudes, il est réapparu. Je l'ai vu débouler au grand galop sur la plage, longer le rocher et en entreprendre l'escalade juste à mon aplomb sans ralentir son allure. Il est venu s'asseoir devant moi et a plongé son bon regard bleu dans le mien.

– Qui veux-tu que ce soit ? lui ai-je dit. Pasha, bien sûr !

Il suffit qu'on prononce ce nom devant lui pour qu'il montre aussitôt tous les signes du plus grand intérêt. Cette fois, il devait s'y attendre. Il y a bien eu un mouvement rapide des oreilles qui se sont dressées, la queue a bien balayé le rocher à trois ou quatre reprises, mais il y avait surtout une immense attention, une sorte de grande vigilance, comme s'il devinait déjà que les choses, pour moi en tous les cas, ne seraient plus jamais comme avant.

Sans en avoir pris explicitement la décision, je sais, depuis ce matin, depuis que je me suis résolu à sortir le canot, que je n'échapperai pas à la plus rude des plongées qui puisse se concevoir. Celle qui consiste, pour un homme ayant tout de même atteint la soixantaine, à se retourner sur les années passées. Rude tâche qui se complique encore, pour ce qui me concerne, par la question de savoir pourquoi, durant tout ce temps, j'ai occulté des pans entiers de mon existence aux yeux des autres et surtout de moi-même.

Je sais aussi que cette longue quête de la clé promise à Pasha ne peut débuter autrement que par un beau matin de printemps dans le djebel algérien. Les Aurès... Un beau nom sur lequel pourtant, quoi qu'on fasse, se crispent les souvenirs de toute une génération, la mienne, qui, sans l'avoir demandé, sans trop comprendre ce qu'elle faisait là, n'y a pas moins perdu une bonne part, sinon la totalité, de ce qui fait d'ordinaire le plaisir de vivre.

Un beau matin de printemps, à l'heure où la fraîcheur de la nuit le dispute encore à l'ardeur du soleil levant. L'heure insouciante où, entre quelques baraquements de tôle et de grandes tentes kaki, nous allions et venions sans hâte, occupés de seules tâches domestiques, oublieux par choix des armes encore cadenassées aux râteliers.

Ainsi doit commencer la revue de détail de mon existence et de ses fuites; sur le moment où tout aurait pu être différent, sur l'instant juste avant celui où tout bascule. La porte du vaguemestre qu'en allant et venant nous surveillions du coin de l'œil. C'était l'heure, mais il n'y avait pas la moindre fébrilité. Chacun savait, à peu de chose près, ce qu'il devait en attendre. Pour moi, c'était le jour. Il y avait tant de régularité dans les courriers de Fabienne que l'idée ne me venait même pas que sa lettre puisse ne pas être là. Celles de mes parents, moins fréquentes, plus irrégulières, n'étaient que la cerise sur le gâteau.

La porte s'est ouverte. Le vaguemestre est apparu comme tous les matins, nez baissé sur sa pile de courrier qu'il finissait de ranger. Sans nous presser, nous nous sommes rassemblés autour de lui. Comme d'habitude, j'y ai mis d'autant moins de hâte que mon nom commençant par un S me condamne toujours à être parmi les derniers servis. Mon tour est venu. Je l'ai prise sans même la regarder et l'ai enfournée dans la poche de mon treillis. Mon plaisir était de la lire au calme, après que nous nous fûmes acquittés des corvées du matin.

Il commençait à faire très chaud quand j'ai pu me diriger vers le coin d'ombre, entre deux tentes, où je savais pouvoir déguster les mots de ma fiancée sans risquer d'être dérangé. Je me suis installé sur les quelques sacs de jute qui traînaient là et me servaient ordinairement de siège, j'ai lentement déchiré l'enveloppe. Deux feuillets écrits recto-verso en sont sortis. Plutôt au-dessus de la moyenne. Je m'en réjouissais déjà.

La chute n'en fut que plus dure. Fabienne ne tournait pas autour du pot. « J'ai une grande nouvelle à t'annoncer », me déclarait-elle d'emblée. Et le pire était qu'elle ne dissimulait pas sa joie. Elle allait même jusqu'à espérer me faire partager son bonheur.

Nous avions pourtant si bien prévu l'avenir... Fabienne, je la connaissais depuis toujours. Elle n'est ma cadette que d'un an. Nous sommes allés à l'école du même village. Elle descendait chaque matin d'un hameau éloigné où ses parents s'échinaient à faire vivre leurs quatre rejetons dont elle était l'aînée, sur une petite ferme telle que l'air du temps n'en voulait déjà plus.

Moi, j'habitais le bourg où mon père faisait encore figure de presque notable parce qu'il avait enseigne sur rue. Le pauvre homme ! Il était bourrelier, mon père. Un métier hors du temps. Il n'en aurait pourtant pas changé pour un empire, d'abord parce qu'il ne savait rien faire d'autre, ensuite parce que, pour lui, c'était évidemment le plus beau métier du monde, celui que lui avait appris son père qui le tenait lui-même du sien et ainsi de suite autant qu'on pouvait remonter dans le temps... Il ne lui en avait pas moins fallu admettre, comme tous ses confrères, de s'adjoindre une activité de matelassier pour que son échoppe puisse survivre jusqu'à ce qu'il se retire. Moyennant quoi, rejoignant en cela l'opinion en vogue, il avait décrété une fois pour toutes que ses enfants apprendraient un métier à l'école et qu'ils iraient s'installer là où résidait, selon lui, toutes les chances de bonheur, c'est-à-dire à la ville.

Le salaire à chaque fin de mois, l'appartement dans une HLM de banlieue, le Formica dans la cuisine, la Dauphine sur le parking et la retraite, c'étaient, à ses yeux, autant d'éléments qui ne mettaient même pas en discussion l'éventualité d'un autre choix. D'ailleurs, à la fin des années cinquante, ce point de vue était déjà si largement admis qu'il allait de soi que les seuls à pouvoir envisager de rester au pays étaient ceux trop réfractaires à l'école, les bons à rien, les abrutis qui ne méritaient pas une telle félicité. Les enfants de mon père, mes deux sœurs, mon frère et moi ne pouvant évidemment pas appartenir à cette catégorie de laissés-pour-compte, notre voie était toute tracée.

Et ma mère, me direz-vous ? La pauvre femme appréciait très moyennement de voir sa nichée devoir s'envoler vers des cieux si lointains et si différents de ceux qu'elle avait toujours connus, qu'elle craignait bien un peu de ne jamais la voir revenir. Faisant contre mauvaise fortune bon cœur, elle ne pouvait pourtant que se ranger à l'avis de mon père dont il se trouvait, par-dessus le marché, qu'il était d'un caractère à ne pas tolérer qu'on puisse mettre en question son autorité de chef de famille. On était encore en un temps où ces choses-là avaient de l'importance et où la femme d'un artisan, consciente de son rôle, se rangeait docilement au point de vue de son époux. Ce qui ne l'empêchait pas d'avoir le sien, cette fois très catégorique, lorsqu'il s'agissait de mes sœurs qu'elle voulait à tout prix voir réussir le concours des Postes. C'était, selon elle, le moyen le plus sûr de les soustraire, par le miracle d'une nomination dans un centre de tri quelconque, au risque de s'éprendre d'un paysan et de connaître la rude existence qu'avaient subie toutes ses camarades de classe à qui pareille avanie était advenue.

Il fallait comprendre. Et, dans une large mesure, je comprenais. Ils n'avaient pas eu la vie rose, mes parents. La guerre n'avait pas arrangé les choses. Ils voyaient le fossé se creuser entre la ville, dont on leur vantait les charmes, et leur campagne où plus rien ne bougeait et dont on leur répétait qu'elle n'avait plus le moindre avenir. Ils voulaient notre bien, c'était évident, même s'ils ne pouvaient pas savoir la distance qui séparait le mirage de la réalité.

Qu'ont-ils fait, ces braves gens, pour couver un vilain petit canard de mon espèce ? Si mon frère et mes sœurs se sont coulés sans difficulté dans le moule qu'on leur destinait, je n'ai pas attendu de devoir préparer mon baluchon de conscrit pour envisager une rébellion. Entendons-nous bien : il n'était pas question de se dresser contre l'autorité du père. On ne se dressait pas contre l'autorité du père Simare.

Il était fait d'un drôle de bois, mon père. Jamais il n'a levé la main sur nous ; jamais je ne l'ai entendu s'opposer à ma mère ; mais il y avait en lui une telle détermination, il était tellement imbu de son rôle de chef de famille qu'il finissait par nous apparaître bien plus dur, bien plus intransigeant qu'il ne devait l'être en réalité. Peut-être aussi se laissait-il ronger par la peur des écueils sur lesquels il était de son écrasante responsabilité que ne vienne pas se fracasser le frêle esquif familial. Le pauvre homme ! Avec la cruauté propre à mon âge, je méprisais un peu ce que j'estimais être la petitesse de son existence, l'aspect dérisoire de ce métier auquel il se cramponnait alors que, pour moi, il était du passé. Je ne l'en respectais pas moins. Ambigu jusqu'au bout, je parvenais même à l'admirer beaucoup. Je crois que je le craignais un peu, mais surtout je culpabilisais à l'idée d'enfreindre la règle élémentaire qui voulait qu'un fils ne s'oppose sous aucun prétexte à la volonté de son père.

Jamais, jusque-là, je n'avais eu à le faire. C'était peut-être ce manque d'expérience qui me faisait apparaître d'autant plus redoutables les conséquences d'une confrontation que mes projets rendaient inévitable. Avant même qu'elle ait eu lieu, je lui en voulais de se dresser ainsi en travers de notre chemin. Ce n'était pas parce que lui n'avait pas pu faire ce qui lui plaisait qu'il devait nous en empêcher. Rudimentaire sentence de jeune coq affolé à l'idée d'avoir à affronter le maître de la basse-cour ! Combat redoutable, épuisant avant même d'être engagé, et à la perspective duquel je trempais longtemps une farouche et silencieuse détermination de ne pas me laisser faire.

J'avais quinze ans, guère plus, quand j'ai décidé que la ville n'était pas faite pour moi. On notera que ce fut pas l'inverse : moi pas fait pour la ville. Non : la ville ne me concernait pas, voilà tout. Qu'elle mène sa vie sans moi. Je n'en avais cure. Il faudrait bien, de gré ou de force, que la nature des choses se plie à ma volonté. J'étais fait pour rester au pays.

Ce fut d'ailleurs ce qui me rapprocha de Fabienne. J'en étais, comme tous les chenapans de mon âge, à découvrir les plaisirs et les affres du commerce des filles. Elle dans son hameau de bouseux et moi dans la boutique de mon père au centre du bourg, n'appartenions pas moins à deux univers assez différents pour que, malgré son joli minois, je la considère comme indigne de mon intérêt. On ne mélange pas les torchons et les serviettes !

Il fallut pourtant qu'une occasion nous soit donnée pour que nous en vînmes à échanger nos opinions toutes neuves sur des questions aussi essentielles que celle de nos avenirs. En quelle circonstance cela se produisit ? Je n'en ai plus la moindre idée. Je sais simplement que la fine mouche sut parfaitement me faire parler et avouer ce que je tenais jusque-là au plus profond de mon jardin secret. A ma grande surprise, elle y adhéra avec enthousiasme.

Elle non plus n'entendait pas céder aux sirènes urbaines. Elle y aurait eu beaucoup plus de mérite que moi, en sa qualité de fille, si, consciente de l'énormité de la révolte que cela représentait, elle ne s'était pas, jusque-là, résignée à taire cette volonté iconoclaste. D'en trouver l'exact écho dans mes propos la fit bondir de joie. Dès lors, bien sûr, empli du même enthousiasme, je ne la regardai plus du tout du même œil.

J'avais mon idée derrière la tête. De la savoir susceptible d'être partagée par cette jolie fille aussi peu disposée que moi à se laisser mener par le bout du nez, en fit un projet qui fut la grande affaire de mon adolescence. A trois maisons de celle de mes parents, se dressait la forge. Un atelier assez vaste dont l'activité essentielle, à l'époque, était encore de ferrer les vaches, les bœufs et quelques rares chevaux. L'avenir, bien sûr, y était aussi limité que chez le bourrelier voisin ou dans la petite ferme du hameau lointain.

Je n'en avais pas moins fait le calcul de l'âge du forgeron. Il devait logiquement l'amener à prendre sa retraite à peu près au moment où je pouvais escompter en avoir fini avec mes obligations militaires. Heureuse coïncidence, du moins dans mon raisonnement, qui présentait le double avantage de ne pas contraindre ce pauvre homme à fermer boutique faute de successeur et de m'offrir la possibilité de créer mon emploi. J'avais décrété qu'il suffisait de transformer la vieille forge en atelier de mécanique agricole pour que l'affaire revive !

Eh bien voyons, l'évidence même ! La fragilité du raisonnement ne m'apparaissait évidemment pas. Certes, les tracteurs et les machines agricoles se faisaient de plus en plus nombreux dans les fermes des environs, mais c'était moins par souci d'accroître une productivité à laquelle ne pouvaient prétendre nos terres trop acides et trop froides, que pour pallier le manque de bras de plus en plus criant. J'aurais dû voir que ce n'était là qu'un développement temporaire, appelé à s'éteindre presque aussi vite qu'il était apparu du simple fait de la rapidité avec laquelle décroissait le nombre des exploitations.

Voilà bien le genre d'argument auquel on ne s'arrête pas quand on a dix-sept ou dix-huit ans et qu'on est résolu, quoi qu'il arrive, à mener à bien un projet de surcroît partagé par une jolie fille ! C'était donc dit : je m'établirais réparateur de matériel agricole. Mon brevet d'études du premier cycle en poche, j'avais réussi à me faire embaucher comme grouillot dans un garage du bourg voisin. Si, pour mon père, ce n'était là qu'un état transitoire en attendant le service militaire, il s'agissait bel et bien pour moi d'une entrée en matière, certes modeste, mais devant me mener tout naturellement à la direction de mon propre établissement. Restait à négocier la reprise avec le forgeron, à faire accepter l'affaire à mes parents et à offrir le plus honnêtement du monde à Fabienne de partager ce paisible bonheur en perspective.

Si la dernière de ces suggestions ne posait guère trop de problèmes, il en allait tout autrement des deux précédentes ! Je proposai donc le mariage à Fabienne. Elle fut enthousiaste. Nous allâmes même jusqu'à quelques essais d'intimité qui furent tout à fait concluants et de nature à nous donner l'envie de poursuivre. Le reste demeura à l'état de projets qui, pour être élaborés dans le moindre détail, demeuraient connus de nous seuls.

Et puis, il y avait cette fichue guerre d'Algérie qui ne voulait pas dire son nom, mais dont je voyais bien que ne rentraient pas mes aînés. Ils étaient pourtant partis avec la ferme conviction qu'ils ne resteraient pas plus de dix-huit mois sous les drapeaux. Mon tour n'allait pas tarder et rien ne laissait présager une fin possible de ces « opérations de maintien de l'ordre » dont nous ne savions pas grand-chose, si ce n'est que ceux qui en revenaient pour de rares permissions préféraient ne pas en parler.

Deux mois avant de partir, je pris mon courage à deux mains et me résolus à aller jusqu'à la forge. Le père Bouchut était un brave homme jamais pressé qui n'aimait rien tant que de travailler au milieu des conversations de ses clients qui faisaient salon entre l'enclume et l'établi pendant qu'il ferrait ou rechargeait un fer de charrue. Il lui avait toujours suffi d'écouter et de poser de rares questions pour que rien de ce qui se passait dans le pays ne lui soit étranger. C'est pourquoi j'arrivai chez lui avec quelque appréhension : et s'il était déjà au courant ?

Il ne l'était pas et, à mon soulagement, il prit ma proposition tout à fait au sérieux. Elle l'émut même au point d'embuer son regard ordinairement si rieur, ce qui me mit dans le plus grand embarras. Pensez donc ! Depuis le temps qu'il s'était résigné, le père Bouchut, à voir sa forge disparaître ! « Si je m'attendais... Si je m'attendais... », répétait-il en me servant le verre de vin cuit dont il avait absolument tenu à ce qu'il honore l'accord que nous venions de sceller d'une grande claque dans la main. Lui, le vieil artisan usé de tant d'années au feu de la forge, et moi, le gamin...

– Et tes parents ? demanda-t-il soudain comme si l'idée lui en venait à l'instant. Ils en disent quoi, tes parents, de tout ça ?

Pour changer de nature, mon embarras ne diminua pas pour autant, bien au contraire. Pour donner plus de crédibilité à ma proposition, j'avais cru nécessaire de lui exposer nos projets de mariage. Le bonhomme savait donc tout, ou presque ! Or, je connaissais sa réputation de pipelette ! Cette fois, j'avais bien engagé mon affaire mais je l'avais peut-être poussée un peu vite. Je n'avais plus le choix. Il me fallait sans délai affronter le jugement paternel. C'était là une autre affaire.

C'en fut une, en effet ! Encore que l'imminence de mon départ pour le service militaire et l'inquiétude que suscitait la vraisemblance de mon envoi en Algérie eurent tendance, j'en suis persuadé, à étouffer quelque peu la rigueur des objections que mes parents m'opposèrent. Ce n'était pas tant l'idée d'avoir Fabienne pour belle-fille qui les tarabustait. Oh, bien sûr, une fille de petits paysans... Les parents rêvent toujours pour leur progéniture d'alliances plus brillantes. Mais enfin, comme dit ma mère : « Elle a bonne réputation. Elle a des allures de fille sérieuse... » C'était au moins un point acquis, mais un point qu'annulait sur-le-champ la complicité avouée de ma fiancée à mes projets de reprise de la forge. Là, évidemment, on déviait par trop des schémas dans lesquels mon père entendait que nous nous tenions.

– De la folie ! trancha-t-il. Jamais je ne vous laisserai faire une bêtise pareille.

Dans la bouche de mon père, et dans le contexte des temps que nous vivions, c'était une condamnation sans appel. Je savais qu'il n'en reviendrait pas. Comme je savais que je ne céderais pas. C'était la guerre inévitable.

Pour cause de devoir patriotique à accomplir, on en resta là. Je partis donc avec le serment de Fabienne de m'attendre au village, la promesse intéressée du père Bouchut de faire de moi son successeur et la perspective des douloureux combats à venir qui me faisaient oublier ceux vers lesquels on n'allait pas manquer de m'envoyer.

7

Amaruk s'est couché devant moi. Il a posé son museau sur ses pattes. Ses yeux se ferment parfois, mais jamais très longtemps. Il reste vigilant. Il ne me perd pas de vue, comme si ma longue méditation, immobile sur ce rocher dominant la mer, le concernait au premier chef. J'en reviens quelques instants pour le considérer avec étonnement. C'est bien la première fois que je le vois se comporter de la sorte et renoncer à ses courses endiablées dans la toundra.

Il me fait reprendre brutalement la pleine conscience de l'endroit où je me trouve et je souris à l'idée de l'étonnant décalage entre ce que je vois et ce qui habite mon esprit, tous ces souvenirs intacts qui, sans se préoccuper du décor de naissance du monde au milieu duquel je me tiens, remontent sans peine du plus profond de ma mémoire où, pourtant, j'avais cru les avoir enfouis à jamais.

Rien de ce que nous avons été ou de ce que nous avons fait n'échappe à la constitution de ce que nous sommes. Pasha, sans le savoir, vient de me jeter cette évidence à la figure. Je sais déjà qu'il me faudra longtemps pour en prendre la totale mesure.

Ne demandez jamais à un combattant de vous raconter ses guerres. S'il y consent, ses mots aussitôt se videront de sens. Il en aura conscience et en souffrira. S'il refuse, comme il est probable, sa souffrance sera plus grande encore d'avoir en lui cette redoutable connaissance et de ne pouvoir s'en libérer.

Jamais je n'ai parlé à qui que ce soit de ma guerre d'Algérie et jamais je n'en parlerai. Ces souvenirs-là, je n'ai aucune peine à les refouler et à les renvoyer fermement d'où ils viennent. Je ne dis pas qu'ils ne m'ont pas fait souffrir, à une époque. Il est même arrivé qu'ils m'empêchent de dormir. Mais il y a beau temps que tout cela est révolu. Je les sais en moi. Je connais exactement leur pouvoir de souffrance, mais j'ai construit, avec le temps, un barrage pour qu'ils ne resurgissent plus jamais dans mon quotidien.

Ceci étant, l'expérience que j'ai subie là-bas contre mon gré m'a révélé des pans entiers de moi-même que je ne soupçonnais pas. Et ce sont eux, ainsi mis en évidence, qui ont pour une large part engagé mon existence dans l'étrange chemin qu'elle allait suivre. Il ne m'a pas été besoin d'attendre d'être confronté à la réalité des combats pour comprendre qu'il y avait en moi une capacité de révolte qui, sur le moment, me submergea. Ce que je venais de vivre, en montant clandestinement mon beau projet d'installation au pays, aurait pu m'alerter. Il n'en avait rien été parce que l'événement considérable de ma mobilisation et de mon probable départ pour l'Algérie a fait passer au second plan ma possible révolte. Assez maladroitement, je m'étais affronté à mon père, mais je n'avais pas eu, pas encore, à me dresser contre sa volonté.

Dès mon incorporation, dès le début de cet absurde apprentissage de ce que l'on appelle la discipline et de l'art de tuer sans être tué, je me suis braqué. Tout cela était contre nature, ou, à tout le moins, contre ma nature.

Marcher au pas, entonner à pleins poumons des chants guerriers et pourtant infantiles, manier des armes pour le seul plaisir de les voir s'agiter en un seul et unique mouvement, devoir, par la volonté beuglante d'un adjudant, se nier soi-même au point de devenir interchangeable avec n'importe quel compagnon de rang, tout cela et bien d'autres choses encore me sont tout de suite apparus comme des atteintes insupportables à la dignité.

Ce qui m'a pourtant le plus heurté, et m'a bien sûr désigné sur-le-champ au titre de forte tête, fut la passivité stupéfiante avec laquelle tous ces jeunes hommes identiques à moi-même acceptaient que soit ainsi bafouée leur personnalité, celle qu'ils défendaient encore avec la plus grande véhémence la veille du jour où l'on a commencé à faire d'eux des mécaniques sans âme. Ça, je ne l'ai jamais compris et je n'ai jamais compris comment je pouvais être le seul à refuser d'abdiquer ce que j'avais conscience d'être.

J'avais tout de même assez de jugeote pour ne pas dépasser les bornes et faire en sorte que mon comportement reste tolérable. Mais il était évident que je me préparais quelques mois difficiles...

Les choses ne se sont pas arrangées lorsque je me retrouvai dans une unité de fantassins cantonnée dans quelques masures de toile et de tôles, à proximité d'un village des Aurès. Fort heureusement pour moi, du moins pour un certain temps, ce que j'avais le plus clairement appris de ma courte période d'instruction en France, c'était l'art et la manière de ne pas laisser paraître mes élans de colère. Ainsi je parvenais assez bien à taire le brûlant sentiment d'indignité que je ressentais chaque fois que s'exprimait cette forme d'autorité absurde entendant suppléer à je ne sais quelle prétendue incapacité dans laquelle nous nous serions trouvés de nous assumer nous-mêmes.

J'étais seul à penser ainsi. Etait-ce pour cela que je devais renoncer à mes convictions ? J'avais et garde toujours une haute idée de la valeur de chaque être humain. Il constitue pour moi, quelles que soient ses origines, la couleur de sa peau, sa religion, son instruction ou son statut social, un ensemble unique, original, jamais totalement identique à qui que ce soit. C'est cette unicité même qui le rend irremplaçable.

Bien sûr, avec des idées comme celles-là, j'allais inévitablement au-devant de sérieuses difficultés. Dès les premiers jours, j'ai su que jamais je ne pourrais me faire à cette guerre qu'on menait contre des gens à qui je n'avais rien à reprocher et qui, après tout, ne faisaient que défendre leur terre. Que faisions-nous à les pourchasser ? Qui protégions-nous ? Les petites gens ou les colons dont nous pouvions voir, chaque jour ou presque, le dédain avec lequel ils traitaient les indigènes ? Simpliste peut-être, mais incontournable, l'idée me venait de mon pays et de ce que j'aurais fait s'il avait été agressé de la même façon ; de ce que mon propre père avait fait, pendant la guerre, avec bien d'autres, pour aider les maquis.

Parfois, il m'arrivait d'envier l'indifférence et l'absence totale d'états d'âme de la plupart de mes camarades. Ils obéissaient aux ordres, un point, c'était tout. Ils ne se posaient pas de questions et ne souffraient donc pas des contradictions dans lesquelles on les enferrait. Je savais que la plupart de ces bons bougres n'auraient jamais fait de leur propre initiative le dixième de ce qu'on les contraignait à exécuter. Il y avait parmi eux de jeunes ouvriers qui se réclamaient bien haut de leurs appartenances syndicales. Ces mêmes syndicats qui prônaient le respect de la nature humaine, dont je faisais le fond de mes irréductibles convictions. Je ne comprenais pas par quelles déplorables contorsions ils parvenaient à défendre les armes à la main ce qu'ils avaient choisi de condamner par leurs engagements personnels. Moi, je ne le pouvais pas et ne le voulais pas. Je n'avais d'autre ressource que de ressasser mon écœurement en tâchant de n'en rien laisser paraître.

Je n'avais qu'un but, le seul auquel je me raccrochais avec l'énergie du désespoir : tenir bon ! Tenir jusqu'au terme de cette effroyable expérience. J'aurais pu y parvenir. J'ai accompli ainsi près de trente mois sans perdre de vue l'objectif que nous nous étions fixé, Fabienne et moi, et qui valait bien que je me cramponne. Je ne devais surtout pas tomber dans le piège de l'irréparable, de la révolte ouverte dont je savais très bien avec quelle brutalité elle aurait été cassée. Je me devais, je devais à Fabienne et à notre projet, de résister jusqu'au bout.

Pasha, Fabienne ; Fabienne, Pasha... La demi-Inuit, ma fille ; la paysanne du Morvan qui aurait pu être la mère de mes enfants... Entre l'implacable questionnement de l'une et la trahison de l'autre, j'ai la pénible sensation de me diluer. L'illusion que nous entretenons tous, peu ou prou, de notre capacité à décider des choix de notre vie, s'effondre. Dans l'immensité vide au sein de laquelle je me tiens, je me sens encore plus petit, plus insignifiant. De l'une à l'autre, de Fabienne à Pasha, de cette lettre fatidique lue entre deux tentes de l'armée, à plus de quarante ans de là, jusqu'à cette conversation, il y a deux jours, sur le rocher de nos confidences, avec ma fille, il va me falloir refaire tout le chemin sans rien omettre, cette fois, de mes hésitations, de mes renoncements, de mes fuites.

Pourquoi n'ai-je pas tout simplement donné mon accord à Pasha pour qu'elle entre en contact avec sa grand-mère ? Pourquoi ai-je, au mieux, différé l'immense plaisir qu'elle attend de cette découverte ? Mille fois, dans ma vie, je me suis interdit de tels bonheurs. Je n'en sais toujours pas la raison. La punition – car c'en était une – ne concernait alors que moi. Cette fois, c'est ma fille que je punis sans trop savoir pourquoi. C'est injuste, je le sais. Je lui dois une réponse, quelle qu'elle soit, mais je suis incapable pour l'instant de la trouver en moi. Je la sens dissimulée derrière tant de choses !

Inévitablement, il faut que les choses commencent par ce jour de printemps, dans les Aurès, où, sans la moindre appréhension, je me suis assis sur quelques sacs de jute, entre deux tentes de l'armée, pour savourer les mots de ma fiancée. Dans le désordre de l'existence que je subissais là-bas, cette lettre, qui arrivait très ponctuellement tous les deux jours, était l'amer unique auquel je raccrochais mes seuls espoirs de m'en sortir.

« J'ai une grande nouvelle à t'annoncer. » J'aurais dû me méfier. Ses premiers mots ne firent pourtant qu'affûter ma curiosité. Je lus toute sa lettre d'une seule traite, sans bien réaliser, un peu comme si elle racontait une histoire qui ne nous concernait pas, qui ne pouvait pas nous concerner. Tout cela était si inattendu, porteur de tant de conséquences terribles qu'il me fallut un long temps de réflexion pour parvenir à admettre qu'il s'agissait bien de nous. « C'est une chance inespérée, osait-elle écrire. On m'a proposé un poste à Paris auquel je n'aurais jamais pu prétendre ici. Bien sûr, j'ai accepté. »

Et moi ? Et notre si beau projet ? Pas un mot, pas une allusion. Toute à sa joie et à sa fierté, elle en oubliait jusqu'à la promesse que nous nous étions faite avant mon départ. A croire que l'eau qui coulait sous les ponts du Morvan n'était pas la même que celle de nos rares puits. Elle ne devait pas peser bien lourd, pour elle, cette promesse-là. Etait-ce ma faute si le bail de dix-huit mois que nous lui avions candidement fixé avait été prolongé d'un an ?

Le temps passant, avec une futilité d'enfant qui me confondait, elle était passée à autre chose. Un papillon allant d'une fleur à l'autre... J'en aurais ri si je n'avais pas été au bord du désespoir. Et comme si cela ne suffisait pas, en m'égrenant son habituelle chronique des petits faits et gestes du pays, elle m'annonçait incidemment, sur le ton de la plus grande insouciance, comme si cela ne me concernait en rien, que le père Bouchut, las d'attendre, avait mis la clé sous la porte. « Imagine-toi, ajoutait-elle, que ce vieux rapiat a même réussi à faire des sous avec ses vieux outils, son enclume et son soufflet qu'il a refourgués à un Parisien ! »

Qu'est-ce que ça pouvait me faire qu'un touriste de passage s'imagine avoir déniché un trésor en ramassant les pitoyables restes de la forge ? Ça ou le tas de ferraille, quelle différence ? Je ne retenais évidemment que ce qui m'apparaissait de la façon la plus nette. C'était le coup de grâce. Mon beau projet n'existait plus. C'était exactement comme si, dans un monde de ténèbres et de fureur, la seule flamme paisible sur laquelle je parvenais encore à me guider venait d'être soufflée.

Je n'ai plus de souvenir très net de ce qui s'est passé ensuite. J'ai dû rester longtemps, comme assommé, sur mes sacs de jute. Je pense qu'on est venu me chercher. Mes souvenirs ne recommencent à se faire précis que dans la soirée de la même journée.

Nous partions en opération. Presque de la routine. Transport en camion d'abord, puis, tout au fond d'une vallée hostile, déploiement sur le terrain. Il y avait là, perché sur une hauteur, un petit douar minable dont on comprit vite qu'il était notre objectif. Un « broussard », un de ces petits avions à hélices qui servaient indifféremment à la surveillance du terrain, à la reconnaissance ou à l'appui des troupes au sol, tournait en rond au-dessus du minuscule village. On aurait dit un vautour prêt à fondre sur sa proie et il y avait bien un peu de ça. Nous avions reconnu sans peine celui qui s'était posé le matin même à proximité de notre camp, sur la piste sommaire que nous avions aménagée. Nous connaissions bien son pilote, un grand gaillard aux allures de cow-boy, toujours souriant, qui était plus ou moins attaché à notre secteur et qui n'aimait rien tant, lorsqu'il passait quelques heures avec nous, que de nous raconter, avec force détails plus croustillants les uns que les autres, les innombrables bonnes fortunes qu'il s'attribuait auprès des femmes d'Alger ou d'ailleurs.

Le douar, bien sûr, fut investi sans coup férir. On eut simplement à couper la route à quelques bergers qui tentaient de gagner la montagne. Ils savaient bien, les malheureux, ce qui les attendait s'ils tombaient entre nos mains. Je le savais aussi bien qu'eux et, pour en avoir moins à redouter, j'en étais tout de même malade au point d'en ressentir des nausées. Tout le monde savait pertinemment qu'il n'y avait aucun rebelle parmi ces pauvres types, mais la psychose du renseignement était telle, il était d'une telle importance pour nos supérieurs et pour leur avancement de pouvoir en transmettre, que tous les moyens étaient bons pour faire parler...

J'étais bien sûr de ceux qu'on tenait à l'écart des interrogatoires. On me reléguait à la garde du site, le plus loin possible du gourbi où cela avait lieu. Pas assez loin, pourtant, pour que je n'entende pas... Je ne sais pas ce qu'en pensaient ceux qu'on affectait à la même garde que moi. Je sais simplement que j'étais alors dans un véritable état second, révulsé, honteux et en même temps fou de colère.

Ce soir-là, il fallut par-dessus le marché que les choses se passent de telle façon que je me retrouve directement impliqué. J'étais d'autant plus bouleversé que résonnaient encore en moi les échos des mots de Fabienne. Physiquement, j'étais là, mon fusil à la main, en tous points identique à tous ces soldats qui cernaient ce pauvre village de bergers, mais ce n'était qu'un leurre. Mon esprit déchiré était dans l'errance la plus totale.

Il y eut là-bas, au cœur du village, des cris et des jurons, un tohu-bohu étrange sans aucun rapport avec ce qu'on était malheureusement habitués à entendre. Nous avons tendu l'oreille. Et tout à coup, il fut devant moi. Nu comme un ver, il jaillit de derrière un muret. Il venait droit sur moi à une vitesse incroyable. Je verrai toujours la supplication de son regard, comme s'il avait compris. Je n'oublierai pas plus sa face tuméfiée, ses pommettes enfoncées, les marbrures de sang sur son corps maigre.

J'aurais dû lever mon arme, le mettre en joue, lui intimer l'ordre d'arrêter. Bien sûr, je n'ai pas bougé. J'en étais d'ailleurs incapable. J'ai vu un officier se dresser au coin du même muret d'où il avait surgi. Je l'ai vu s'arrêter net, jambes écartées, dresser son arme de poing et faire feu. L'homme a fini de souffrir à moins de deux mètres de moi.

Au seul regard que l'officier a posé sur moi, en venant s'assurer qu'il était bien mort, j'ai compris que, cette fois, le piège s'était refermé. J'ai su ce qui m'attendait.

8

J'ai déserté. Aujourd'hui encore, malgré toutes les conséquences que ce geste a eu sur mon existence, nul ne pourra m'en faire exprimer le moindre regret.

La chance a voulu que nous remontions vers Alger moins d'une semaine après qu'eurent été ainsi fracassées en quelques heures mes dernières illusions. Notre unité devait y prendre son tour d'un repos bien gagné. J'ai profité du premier quartier libre et je ne suis jamais revenu. Je n'ai pas eu trop de mal a me mettre en rapport avec une filière de désertion dont les coordonnées couraient sous le manteau dans toute l'armée. On m'a d'abord soustrait à tout risque de rencontre avec la police militaire, puis, nanti de faux papiers, j'ai été embarqué dans un vol à destination de Genève.

Je n'étais pas le premier. Je ne fus certainement pas le dernier. La Suisse fermait les yeux et la France se gardait bien de réclamer des extraditions qui n'auraient pas manqué de révéler aux yeux de l'opinion publique un problème d'une ampleur suffisante pour qu'on en vienne à se poser des questions. Il y avait tout de même des raisons à toutes ces désertions ; des raisons que n'exposaient ni les communiqués, ni la presse de l'époque.

Je ne m'en retrouvais pas moins dans une situation passablement précaire. J'étais d'autant moins en mesure de l'assumer que rien, jusque-là, ne m'avait préparé à me remettre ainsi en cause. Je n'étais pas un révolutionnaire, même pas vraiment un révolté. Je n'étais qu'un petit paysan, certes pas plus sot qu'un autre, du moins je ne crois pas, mais qui n'était jamais sorti de son trou.

Les grandes idées, les grands principes qu'agitaient facilement mes compagnons d'exil, n'étaient pas mon affaire. Il se trouvait simplement que la nature m'avait doté d'un caractère pour le moins entier en même temps qu'elle me faisait naître dans les générations qui ont eu à affronter le drame algérien. Quelques années avant ou quelques années après, et je n'aurais jamais été qu'un aimable cabochard dont on aurait tourné gentiment en dérision l'obstination à ne rien céder de ses convictions. Les choses en seraient restées là.

Il a fallu que se dresse ce terrible obstacle sur ma route et que je fasse avec. Au fond, déjà à cette époque, alors que je me débattais, à Genève, face à des difficultés aussi bien matérielles que morales, il aurait suffi que je m'arrête le temps qu'il fallait, que je m'installe à une table avec une feuille de papier et un stylo et que je raconte mon mal-être à mes parents. Les lettres, elles, n'étaient pas interdites de séjour. Je sais bien que, sans discuter un seul instant du bien-fondé de mon geste, ils m'auraient apporté tout leur appui. Pourquoi ne l'ai-je pas fait ? Toute la question est là. Bien sûr que j'y ai pensé. C'était tellement naturel. Sans réfléchir, sans qu'un seul instant je m'étonne d'une façon de faire qui, jusque-là, n'avait jamais été dans mes habitudes, j'ai remis au lendemain. J'ai toujours remis au lendemain et, chaque fois, le temps passant, j'ai rendu plus difficile ce geste pourtant si simple.

Nous formions une étrange communauté dont le seul lien était l'inconfort de notre situation. J'en étais même l'oiseau rare, mais je dois reconnaître que même si on me tenait un peu à l'écart, la solidarité jouait à mon endroit exactement comme pour tous les autres membres de cette sorte de société parallèle. Personne, en somme, ne voulait savoir qu'elle existait, tout le monde faisait comme si elle n'était qu'un fantôme, mais cela ne nous empêchait pas d'avoir les mêmes besoins très matériels que tout un chacun. Il ne nous restait guère, pour les satisfaire, que la débrouille, le système D à l'exercice duquel on dit les Français si adroits. Cette réputation gratuite dut d'ailleurs servir de confortable paravent à bon nombre de responsables !

Ils n'eurent d'ailleurs pas à en revenir, car, globalement, en nous serrant les coudes, en nous créant peu à peu un véritable réseau de petits boulots que nous nous refilions, nous nous en sommes plutôt bien sortis sans que les autorités helvétiques qui, bien sûr, nous tenaient discrètement à l'œil, aient à intervenir.

Il n'était pourtant pas un de nous qui ne portât pas, au moins une fois par jour, un regard nostalgique vers l'ouest, sur les hauteurs bien françaises du Crêt de la Neige que l'on voit d'un peu partout depuis Genève, avec le secret espoir de retrouver bientôt ses habitudes hexagonales. Pour les uns, c'était des études à reprendre, pour d'autres un cœur brisé à aller consoler, pour d'autres encore tout simplement cette espèce de chauvinisme bon enfant qui nous fait regretter notre coin de terre ou de banlieue, aussi insignifiant soit-il, dès que nous l'avons perdu de vue. Très rares étaient ceux que motivait une forme quelconque de combat à continuer.

Nous n'en suivions pas moins avec avidité l'évolution des événements. Nous sommes tous devenus gaullistes quand nous avons compris que le vieux général était résolu à mettre fin à cette guerre absurde. Evian n'est qu'à quelques kilomètres de Genève. Durant tout le temps que s'éternisèrent les négociations qui s'y déroulèrent, nous nous sommes exaspérés de cette proximité qui n'avançait en rien nos affaires. Car rien ne fut prévu nous concernant dans les accords enfin signés le 19 mars 1962.

C'était un dimanche, si je me souviens bien. Il y avait une réunion qui se tenait dans la cafétéria du foyer de jeunes travailleurs qui nous hébergeait. Je ne me souviens pas de ce qui justifiait cette vaste assemblée dont, par la porte de ma chambre que j'avais laissée ouverte, j'entendais le brouhaha de débats apparemment très animés. Il n'y avait là rien que de très courant. Se rassembler ainsi, sous n'importe quel prétexte, et débattre à n'en plus finir était devenu un besoin, une sorte de dérivatif pour beaucoup d'entre nous. Ils auraient été bien surpris si on leur avait dit que, ce faisant, ils n'étaient guère, en somme, que les précurseurs de ceux qui, en 1968, croiraient réinventer le monde !

Je ne me sentais pas concerné par ces cénacles que je trouvais vains et verbeux. Ma radio était donc vraisemblablement la seule allumée. C'est ainsi que j'appris, par un flash spécial, qu'on était enfin arrivé à un accord final. Je me rappelle avoir bondi de ma chaise et m'être précipité dans les escaliers en hurlant à tue-tête : « C'est signé ! C'est signé, c'est officiel ! Cette fois, ça y est : c'est signé ! » Pour une fois, j'eus du succès. Sur l'instant, le sujet essentiel des débats, que j'entendais agiter la salle depuis ma chambre, était oublié. C'était l'euphorie. On se jetait au cou du premier venu, on se congratulait, on parlait très fort. Bref, on y croyait.

C'est curieux ce que l'évocation d'un souvenir peut ouvrir comme voie inattendue vers d'autres réminiscences. Le choc de cette information pourtant attendue m'en remet un autre à l'esprit dont je crois qu'il m'a profondément marqué. Je n'avais alors qu'une dizaine d'années et jamais, au grand jamais, j'aurais pu imaginer qu'il me soit donné de voir mon père en larmes. C'est que ce n'était pas un tendre, le père Simare ! Un homme rude, à l'image de son époque, qui ne pouvait pas concevoir qu'on puisse exercer son autorité sur un commerce comme le sien et sur une famille à mener droit autrement qu'avec une fermeté sans faille.

Et pourtant, un matin, en arrivant, encore ébouriffé de sommeil, dans la grande salle de notre maison qui sentait bon le petit déjeuner préparé par ma mère, quelle ne fut pas ma stupeur de trouver mon père figé devant la grosse TSF en bois verni qui trônait sur le buffet. Il ne cherchait nullement à cacher les deux grosses larmes qui lui roulaient sur les joues. Ma mère, qui me surveillait, répondit à mon regard affolé en me faisant signe de me taire. Elle-même était blême.

Diên Biên Phu venait de tomber. On entendait en boucle ou presque, dans les crachotis de la vieille radio à lampes, la voix du général de Castries rendue plus lointaine encore par la qualité hasardeuse des liaisons de l'époque, qui répétait : « Nous nous battrons jusqu'au bout. Au revoir, mon général. Vive la France ! » J'ai été tellement frappé par cette scène que j'en ai gardé un souvenir douloureux et étonnamment précis.

C'est idiot, mais, à mon tour, j'en ai les larmes aux yeux. Ce n'est pourtant pas que je sois particulièrement cocardier. Je suis déserteur et j'ai même quitté mon pays. Sur quoi je pleure ? Sur les larmes de mon père ? Sur la lamentable absurdité qu'il y a à répéter inlassablement les mêmes erreurs aussitôt dénoncées, aussitôt recommencées ? Que faisions-nous à Diên Biên Phu ? Que faisions-nous en Algérie ? Questions absurdes qu'on ne se pose qu'après coup et qui ne résolvent rien. « La der des der ! » qu'ils disaient déjà, entre les deux guerres... On n'en finit pas. Ce que pleurait mon père n'était pas bien différent, au fond, de ce qui m'a fait déserter. Simple histoire d'interprétation, simple histoire d'époque. C'était l'horreur camouflée sous les beaux sentiments ; c'était le gâchis absurde porté au rang de raison d'Etat. Il avait subi la guerre, mon père. Il était l'agressé ; il n'avait pas le choix. Je l'ai eu. J'ai choisi mes convictions. J'en ai payé le prix. Et alors ? Je suis ainsi fait que ça ne me paraît pas cher payé le droit de me regarder dans la glace en pouvant me dire en conscience que je n'ai rien abdiqué... Inuksuk, dirait ce vieux farceur de Josepi !

L'euphorie fut de courte durée. Il nous fallut vite nous rendre à l'évidence : on nous avait oubliés ou, du moins, on avait fait comme si on nous oubliait. C'était, en quelque sorte, notre bien puérile punition. Et, pour le coup, une fois passées les tempêtes de l'indépendance de l'Algérie, on nous oublia pour de bon. Pouvions-nous rentrer en France ? Ne le pouvions-nous pas ? Et si nous franchissions la frontière, à quoi nous exposions-nous ? Nous n'en savions fichtre rien et personne ne se souciait de nous éclairer.

Des mois s'écoulèrent avant que quelques-uns d'entre nous se décident. Ils disparurent sans tambour ni trompette. Il nous fallut longtemps encore pour apprendre qu'ils étaient en France et apparemment libres de leurs mouvements. Peu à peu, notre groupe fondit. Moins vite, peut-être, qu'on aurait pu le penser. Il y avait toujours la crainte des poux qu'on pourrait nous chercher, mais il y avait aussi une sorte de grand questionnement. Serions-nous encore chez nous dans ce pays dont nous avions tous dénoncé si radicalement la mauvaise cause ? C'était moins la peur du gendarme que celle du voisin de palier qui nous retenait ; celui pour qui signifiaient encore quelque chose les anciennes notions de patriotisme, de sacrifice pour la nation, de devoir à l'égard de ceux qui avaient vécu ça avant nous, même si cela ne s'appliquait absolument pas à ce qui s'était passé en Algérie.

Je fus un des derniers. Je compliquai évidemment les choses en ne me décidant toujours pas à reprendre contact avec ma famille. Où aller ? Que faire ? A tort ou à raison, j'estimais peu raisonnable de réapparaître ainsi dans mon petit pays où j'étais assuré de ne pas passer inaperçu ! Même s'il paraissait évident que les autorités préféraient ne pas dramatiser les choses, il n'était peut-être pas très adroit d'aller les provoquer dans une campagne où tout se sait et où il n'est pas d'anonymat possible. Je n'avais donc d'autre issue que d'aller me perdre dans la foule d'une ville quelconque où je ne risquais pas qu'on me tape sur l'épaule tous les trois pas en me demandant ce que j'étais devenu pendant tout ce temps.

Je m'y résolus d'autant plus difficilement que c'était justement ce que je m'étais promis, en d'autres temps, de ne jamais faire. Cette fois d'ailleurs, faute d'avoir renoué quand il en était encore temps avec mes parents, je trouvai une raison supplémentaire à ne pas le faire. Dans ce contexte, ma sourcilleuse susceptibilité y voyait une sorte de pitoyable reddition dont il ne pouvait être question. Même ainsi contraint et forcé, je ne pouvais pas admettre l'idée de voir mon père l'emporter.

Je finis par me résigner à prendre le chemin de Paris, mais je crois que rien n'aurait pu me contraindre à faire l'aveu de ce que je considérais comme un grave échec à ceux à qui j'avais proclamé si haut ma farouche résolution de ne pas quitter mon pays.

Pourquoi Paris ? Je crois que je n'en avais pas une idée plus précise à l'époque qu'aujourd'hui. La plus grande foule au milieu de laquelle me fondre, l'illusion d'y trouver du travail plus facilement qu'ailleurs... Et puis, après tout, pourquoi pas Paris ?

J'y arrivai bien sûr sans un sou en poche, mais, en ces temps lointains de plein emploi, je réussis assez vite à m'en sortir. Ce n'était évidemment pas bien brillant ; des petits boulots et une chambre sous les toits. C'était pourtant une sorte de stabilisation, un retour par la petite porte dans l'ordre des choses dont je dois admettre que je m'en suis contenté durant longtemps.

Et puis, il y avait tout de même une raison à ce choix de Paris. Je m'en défendais, mais, quoi que je fasse, il y avait aussi Fabienne. Je la savais dans la capitale. Elle me l'avait écrit. Je n'avais jamais répondu à sa dernière lettre. Dans le droit fil de la tête de cochon que je me découvrais, j'avais juré que tout était fini entre nous. Avant que nous remontions en repos à Alger, deux lettres étaient encore arrivées. Je les avais déchirées et mises à la corbeille sans même les ouvrir. Peut-être insista-t-elle longtemps. Peut-être le vaguemestre eut-il à retourner à l'envoyeur un grand nombre de missives éplorées. Je n'en sus évidemment rien. J'avais pris la poudre d'escampette !

Les premiers temps de ma vie parisienne ne furent pas très drôles. Je ne connaissais personne. C'était à peine si j'arrivais à m'orienter dans le métro. Je lisais beaucoup, j'allais au cinéma, mais les retours solitaires dans ma petite chambre étaient tout sauf gais. Bien sûr, l'idée qu'elle puisse être là, peut-être pas bien loin de moi et peut-être elle aussi solitaire – imagine-t-on, en pareille occurrence, qu'elle puisse ne plus l'être ? – vint me tarabuster l'esprit de plus en plus fréquemment.

Je réfléchis. Je ne lui avais pas laissé le temps de me donner d'autres précisions sur le si beau poste qu'on lui avait offert à Paris. Au temps lointain où nous échafaudions un avenir lumineux au pays, nous étions convenus... Enfin : j'avais décidé et elle en était convenu qu'elle garderait prudemment le poste de modeste correspondancière qu'elle occupait dans l'agence d'une banque de la ville voisine, le temps qu'il faudrait pour que mon affaire de réparation de matériel agricole trouve son équilibre. Ensuite, les enfants que nous aurions eus entre-temps et la comptabilité de mon entreprise auraient amplement de quoi l'occuper à la maison. Quand j'y pense, nous ne manquions pas d'aplomb ! Nous avions tout prévu... sauf l'imprévisible, bien sûr !

Ce dont, pour l'heure, il m'intéressait de me souvenir, c'était le nom de la banque pour laquelle elle travaillait. Je n'eus pas trop de mal à le retrouver. Il m'aurait suffi, à cet instant précis, de décrocher un téléphone et d'appeler le siège de ce grand établissement fort connu. Avec un minimum de chance, j'aurais su, au moins, si j'avais vu juste. Une fois de plus, je ne parvins pas à m'y résoudre et je me trouvai sur-le-champ quelque chose à faire de bien plus urgent.

Les contraintes de la solitude étant ce qu'elles sont, l'idée de la retrouver vint très vite me titiller à nouveau. Comme je ne me décidais toujours pas à appeler, je me résolus, un beau jour, à aller rôder autour du grand immeuble qu'occupait la direction parisienne de cette banque.

Il advint, bien sûr, ce qui devait advenir. Il ne me fallut que deux ou trois jours de ce petit manège pour que, enfin, un soir, elle parût. J'hésitai avant de la reconnaître. La petite paysanne au frais minois était loin. C'était à une jeune femme très élégante et apparemment très sûre d'elle que j'avais à faire. Il fallut qu'elle se dégageât quelque peu de la foule pressée des heures de sortie de bureau pour que le doute ne soit plus permis. C'était bien Fabienne... et j'en eus peur. Mon premier réflexe fut de m'enfoncer plus profondément encore dans l'ombre de la ruelle où je planquais. D'autant plus qu'elle traversait l'avenue et venait droit dans ma direction. Pas un instant, je n'eus le geste d'aller vers elle. Et moins encore lorsque je compris que le large sourire qu'elle arborait était à l'intention d'un grand type au crâne légèrement dégarni qui l'attendait au bord du trottoir, à quelques pas de moi.

La tempête que suscita cet épisode dérisoire dans mon esprit sévit durement et longuement. Je souffrais, bien sûr, mais avec un manque déplorable de logique et de bonne foi. J'en voulais à Fabienne alors que je n'avais à m'en prendre qu'à moi-même. Je m'en voulais donc aussi, plus encore peut-être, pour un tas de raisons contradictoires, mais pas nécessairement les bonnes. Je m'en voulais d'avoir mené cette enquête un peu ridicule; je m'en voulais d'avoir eu cet absurde réflexe de crainte; je m'en voulais surtout de cette formidable incapacité à leur adresser, à elle comme à mes parents, le petit geste, l'infime signal dont l'effet essentiel aurait été de me sortir de mon isolement. Qu'il y ait eu, au-delà de ces improbables retrouvailles, des pendules à mettre à l'heure, qu'elle ne soit plus à moi était au fond relativement secondaire. C'était ma solitude qui était en cause et, bien sûr, le sentiment amer qui me gagnait en la voyant si élégante, si sûr d'elle, de m'être fait distancer, d'être en train de perdre ma vie.

Si seulement je m'étais arrêté à ce mal-être! Si j'en avais accepté la souffrance et si j'avais pris le temps de chercher à en comprendre les raisons. Mais non! L'habitude était déjà prise : je fuis. Je me détournai;

je m'inventai mille raisons de penser à autre chose ; je me jetai à corps perdu dans la première toquade venue ; je m'entichai tour à tour de numismatique, d'aéromodélisme, de cinéma et de photographie avant de me laisser gagner par la passion des courses...

Tout cela, bien sûr, ne dura pas. De nature, je ne suis ni joueur, ni collectionneur, du moins pas de ceux que puissent satisfaire ces simulacres de jeux que l'on jette en pâture aux foules pour mieux les détourner d'autres préoccupations moins futiles.

Pas de quoi éteindre en moi la conviction indécrottable que le monde tel qu'il était ne me convenait pas. Je suis ainsi fait que je ne me rebellais pas pour autant. Je m'enfuyais ! Conscient de mon mal-être, mais incapable d'en analyser les causes, je l'ensevelissais sous une avalanche d'activités aussi fugaces que futiles, sans jamais pour autant que s'éteigne en moi la conviction que j'étais dans un état transitoire. Un jour, bien sûr, brillerait ma chance. Un jour s'ouvriraient devant moi les portes de ma réussite.

Laquelle ? Sous quelle forme ? J'aurais été d'autant plus incapable de répondre à ces questions que je ne me les étais jamais posées. C'était le monde qui était mal fait, pas moi. C'était donc à la chance, n'importe quelle chance, de venir à moi et en aucune façon à moi de la tenter...

Je ne cherchai plus à revoir Fabienne. Je m'enfonçai dans ma médiocrité et ne vit pas le temps passer.

9

Au courrier, ce matin, il y avait une lettre de Pasha. Lettre habituelle, comme elle en est plutôt généreuse, gaie, enjouée, nous donnant mille détails de sa vie montréalaise et les commentant avec une verdeur de langage qui fait parfois pousser des « oh ! » faussement scandalisés à sa mère. Elle n'en perd pas pour autant son sourire ravi. Moi, bien sûr, ça m'amuse beaucoup.

Elle terminait tout de même ses deux pages recto-verso par un simple « Papa, ne m'oublie pas » sans ambiguïté. Juste avant de me tendre les deux feuillets, Alasi eut une façon de lever sur moi un regard dubitatif qui me surprit. J'allai tout de suite aux derniers mots. Je compris, mais me gardai bien de le montrer.

Aucune question ne vint, mais je sais maintenant à quoi m'en tenir. Je suis surveillé. On me tient à l'œil ! S'il y a bien un secret entre Pasha et moi, Alasi, avec sa patience obstinée, ne me lâchera plus ! Tôt ou tard, il faudra bien qu'elle sache. Désagréable sensation de me retrouver piégé. Et d'autant plus bête que, au fond, je ne sais pas très bien ce que j'ai à cacher. Peut-être suffirait-il de parler, de raconter la partie de ma vie que je leur ai toujours tenue dans l'ombre.

Après tout, il est vrai qu'Alasi ne m'a jamais posé la moindre question. Elle aurait pu le faire. Elle était en droit. Sa discrétion m'a été confortable et j'en ai profité sans que jamais l'idée ne m'effleure que cela pouvait être beaucoup plus contraignant pour elle.

En me plongeant dans la lecture de la lettre de Pasha, j'ai mollement envisagé que ce problème puisse exister. Plutôt que de le considérer avec le sérieux qu'il méritait, j'ai préféré me laisser accaparer par les mots de ma fille.

Josepi est arrivé avant que j'aie fini de me délecter de ma lecture. Sans façon, je lui ai exposé ce que son irruption, dans un tel moment, avait de malvenu et je lui ai laissé le choix de repasser ou d'attendre. Il a reniflé en direction de la cafetière encore allumée et a évidemment choisi d'attendre. Alasi sortait déjà les tasses.

Josepi ! Ils devisent tranquillement, ma femme et lui, en dégustant à petites lampées ce breuvage qui n'a de café que le nom. Alasi n'a jamais su faire le café. Qu'importe ? C'est chaud, presque brûlant. Ils aiment.

Depuis le fond de mon fauteuil où je suis sensé être absorbé par la prose de ma fille, en douce, je les observe. C'est surtout Josepi que j'observe. Notre amitié, la vraie, celle qui devient sans le dire le lien le plus fort qui puisse s'établir entre deux êtres, est parfaitement immémoriale. On n'est pas amis depuis tant de temps ou telle date. On a toujours été amis, même si, comme c'est notre cas, on se souvient parfaitement des circonstances, du lieu et du moment où on s'est rencontrés pour la première fois.

Pour nous, c'était un camp de géologues et de cartographes québécois planté au bord d'un lac, vers la rivière Caniapiscau. On peut difficilement imaginer endroit plus perdu et plus sauvage. Tout en haut du bassin d'où s'écoulent, au nord et à l'ouest, les formidables rivières qui drainent ce que l'on appelait jadis le Nord-Québécois et auquel les Inuit, depuis qu'ils ont repris leurs affaires en main, ont rendu le vieux nom de Nunavik. A l'est, ce sont les monts Tonga et la frontière, toute théorique, du Labrador. Pas un seul habitant sédentaire à des centaines de kilomètres à la ronde. Le domaine exclusif des caribous, des ours, des loups et des renards ; là où seules leur opiniâtreté et leur ingéniosité permettent aux Inuit de s'aventurer sur la trace de leur gibier.

En tout cas, pas une terre de Qallunaat, au point que, voici à peine un demi-siècle, aucun d'eux ne s'y était jamais aventuré. Aux temps terribles de la trappe, ils attendaient tranquillement sur le littoral que les Inuit en redescendent avec leurs trésors de fourrures dont ils les spoliaient contre quelques amulettes, quelques bricoles et, surtout, contre de l'alcool de mauvaise qualité et toutes les maladies qui allaient avec.

Et voilà que, tout à coup, les Qallunaat se réveillaient. Ce n'étaient plus des commerçants, cette fois ; des ingénieurs, des techniciens, des prospecteurs qui n'apportaient plus d'alcool – enfin, pas beaucoup –, mais qui entendaient se rendre dans ces endroits perdus où même les Inuit ne faisaient jamais que passer. Qu'allaient-ils y faire ? Pourquoi cet étonnant regain d'intérêt ? Etudes des richesses minérales, prospection, relevés géologiques et géographiques dans le cadre d'un immense projet hydroélectrique... Ils ont dit tout cela, les Qallunaat qui voulaient s'aventurer là-haut. Ils n'ont rien caché. Ils ont même dit plus, beaucoup plus, mais quel sens tous ces mots pouvaient-ils bien avoir pour des chasseurs inuit ?

Ils voulaient des guides, les Qallunaat. Combien de fois Josepi m'a raconté la méfiance des vieux de son clan. S'ils ne comprenaient pas un traître mot du discours de ces Blancs-là, ils étaient tout de même forts de la redoutable expérience acquise au contact de tous ceux qui les avaient précédés. Jamais la misère n'avait été aussi grande que depuis que ceux-là avaient trahi la confiance des Inuit. Ils n'étaient pas près d'oublier et n'ont d'ailleurs toujours pas oublié !

Josepi, lui, avait à peine vingt ans. L'aventure était tentante. Par-dessus le marché, à l'aune de leur détresse, elle était plutôt bien payée. Et puis, qu'avait-il à perdre ? Il avait donc accepté de guider des Qallunaat vers les hautes terres, là où La Grande Rivière, la rivière de la Baleine et la Caniapiscau prennent leurs sources.

C'est comme ça que nous nous sommes rencontrés, mais bien des années plus tard. A l'époque où Josepi, pas trop rassuré, a accepté de monter pour la première fois dans l'hydravion des Blancs, je devais être encore en Suisse, à me demander quelles seraient les conséquences de ma désertion si je rentrais en France ! Alors que je ne faisais que commencer ma longue errance d'incertitudes et d'hésitations, lui avait trouvé sa voie. Avec tout leur savoir et leurs airs de grands seigneurs, les Qallunaat ne sont jamais que de grands enfants empotés dès qu'ils prétendent affronter la toundra. Sans l'aide d'un Inuk, ils sont perdus.

Pas fou, Josepi a vite compris par où il pouvait leur devenir indispensable. Il a été raisonnable mais ferme dans ses exigences. Jamais il n'en a profité... ou alors très discrètement ! Du coup, il lui a fallu s'établir un véritable calendrier d'activités tant il devint demandé. Ce n'était pas une raison pour négliger la vie du clan et les périodes de chasse. Un sage, Josepi ! Le temps passant, il acquit peu à peu le statut de véritable référence, tant chez les Inuit que chez les Blancs, pour tout ce qui concernait les nouveaux rapports en train de s'établir entre les deux communautés.

Il devait arriver que nous nous rencontrions. Aux simples camps de prospecteurs s'étaient ajoutés les immenses chantiers du complexe hydroélectrique de La

Grande. Les Inuit étaient en train de comprendre qu'ils allaient avoir pour conséquence la plus évidente, en ce qui les concernait, d'inonder d'immenses territoires de chasse. Ce n'était évidemment pas de nature à les rabibocher avec ces maudits Blancs. Ce n'était là, après tout, qu'un exemple de plus de leur légendaire duplicité.

L'ambiance était donc tendue, mais je dois reconnaître que même si tout ce qui concernait les Inuit me passionnait, je m'en fichais comme de ma première chemise. J'établissais un drôle de distinguo entre tout ce qui m'attirait vers eux et mon boulot, préférant ignorer que celui-ci participait à une entreprise qui leur était dommageable.

Le hasard voulut – mais était-ce vraiment le hasard ? – que nous nous rencontrions un beau soir dans un camp de la Caniapiscau que j'étais venu ravitailler et où ses fonctions de guide l'avaient appelé à séjourner.

C'est là, alors que nous nous croisions pour la première fois, qu'il me lança cette étonnante apostrophe :

– Tu verras, on sera amis !

C'était il y a plus de trente ans. Pourtant, à le regarder du coin de l'œil en train de siroter son café en papotant avec Alasi, il me semble qu'il est mon ami depuis toujours.

– Bon, tu as bientôt fini de la lire, cette lettre ?

Josepi n'a appris à lire et à écrire que sur le tard. Il n'y avait pas d'école à proximité du comptoir que fréquentaient ordinairement ses parents, au temps où ils vivaient encore sous la tente l'été et sous l'igloo l'hiver. C'est peut-être pour ça qu'il porte un grand respect à tout ce qui est écrit et aux gens qui lisent. Mais il a fini son café et le bout de causette avec Alasi doit commencer à lui peser.

– Qu'est-ce qui t'amène ?

Josepi ne vient jamais pour rien. Quand le restaurant est ouvert, ça peut être, à la rigueur, pour une simple soif. Quand il vient frapper à ma porte, c'est invariablement pour une cause plus importante.

– J'ai des clients ! m'annonce-t-il triomphalement.

Cela retient mon attention. Je me sais forcément intéressé à l'affaire.

– Des Canadiens ?

– Non, bien mieux : des Américains. Ça paie mieux, les Américains.

C'est d'autant plus vrai que Josepi fixe ses tarifs à la tête du client et surtout selon son origine. L'Américain peut à coup sûr se vanter de payer, en fin de parcours, la note la plus salée ! Faute de comparaison possible, personne, d'ailleurs, ne s'est jamais plaint.

– Où et quand ?

– Tu vas les prendre à Radisson dans trois jours. Tu les amènes ici, histoire qu'on les chauffe un peu, et direction le lac à l'Eau-Claire.

– Pêche ou chasse ?

– Un peu des deux.

– Et je les reprends quand ?

– Huit jours après.

Je m'autorise un petit sifflement admiratif.

– Mazette ! Une semaine ! Tu as décroché la grosse affaire. Tu vas être riche, Josepi.

Il se tortille sur sa chaise, faussement gêné.

– T'inquiète, on redistribuera. Il faudra bien que tu te mettes à tes fourneaux. On fera un fameux repas.

Sans rire, je lui envoie une claque dans l'épaule. Sacré Josepi. Son plaisir vient moins d'avoir été choisi par quelques riches chasseurs et pêcheurs américains en mal d'exotisme que de la joie que cela va apporter à la communauté. Du phoque ou du caribou que le chasseur plus chanceux que les autres distribuait à tous les membres du clan, jadis, quand il en allait de sa survie, au gueuleton que Josepi se promet déjà d'offrir à tout le village, il n'y a pas l'once d'une déviation. Ce n'est même plus de la tradition. C'est dans leurs gènes, cette histoire-là. Pas facile à comprendre, au début, pour un Qallunaaq comme moi. Un Inuk n'existe et n'est heureux qu'en fonction de l'existence et du bonheur de la communauté dont il fait partie. C'est aussi vrai aujourd'hui qu'hier et ça le restera probablement aussi longtemps qu'existera le peuple inuit.

Je sais ce qu'il me reste à faire : sortir l'hydravion. Trois jours pour le mettre en état de marche, ce ne sera pas de trop. Aller chercher les Américains à Radisson, les ramener ici, leur jouer du grand cinéma pour la préparation de l'expédition, emmener tout ce petit monde, Josepi compris, jusqu'à son camp, sa « pourvoirie » comme il dit, du lac à l'Eau-Claire. J'y resterais bien quelque temps avec eux, pour le plaisir. Puis tout remballer dans le sens inverse et préparer de quoi régaler tout le pays ! Je ne risque pas de m'ennuyer ces jours-ci...

Mais le pire c'est que, moi aussi, maintenant, je suis comme un membre de la communauté... S'il me reste trois sous dans la poche après tout ça, je pourrai m'estimer heureux !

Alasi n'a rien dit, comme toujours, mais je sens son regard peser sur moi. Elle sourit. Elle est Inuk, elle aussi. Elle sourit à l'idée de la part que nous allons prendre au plaisir de tous, en tâchant d'oublier que ce ne sera certainement pas encore cette fois-ci que je lui rapporterai de Radisson la machine à coudre de ses rêves...

10

Les glaçons qui dérivent dans la baie, au gré du vent et des courants, sont à la fois les inconvénients et les avantages du plan d'eau sur lequel s'ouvre le hangar de mon hydravion. Mieux vaut, en effet, s'assurer qu'aucun d'eux n'est resté sur la trajectoire des flotteurs avant de s'élancer. Par contre, surtout le matin, leur présence absorbe le moindre clapot et c'est dans le plus grand confort que l'on décolle ou que l'on amerrit.

A plein régime, j'ai laissé mon bon vieux coucou prendre un peu d'altitude, puis j'ai réduit en virant sur l'aile. Je suis repassé au-dessus du village où j'ai vu quelques bras s'agiter dans ma direction. J'ai vu aussi Alasi sur le pas de notre porte. Le nez en l'air elle suivait des yeux mon passage, mais se tenait parfaitement immobile, les mains dans son tablier, comme d'habitude. Le temps n'y a rien fait. La peur de me voir m'élancer seul aux commandes de ce petit appareil ne l'a jamais quittée.

Voilà justement la solitude au-dessus de la toundra. J'aime. Je maintiens une altitude de quatre cents à cinq cents mètres et je laisse filer sans chercher la performance. Ce n'est guère dans les capacités de mon appareil, et puis j'ai le temps. En laissant l'ombre de l'avion courir sur la toundra et jouer à saute-mouton avec les innombrables lacs qui s'y succèdent, je vais me guider sur le littoral, à ma droite, jusqu'à la hauteur de Kuujjuarapiq. Puis, après avoir survolé la rivière de La Grande Baleine, lorsque la taïga commencera à darder sur moi les pointes de ses maigres épinettes, j'infléchirai légèrement ma route au sud sud-est. Je rentrerai dans les terres, direction l'aéroport de La Grande qui dessert Radisson.

J'ai bien assez d'autonomie pour me passer d'escale. J'ai pourtant choisi de décoller très tôt pour éviter le risque d'un vent un peu fort qui se lève parfois sur le coup des 9 heures. Il aurait pu me compliquer les choses en encombrant la baie de nouveaux glaçons venus du large. Et puis, j'avais vaguement l'intention de faire une petite halte à Kuujjuarapiq, histoire de dire bonjour à quelques copains.

Idée vite oubliée. Je préfère réduire encore le régime et m'abandonner à l'ambiance si particulière de ces vols solitaires au-dessus de la toundra. L'automatisme des gestes, acquis de longue date, suffit à garder l'avion dans sa ligne de vol. L'esprit est libre. Une liberté comme je n'en ai jamais ressenti ailleurs. Le fait, peut-être, de cette troisième dimension dans laquelle on évolue. Le fait, surtout, je crois, du cocon ronronnant dans lequel on se trouve enfermé, en plein ciel. Quelque chose d'apaisant mais qui en même temps excite les sens, les met en éveil, les rend réceptifs à toutes les émotions, à des tas d'idées qui émergent sans qu'on sache trop d'où. On dirait une éclosion. C'est tout à coup très net, très précis. On s'étonne de ne pas avoir pensé plus tôt à tel petit détail dont on faisait, jusque-là, la pierre d'achoppement d'une réflexion. On l'analyse. L'interrogation qu'on avait abandonnée en l'état devient tout à coup limpide. On comprend, on se comprend et tout paraît clair.

Pasha, bien sûr, m'a assailli sitôt que le village a disparu derrière la ligne d'horizon. Quand et comment vais-je lui répondre ? Pour le coup ma situation aux commandes de mon avion ne m'a pas aidé à trancher. Je sais que je ne m'opposerai pas éternellement à ce qu'elle prenne contact avec sa grand-mère. Pourquoi le ferais-je ? Je ne veux pas pour autant être tenu à l'écart de l'événement. Moi aussi, au fond, je sais bien que c'est mon souhait le plus cher de revoir ma mère, mon frère, mes sœurs. Mon problème est de réussir ces retrouvailles. Je sais bien que, pour cela, il me faudra faire taire rapidement les questions et peut-être même les suspicions. A ne pas savoir expliquer, comment pourrais-je leur reprocher d'entrevoir toutes les raisons les plus viles, derrière ce silence de plus de quarante ans ?

L'image qui s'impose soudain à moi, alors que commence à se deviner, loin devant, le sinueux fossé de la vallée de la rivière de La Grande Baleine, est celle d'une énorme assemblée, incroyablement bruyante, désordonnée, passionnée, dans un amphithéâtre de la Sorbonne, en mai 1968. Cela peut paraître hors de propos, mais à y regarder d'un peu plus près, ce n'est pas étonnant.

Dire que je n'avais pas conscience, au cours de toutes ces années passées à Paris, de perdre mon temps et de gâcher ma vie serait mentir. Que la tentation me soit venue d'entreprendre tout et n'importe quoi pour briser ce cercle infernal de médiocrité dans lequel je m'étais moi-même enfermé, c'est l'évidence même. Que je ne m'y sois jamais résolu est pour moi, aujourd'hui, le plus grand des étonnements. Après tout, je n'étais pas plus indécis et malléable qu'un autre, au contraire. Je l'avais amplement démontré aussi bien en prétendant ne pas abdiquer mon avenir au profit de choix qu'on avait faits pour moi, qu'en allant jusqu'au bout de mes résolutions en Algérie.

Quelque chose, pourtant, sans bien sûr que j'en prenne la mesure, avait dû être cassé en moi après ma désertion.

J'adressai une grimace sceptique au paysage qui défilait devant le long museau de mon avion. Cette idée de renoncement ne me plaisait pas. Ai-je jamais renoncé à quoi que ce soit ? Si tel était le cas, il aurait fallu que mes amis Inuit soient bien peu perspicaces pour m'avoir accordé ce surnom d'Inuksuk dont je suis si fier.

Non, à la réflexion, c'était plutôt l'inverse. Quelque chose s'était dressé en moi, comme se lève une barricade quand les dos ne veulent plus se courber. Trente mois en Algérie, je n'avais tenu bon que pour me garder, que pour revenir tel que moi-même vers nos beaux projets. Dès lors que Fabienne m'avait trahi, le renoncement, si renoncement il y avait eu, aurait été de persévérer dans le jeu de cette mascarade. La fidélité à moi-même, à mes convictions les plus indéracinables, voulait que je leur rende immédiatement la priorité. C'est ce que j'ai fait. Pas l'ombre d'un regret.

Cette idée me plaît. Qu'elle ne me soit pas venue plus tôt me chiffonne un peu. Il a fallu tout de même que j'accumule une sacrée dose d'aveuglement, que je m'enferme dans de sacrées œillères pour ne même pas prendre conscience de cela. Dans la mesure où je me suis adressé de vrais reproches, ce qui est bien arrivé à trois ou quatre reprises, c'était après ma faiblesse que j'en avais, après cette manie que j'avais de fuir.

Eh bien, désolé, Clément Simare, ce sont une fois de plus les Inuit qui ont raison, même dans ce qu'ils ne savent pas de toi. Tu n'es qu'un cabochard qui n'a jamais rien voulu céder, qui n'a jamais eu d'autre choix que de se casser la tête contre les murs ou de contourner. Tu as choisi de contourner. Qui peut t'en faire grief ? Même pas toi !

De satisfaction, je remets les gaz à plein et lance mon pauvre vieux coucou dans une formidable chandelle.

Vibrant de ses vieilles membrures, il y met toute la bonne volonté dont il est capable. Sous moi, en me penchant, je vois le sol s'éloigner à vive allure. S'il y a par hasard des caribous, un ours ou quelques loups qui ont l'idée saugrenue de lever le museau, ils doivent se demander si le Qallunaaq qui traîne là-haut n'est pas devenu complètement fou ! Puis je réduis les gaz jusqu'à presque les couper tout en poussant doucement le manche. Un bref instant, l'avion semble s'immobiliser en plein ciel. Je pousse encore et nous voilà parti en piqué. C'est vertigineux ! Ça hurle de partout. Cette fois, caribous, ours, loups et autres sauvagines doivent détaler à toutes jambes. Un lac, droit devant moi, grandit à une vitesse prodigieuse. Je dois me battre contre la tendance qu'aurait mon appareil, encombré de ses gros flotteurs, à accentuer le piqué jusqu'à en faire un looping à l'envers dont les conséquences seraient désastreuses. Je tire encore plus fort. Il me faut m'arc-bouter. Enfin, mes ailes retrouvent l'appui de l'air. A moins de cent mètres en dessous de moi, le lac défile très vite puis disparaît de mon champ de vision. Moteur toujours coupé, l'avion s'apaise. Il glisse au travers du ciel. Je remets progressivement un peu de gaz, juste ce qu'il faut pour reprendre ma tranquille promenade dans le ciel arctique.

Tu vois, Clément Simare, quand tu veux ! Il te suffit de te creuser un peu la tête pour y voir plus clair. Bon, d'accord, ce n'est pas par renoncement que j'ai fui toute ma vie. C'est, bien au contraire, parce que cette fichue société n'a jamais voulu m'accepter tel que je suis. Toujours, il aurait fallu que je lui fasse des concessions. Au fond, malgré tout, je suis plutôt fier de n'avoir jamais cédé.

Oui mais, Clément Simare, était-ce là une raison suffisante pour t'abstraire ainsi du monde ? Ah ! Bien sûr, pas facile d'expliquer à son père, à sa mère ce que soi-même on n'a pas pris la peine de bien analyser. Que j'aie une tête de cochon, ça, ils étaient mieux placés que quiconque pour l'avoir compris depuis longtemps, peut-être même avant moi ! Mais ça ne suffisait pas. Il a bien fallu qu'il y ait autre chose pour que, si longtemps, je redoute à ce point d'avoir à leur expliquer ce qui s'est passé en moi et que, aujourd'hui encore, je ne parviens pas à discerner.

Je me trouve devant une sorte de puzzle, sinon compliqué, du moins très flou. J'ai l'impression d'en avoir trouvé une pièce qui s'emboîte bien avec les autres. J'en ressens un vrai bonheur. Merci Pasha. Sans toi, je ne me serais jamais mis à m'apprendre moi-même. Je serais resté jusqu'à ma mort ignare de ce que je suis. L'envie me vient d'aller plus loin, d'apprendre encore.

L'immense retenue de la centrale hydroélectrique de La Grande me ramène à la réalité. Je survole le barrage et son énorme évacuateur de crue. A son pied, deux autocars sont arrêtés près du belvédère aménagé pour les touristes. Ça grouille littéralement ! Les appareils photos doivent crépiter, immortalisant « l'escalier de géant » derrière lequel ont été engloutis à tout jamais les territoires de pêche et de chasse des Inuit et des Indiens Cris ainsi que leurs sanctuaires et les tombes de leurs ancêtres.

Qu'importe ! Avant de me poser, je vois défiler sous les ailes de mon avion les huit lignes à très haute tension qui filent vers le sud, au travers de la taïga. Qui, à Montréal, à Québec ou même à Boston, jusqu'où pousse la plus lointaine, se soucie de tout cela, en allumant le lustre de la salle à manger ?

Le retour est évidemment plus contraint. Les huit banquettes rustiques qui équipent la carlingue de mon appareil sont le plus souvent repliées le long de la paroi pour libérer le plus de place possible aux chargements hétéroclites qu'on me confie. Avant de partir, j'ai pris soin de les déplier, de les arrimer soigneusement et surtout de les dépoussiérer, ce qui n'était pas un luxe.

Le geste des deux femmes qui font partie du groupe ne m'a pas échappé. L'une comme l'autre, elles ont sorti de leur sac un mouchoir en papier et ont soigneusement essuyé la toile rustique sur laquelle il allait leur falloir poser leur séant distingué. Ça promet ! Un des hommes, avec un accent épouvantable du Massachusetts, s'est étonné que je sois seul aux commandes. Il doit confondre hydravion et Boeing 747 ! J'ai l'habitude. J'assume sans perdre mon sourire, mais je n'en pense pas moins.

Pour détendre l'atmosphère, je leur ai fait faire un peu de tourisme au-dessus de Radisson, du barrage et de l'escalier de géant. Ils étaient ravis et frottaient les hublots un peu poussiéreux avec l'énergie du désespoir. Des fois que ça fasse comme un voile sur les photos ! Puis j'ai mis le cap au nord. Je suis à nouveau seul avec moi-même bien que ça parle haut et que ça rie très fort derrière moi.

– Vous êtes français ? m'a demandé l'un d'eux, sur le tarmac, pendant que j'embarquais leurs bagages.

Ça se voit et ça s'entend encore tant que ça ? Ce n'est d'ailleurs pas pour me déplaire. S'ils savaient, ces Américains excités comme des puces à l'idée de la grande aventure qu'ils partent vivre, tout ce que je rumine, à propos de la France, pendant qu'ils s'extasient sur les paysages de taïga, puis de toundra, qu'ils découvrent.

Du coin de l'œil, par l'étroit passage qui met la cabine de pilotage en contact avec la carlingue, je les observe. Un peu jeunes. Rapide calcul. Bigre, ça ne nous rajeunit pas ! Il aurait pu être le père de l'un d'eux. Je rentrais vers Paris, un matin de mai 1968, très tôt. Nous nous y étions mis à plusieurs pour fournir au réservoir de ma voiture de quoi entreprendre une expédition vers la province dont on disait qu'elle était encore fournie en essence. C'était vrai dans une certaine mesure. Il fallait savoir patienter et ne pas être trop exigeant. D'une station à l'autre, à travers la Seine-et-Marne puis la Marne, j'avais réussi à remplir plusieurs fois mon réservoir. Je m'arrêtais dans un chemin creux, je le siphonnais dans des bidons que je rangeais soigneusement dans le coffre sous une couverture, et je recommençais l'opération dans la ville suivante. Il y avait là de quoi assurer nos déplacements ordinaires pendant un certain temps et même donner matière à un petit marché noir assez lucratif. Le tout, bien sûr, était de ne pas se faire prendre, ni par les piquets de grève, ni par la maréchaussée.

Quand je le vis, au bord de la route, aux alentours de Cézanne, si je me souviens bien, faisant du stop, je me suis dit qu'il pouvait à la rigueur me faire une bonne couverture en cas de besoin. Ce n'est qu'en m'arrêtant à sa hauteur que j'ai remarqué la bannière étoilée épinglée sur son sac. J'étais passablement fatigué. Je m'ennuyais ferme à mon volant. Après tout, pourquoi pas ? Cela allait me changer les idées !

C'était un de ces jeunes Américains que l'on rencontrait à l'époque assez couramment – et que l'on rencontre peut-être toujours – sur les routes de France. Pas du tout des hippies. Il s'en fallait de peu, mais l'espèce n'avait pas encore été inventée. Ceux-là étaient plutôt de bonne famille, de celles qui aiment à arborer leurs dollars et à les dépenser. Abandonnant leurs études pour une sorte d'année sabbatique, avec la bénédiction et l'argent de papa et maman, ils venaient jeter leur gourme dans la vieille Europe et y récolter leur moisson de souvenirs à raconter plus tard à leurs petits-enfants, histoire de leur montrer qu'ils savaient eux aussi vivre d'aventure !

Il était en Autriche lorsque la nouvelle le rattrapa de la « révolution » qui, selon lui, dévastait les rues de Paris. Pas question de manquer ça ! Abandonnant sur-le-champ les fastes viennois, il avait pris la route et il m'échoyait de lui faire faire la dernière partie du trajet dans ma vieille guimbarde au coffre plein à ras bord de bidons d'essence !

J'étais moi-même très excité par ce qui se passait aussi bien au Quartier latin que dans les usines de Boulogne-Billancourt, de La Courneuve ou de Gennevilliers. Syndiqué, mais depuis longtemps revenu de mes premiers enthousiasmes, j'étais furieux contre nos responsables ouvriers qui se montraient très méfiants à l'égard du mouvement des étudiants. A corps perdu, je m'étais lancé dans la bagarre et courais d'une première ligne à l'autre en clamant bien haut que nous tenions le bon bout et que, cette fois, nous allions vraiment changer le monde.

Outre que, comme on l'a vu plus haut, je ne perdais pas pour autant le sens des réalités et des petites magouilles que font toujours fleurir de tels événements, je ne faisais en somme qu'ajouter une toquade, juste un peu plus conséquente que les précédentes, à l'impressionnante série de celles qui m'avaient tenu lieu d'ambition depuis que je tournais en rond à Paris. J'eus tôt fait, bien sûr, de lâcher le mouvement ouvrier que je trouvais désespérément timoré pour me précipiter au Quartier latin. Il y en eut tellement, à l'époque, que je ne peux pas jurer avoir fait partie de toutes les « commissions » et de tous les « comités » qui siégeaient jour et nuit à l'Odéon ou dans les amphithéâtres réquisitionnés de la Sorbonne. Il dut y en avoir peu, pourtant, qui ne me virent pas au moins passer ! J'étais de tous les débats, de toutes les proclamations les plus définitives – et Dieu sait s'il y en eut ! – sans m'étonner moi-même d'une telle capacité de décision qui me venait ainsi alors que huit jours plus tôt j'étais incapable de savoir ce que j'allais faire de ma peau.

Kuujjuarapiq est derrière nous. Nous longeons à nouveau le littoral en direction du nord. Quand nous l'avons atteint, j'ai dû leur demander de regagner leurs sièges. Ils se précipitaient tous vers les hublots gauches pour s'extasier sur les glaçons que l'on voit scintiller le long de la côte et sur le pack encore solide, au loin, sur la baie d'Hudson. Je n'arrivais plus à tenir l'appareil. Ils n'ont obtempéré qu'en rechignant. Sous prétexte de rétablir l'équilibre du vol, je les ai punis en les secouant comme des pruniers.

Le calme revenu, je me laisse à nouveau entraîner vers ce Paris de désordres au cœur duquel l'idée que j'ai pu lâcher le père de l'un d'eux me fait sourire. Je me rends compte que j'ai tendance à juger sans ménagement ce que j'étais et ce que j'ai fait durant cette période. Me voilà ironique à l'égard de moi-même !

Je me souviens que j'ai été sidéré et un peu scandalisé par le comportement de ce jeune Américain qui voulait à tout prix voir du sang ! Dieu sait si je me donnais sans compter dans les luttes que nous prétendions mener, mais jamais, jusque-là, l'idée ne m'avait effleuré que cela puisse tourner à l'hécatombe à laquelle il s'était mis en tête d'assister. J'ai essayé de lui expliquer, en vain. L'obstacle de la langue lui servait de prétexte pour ne rien vouloir entendre. Exaspéré, j'ai fini par le larguer rue Richelieu, à deux pas de la Bourse qui avait quelque peu brûlé la nuit précédente. Faute de sang, il verrait des cendres !

Peut-être cette autre vision que la mienne, très probablement biaisée par ce que ce jeune Américain, qui n'avait jusque-là jamais mis les pieds en France, avait dû lire dans la presse étrangère, ne fut-elle pas pour rien dans l'évolution de mon comportement durant ces quelques jours. Pour une fois, je ne crois pas avoir cédé simplement à la lassitude qui m'avait fait me détourner successivement de tous les enthousiasmes ayant marqué mon existence depuis qu'elle avait perdu son fil conducteur. Je crois qu'un vieux fond de bon sens paysan m'a peu à peu ouvert les yeux. L'utopie, je n'ai rien contre. Je l'ai même courtisée plus d'une fois dans ma vie. Là, pourtant, elle allait loin, très loin, au point qu'il me devint vite lassant de soutenir d'interminables discussions dont rien de concret ne semblait devoir sortir.

Avec mon manque habituel de diplomatie, je le dis. Je le dis même très fort. Je le répétai et fus rapidement catalogué. De camarade de lutte, je devins vite un vilain réactionnaire obtus, un ennemi de classe qu'il fallait écarter sans attendre. Je ne me laissai pas faire et, fort de ma désormais reconnue tête de cochon, je prétendis continuer à siéger aux innombrables comités auxquels je m'étais inscrit. On me battit froid. Je tins bon. Certains voulurent m'exclure. Je me retranchai derrière les règlements et exigeai un vote. On estima avoir mieux à faire et on se contenta de m'oublier dans un coin. J'en ressortais évidemment à la moindre occasion, à la manière d'un diable bondissant de sa boîte. J'embêtais tout le monde et, au fond, n'atteignais que moi-même.

Je souffrais d'être ainsi marginalisé. J'en rendais le monde entier responsable, arc-bouté sur mes convictions et refusant de voir que ce n'était pas elles mais bien mon comportement qui me rendait insupportable. Les choses, bien sûr, ne pouvaient qu'empirer. Je parvins même à me mettre à dos ceux qui partageaient plutôt mes points de vue, qui n'auraient pas été fâchés d'utiliser ma fougue pour les faire reconnaître, mais qui tentaient vainement de me faire comprendre qu'il me fallait changer de méthode, être plus diplomate, mettre un peu d'eau dans mon vin.

Mettre un peu d'eau dans mon vin ! Pouvait-on raisonnablement demander cela à une tête de mule de mon espèce qui s'obstinait à vouloir passer en force ? Même ceux-là se lassèrent et préférèrent me tenir à l'écart plutôt que de risquer de se voir reprocher de cautionner mon absolutisme.

En y réfléchissant, je mesure l'importance qu'eut sur moi cet accident de mai 1968. J'étais alors une matière bien trop inerte, bien trop malléable pour ne pas être entraîné comme un fétu de paille par la tourmente. Il y a d'ailleurs quelque chose d'étonnant dans l'importance du moment où survint la rencontre entre la vacuité dans laquelle s'embourbait mon existence, et ce brutal embrasement qui me donna quelques jours l'illusion d'avoir retrouvé un sens à ma vie. Aujourd'hui, je la juge passablement infantile, mais à l'époque...

Que serait-il advenu si... ? Question absurde, je sais. On ne pourra pourtant pas m'empêcher de me demander combien de temps encore j'aurais persisté à éluder chaque fois que me venait à l'esprit l'idée de la seule solution alors raisonnable, si ce vent de folie ne s'était pas levé sur la France d'alors. Je n'étais certainement pas loin du moment où, par la force des choses, l'évidence me serait apparue. Ma vie s'était fourvoyée sur une voie qui n'était pas la sienne. Arriverait l'instant où il me faudrait admettre que je n'avais d'autre choix que de revenir à la case départ. Il faudrait bien que m'apparaisse la chance que j'avais de pouvoir envisager de retrouver ainsi mes marques. Cela ne pouvait être nulle part ailleurs que dans ce petit village du Morvan où, en somme, tout m'avait normalement réussi jusqu'à ce que je le quitte. J'aurais nécessairement fini par écrire ou, plus simplement, téléphoner à mes parents.

Peut-être, alors, me seraient apparues les raisons qui me faisaient fuir l'idée de ces retrouvailles dont je ne pouvais concevoir qu'elles puissent prendre une autre forme que celle d'une rude confrontation avec mon père.

A moins qu'une rencontre... Curieusement, toute cette longue période m'apparaît maintenant comme un véritable désert sur le plan affectif. Ni amitié, ni encore moins amour. Ce n'était pas que je fusse d'une quelconque maladresse avec les femmes, ni même que je ne possédasse pas un don de séduction amplement suffisant pour que l'abstinence ne fût pas mon fait ! Mais je ne pus jamais m'attacher ou, peut-être, je ne fis jamais rien pour m'attacher. Les aventures, les brèves liaisons se succédaient sans jamais aboutir à autre chose qu'à de l'amertume vite dissimulée derrière une indifférence feinte.

Comme je me refusais obstinément à voir ce qui, en moi, m'excluait du jeu ordinaire de la convivialité, le formidable bouillonnement de mai 1968 me fit croire au changement des autres... On allait inventer un monde meilleur, où il n'y aurait plus de laissé-pour-compte de mon espèce, où l'altruisme des uns irait inévitablement vers l'altruisme des autres...

La chute fut dure ! Elle le fut d'autant plus pour moi que tout, une fois de plus, bascula en quelques instants. Je le revois encore. Un grand blond aux allures de sportif à l'aise en toutes circonstances. Une belle gueule autour de laquelle papillonnaient toutes ces filles que j'affectais de ne pas remarquer, trop convaincu qu'aucune d'elles n'était pour moi. En quelques jours, il avait réussi à prendre une importance considérable dans tous les cénacles que nous fréquentions. On en était déjà à réinventer les mandarins dont la dénonciation des pouvoirs avait été le prétexte à ce vaste chahut !

Un beau matin, alors que nous récupérions difficilement d'une nuit partagée entre les barricades et quelques empoignades verbales dans les couloirs de l'Odéon ou de la Sorbonne, je me suis trouvé accoudé au même bar que lui, à plonger une maigre tartine beurrée dans un café crème tiède. Bien sûr, nous nous sommes accrochés. Le ton a monté. Pour quoi ? Pour la défense ou la critique de quelle utopie ? Je n'en ai plus la moindre idée. Je me souviens par contre très bien de la façon qu'il a eue de se dresser soudain en se tournant vers moi, et d'éclater :

– Toi, maintenant, éructa-t-il peut-être en perdant un peu son sang-froid, tu vas nous foutre la paix.

Il a eu un très bref moment d'hésitation, puis ce fut plus fort que lui :

– D'ailleurs, avec le passé que tu as, tu ne crois pas que tu ferais mieux de t'écraser ?

11

J'apprends, en arrivant au village, que Josepi ne m'a pas attendu. Pas étonnant qu'il ne soit pas venu assister à mon départ pour Radisson. Sans rien m'en dire, il était parti depuis la veille. Il a décidé de rejoindre sa pourvoirie du lac à l'Eau-Claire à pied, avec ses chiens portant son bagage dans leurs bâts. Du Josepi tout craché !

Qui a dit que ces gens-là sont définitivement sédentarisés ? Tout juste bon pour les statistiques et les arguments qu'ils savent très bien en tirer pour obtenir qu'on leur construise de nouvelles maisons ! C'est qu'ils les aiment, leurs maisons. Ils en apprécient le confort. Pour s'en convaincre, il n'est qu'à voir le soin qu'ils apportent à les entretenir, à les tenir propres et à les décorer. Un peu kitsch quelquefois, mais qu'importe ?

L'important, d'ailleurs, n'est pas là. Il est le plus souvent dans le petit vestibule, le sas dont disposent toutes ces maisons et qu'on apprécie particulièrement quand il s'agit d'éviter, en hiver, que s'y engouffrent neige et gel à chaque aller et venue. Il y règne le plus souvent un aimable désordre dans lequel il est facile de repérer les bottes, les vêtements, le matériel de pêche, parfois les armes, les accessoires du bateau et autres signes qui trahissent le pêcheur ou le chasseur toujours prêt à s'élancer vers la toundra ou vers la mer.

On peut admettre que les Inuit, depuis moins d'un demi-siècle, ont appris l'art et la manière de mener double vie ! L'une, la plus immédiatement perceptible, pour composer avec la modernité qu'il leur a bien fallu assumer, l'autre pour ne rien perdre de leur goût immodéré pour la chasse, la pêche, l'immersion totale dans un milieu naturel qui ne leur a pourtant rien épargné, mais qui n'en reste pas moins leur élément.

A l'heure qu'il est, Josepi trotte avec ses sept chiens dans la toundra. Je l'imagine. Une fois, je me suis posé exprès sur un petit lac pour le seul plaisir de le voir passer. Je l'avais repéré depuis mon avion, au retour de je ne sais plus quelle mission. Lui se dirigeait vers sa pourvoirie du lac à l'Eau-Claire. Je ne pouvais pas me tromper. Je me suis approché d'une petite plage qu'il suivait pour contourner le lac. J'ai ouvert toute grande la porte du cockpit, je me suis dressé et j'ai appelé : « Josepi ! »

C'est à peine s'il a détourné les yeux. Il a juste eu un geste de la main dans ma direction pour bien me montrer qu'il m'avait vu. Le contraire aurait d'ailleurs été difficile ! Et il a continué son chemin, exactement à la même allure que ses chiens qui ne s'étaient pas plus détournés que lui de leur destination. Ce jour-là, j'ai eu la sensation pénible d'être exclu. Je n'étais plus dans son jeu. Je ne suis pas capable de trotter comme il le fait des heures durant, exactement à la même allure, sans la moindre hésitation, avec un sens du terrain infaillible qui lui fait toujours anticiper le passage entre les zones marécageuses, les lacs à contourner, les barres rocheuses à éviter.

Je l'envie ! Cette période de l'année où il n'est guère d'autre accès possible à la toundra est toujours pour moi une véritable punition. C'est là qu'ils marquent leur différence. Je ne serai jamais qu'un simple Qallunaaq qu'ils pourront semer chaque fois que l'idée leur en viendra !

Il trotte avec ses chiens dans la nature pendant qu'il me faut bien m'occuper de ses touristes ! Je réquisitionne au passage ce brave Josie. Il ne sera pas de trop pour m'aider à préparer leur logement.

– Et mon camion ? pleurniche-t-il.

Josie, un grand échalas édenté d'une bonne trentaine d'années, pilote à longueur de journées un de ces camions citernes chargés de tenir à niveau les réservoirs d'eau des maisons.

– Laisse-donc ton camion en paix. Gare-le près de chez moi. Tout le monde saura où tu es. Bien le diable s'il y en a un qui manque d'eau à cette heure-ci ! Si ça lui arrive, il n'aura qu'à venir te chercher.

Le discours convient à Josie, pas fâché, au fond, de cette petite diversion apportée à la monotonie de sa journée. Le village dispose, comme tous les villages, d'un petit hôtel que gère la co-op. Enfin, le mot « hôtel » est peut-être un peu fort et la gestion reste assez théorique. Il existe certes un bâtiment construit et aménagé pour l'accueil des visiteurs éventuels, mais ceux-ci sont assez rares pour que ses murs de béton, son mobilier style internat et sa décoration encore plus kitsch que celles des maisons aient tout d'un décor quelque peu figé dans l'inutilité. Josepi ayant totalement négligé cet aspect du problème, il me faut, dans un délai record, rendre à tout cela un minimum de vie. Après quoi, je n'aurai plus qu'à me précipiter vers mes fourneaux parce que, bien sûr, il revient au Café de Paris de régaler les clients du coureur de toundra !

Comment font-ils pour ne jamais s'affoler ? Et comment faisons-nous pour être toujours à courir ? Quand je rends enfin Josie à son camion et que nous avons fini de ranger, Alasi et moi, j'ai une pensée pour le grand responsable de tout ça, l'organisateur en chef, celui qui ne va pas manquer de susciter l'admiration béate des touristes américains qui nous ont pris pour leurs larbins toute la soirée. A l'heure qu'il est, roulé en boule dans son duvet, entouré de ses chiens, il dort du sommeil du juste au milieu d'un buisson de bruyère, à quelques mètres audessus d'un lac dont les eaux paisibles scintillent doucement dans la clarté diffuse de la nuit estivale arctique.

Quand nous débarquerons demain en fin de matinée à la pourvoirie, il ne sera pas encore arrivé. Ce serait dommage que personne – et surtout pas ses clients – ne puisse profiter du spectacle édifiant de son déboulé, au milieu de ses sept chiens bâtés, frais comme un gardon et feignant avec le plus grand détachement de ne rien voir de l'air ébaubi de ses touristes. Grand seigneur, il présidera à leur installation dont je ne serai, bien sûr, que le modeste serviteur.

Maudit Josepi ! Et pourtant, à qui la doit-il, cette pourvoirie qui nous valut bien des efforts, mais qu'il a, depuis, amplement rentabilisée avec ses groupes de touristes américains ? Les dernières maisons du village étaient à peine finies de construire quand il est venu me trouver, tout excité. Comment s'était-il débrouillé pour devenir l'heureux propriétaire de trois « match boxes » ? Je n'ai jamais cherché à savoir et c'était aussi bien comme ça !

Les match boxes, c'est ainsi qu'on désigne familièrement les premières maisons que l'administration du Québec a construites pour les Inuit, à l'époque où ils hésitaient encore à se sédentariser. L'image de la boîte d'allumettes leur convient en effet assez bien; elle illustre à merveille la légèreté de la construction et la modestie de sa taille ! Elles n'en représentaient pas moins pour eux un progrès considérable et certaines sont encore utilisées de nos jours.

Il était d'autant plus remarquable que Josepi ait réussi à en posséder trois qu'il est tout à fait exceptionnel qu'un Inuk cherche à être propriétaire de sa maison. En règle générale, elles appartiennent à la co-op et cela leur convient très bien puisque, la co-op, après tout, c'est qui si ce n'est eux-mêmes !

– Je vais les démonter, m'annonça-t-il triomphalement, et j'irai les remonter au fond d'une petite crique que je connais au bord du lac à l'Eau-Claire. Ça fera une pourvoirie superbe. J'y recevrai des touristes.

Quand un Inuk énonce un tel projet, mieux vaut ne pas tenter de lui en montrer les inconvénients. Il y restera sourd. Dans ce cas particulier, sachant bien par où j'allais être directement concerné, j'en voyais tout de même un d'une taille suffisante pour me permettre de l'opposer à l'enthousiasme de mon ami.

– Et... pour les transporter ? osai-je.

Toute sa réponse tint dans le regard amusé, vaguement goguenard, qu'il posa sur moi.

– Tu sais ce que ça coûte, une heure d'avion ?

La question émanait d'Alasi qui, dans notre dos, était sensée s'occuper de tout autre chose et certainement pas de notre conversation. Elle adore venir ainsi mettre un cheveu dans la soupe au moment où on s'y attend le moins et, surtout, comme c'était le cas, pour embarrasser Josepi. Il lui en fallait pourtant plus. Il avait tout prévu, le bougre.

– Eh, glousssa-t-il, c'est que c'est une affaire pour toi aussi, cette pourvoirie-là ! Il faudra bien les nourrir et les transporter, ces gens-là ! Si tu veux, sur ce coup-là, on s'associe.

La meilleure forme d'association qui ait jamais existé entre Josepi et moi, c'est notre amitié et la totale confiance que nous nous faisons.

Il n'en restait pas moins qu'il fallait transporter trois maisons de la côte de la baie d'Hudson jusqu'au lac à l'Eau-Claire. Les démonter n'était pas un problème. Ces bicoques n'étaient jamais faites que d'éléments préfabriqués facilement récupérables. Cela nous occupa tout de même un bon bout de temps. Puis vint inévitablement le moment où il fallut envisager d'entrer tout ça dans la carlingue de l'hydravion. C'est invraisemblable, tout ce que nous avons réussi à y faire tenir ! Je n'ai évidemment pas compté le nombre d'allers et retours qu'il me fallut effectuer.

Restait tout de même le problème, insoluble à mes yeux, des grands panneaux constituant les murs et les toits. Ceux-là, quoi qu'on fasse et sauf à les débiter en morceaux difficilement réajustables par la suite, n'entraient pas dans mon pauvre appareil qui en avait déjà transporté beaucoup, mais jamais de cette sorte ! Josepi, pourtant, gardait le sourire et ne semblait pas partager mes préoccupations. Il éluda toutes mes questions jusqu'à ce qu'on en ait fini avec tout ce qui avait pu se transporter par la voie des airs.

– J'ai mon idée, admit-il enfin quand il ne resta plus, à la place des trois match boxes, que leurs murs de bois, d'isolants et de plâtre couchés au sol.

Il ne voulut évidemment pas m'en dire plus. Comme elle ne semblait pas le tracasser, je me désintéressai de l'affaire et m'occupai un peu des miennes, au grand soulagement d'Alasi que tout cela faisait quelque peu grogner. L'été passa rapidement. Vint l'hiver. Le pays fut vite sous la neige. Les skidoo refleurirent et, avec eux, le bonheur des Inuit qui ne sont heureux que lorsque le gel et la neige leur rendent la liberté de circuler comme bon leur semble sur les immensités de la toundra.

– Viens voir ! me dit un jour Josepi.

Je le suivis. Il m'entraîna jusqu'à ce qui restait des trois match boxes que je croyais depuis longtemps disparu sous quelque congère. Quelle ne fut pas ma stupeur de trouver trois panneaux de murs solidement arrimés sur deux traîneaux installés côte à côte ! Il avait bricolé un attelage unique pour pouvoir remorquer tout cela derrière sa seule motoneige.

J'éclatai de rire.

– Parce que tu comptes aller loin, comme ça ?

Il me fusilla du regard.

– C'est comme ça que nous transporterons le tout jusqu'à la pourvoirie.

– Nous ? Qui, nous ?

Pourquoi posai-je la question ? L'entreprise était folle. C'était probablement ce qui lui plaisait le plus. Il parvint bien sûr à m'embobiner comme il embobina cinq de ses amis. Il avait tout prévu, même un itinéraire invraisemblable utilisant le plus possible le cours gelé des rivières, ce qui rallongeait sérieusement la distance à parcourir et n'excluait pas quelques franchissements de collines dont je redoutais le pire. Bien sûr, tout cela n'existait que dans sa tête. Bien qu'il sache parfaitement les lire, Josepi n'a jamais utilisé une carte et professe le plus grand mépris pour cet accessoire de Qallunaaq !

Cinq motoneiges dont la mienne étaient ainsi attelées à ces doubles traîneaux encombrés des murs complets des match boxes auxquels s'ajoutaient encore de considérables pans de charpente. Les deux dernières étaient chargées de l'intendance et, éventuellement, de venir prêter main forte à celles qui pourraient rencontrer des problèmes. Une véritable expédition autour de laquelle tout le village, passablement hilare, était rassemblé au petit matin du jour fatidique de notre départ.

Nous nous y reprîmes à deux fois. Josepi avait prévu que nous atteindrions le lac à l'Eau-Claire en quatre jours. Ce délai écoulé, nous n'étions qu'à mi-chemin, encore heureux d'être tous entiers et de ne pas en avoir perdu des morceaux en cours de route ! Nous avons abandonné sur place nos attelages, nous sommes rentrés au village. Nous nous sommes reposés en passant quelques heures mémorables au Café de Paris et nous avons remis ça. Cette fois, nous avions réussi à faire entendre à Josepi que rien ne justifiait de se presser et que mieux valait prévoir trop de temps que pas assez.

Il nous a fallu encore cinq jours pour atteindre sa pourvoirie en espérance. Pour le plaisir, nous y avons campé durant deux jours par une température tournant aux alentours des moins quarante degrés centigrades et sous des aurores boréales telles que j'en avais rarement vues. Trois jours n'ont pas été de trop pour regagner le village et il fallut encore des mois pour qu'on estime avoir suffisamment fêté cette aventure.

L'été suivant n'était pas fini que Josepi, pas un peu fier, étrennait sa pourvoirie avec un groupe de chasseurs de l'Ouest américain. Il avait reconstruit ses trois match boxes et les avait complétées de quelques tentes chauffées par ces extraordinaires petits poêles à bois en tôle qui furent, avec les armes à feu et les allumettes, ce que les Blancs ont apporté de plus utile aux Esquimaux. Dommage qu'il aient cru bon d'y ajouter l'alcool, leurs mœurs et quelques maladies redoutables...

De tout cet été-là, on n'a guère vu Josepi au village. Heureux comme un roi, il vivait sur son chantier avec ses chiens, se nourrissant de chasse, de piégeage et de pêche. Je suis allé l'aider à plusieurs reprises. Je crois avoir ressenti un bonheur au moins égal au sien à vivre ainsi au plus proche de la nature, mais je savais bien que je dépendais de lui. Seul, je n'aurais pas survécu à ce monde trop rude, trop différent de ce que j'avais toujours connu, pour que je puisse m'y adapter et déjouer tous ses pièges.

Sans un mot, sans jamais m'en faire la remarque, il m'a simplement infligé la démonstration de ce qui fait la force des Inuit. Non seulement ils sont maîtres chez eux, mais ils savent maintenant que nul n'est en mesure de leur disputer cette tranquillité. Oh, bien sûr, il y aura toujours des Qallunaat pour venir s'enfermer dans des exploitations très techniques de mines ou de barrages hydroélectriques. Et après ? Ce n'est pas pour rien que les Inuit veillent soigneusement à avoir le dernier mot lorsqu'il s'agit de décider d'implanter, ou pas, ces entreprises qui ne les concernent que dans la mesure où leur est payé ce qu'ils estiment être leur dû. Pour le reste, le plaisir de vivre en parfaite osmose avec cette terre si rude qu'eux seuls y parviennent, pour l'avoir affrontée à mains nues durant plus de quatre millénaires, suffit à leur bonheur.

12

Amaruk file dans les rochers, à ma gauche. « Tant que tu te feras annoncer comme ça par ton clebs, tu ne risques pas de rapporter beaucoup de gibier », m'a encore dit Josepi ce matin.

Je sais : il a raison. Un husky n'a rien d'un pointer ou d'un épagneul. S'il s'agissait d'affronter un ours, je ne dis pas. Pour les oies sauvages, dont je me suis mis dans la tête de garnir notre table d'hôte ce soir, il ne sert guère qu'à les effaroucher bien avant qu'elles se trouvent dans mon champ de tir. C'est pourtant tellement beau de voir courir ce chien devant moi ! J'imagine le regard méprisant que me lancerait Josepi si j'osais tenir de tels propos devant lui. Tant pis ! Je l'ai laissé à ses touristes et je suis parti de mon côté.

Je sais trop bien ce qui va se passer. Hier matin, quand j'ai posé l'hydravion sur le lac à l'Eau-Claire, comme je m'y attendais, la pourvoirie était déserte. Ce n'est pas à moi qu'il la fera. Les touristes n'y ont rien vu, mais moi, je sais qu'il y a passé la nuit. Il n'en est reparti au petit matin que pour mieux leur jouer la scène grandiose de son arrivée entouré de ses sept chiens. En m'attendant, il a dû aller chasser quelques perdrix ou relever les traces des caribous. Quand il a entendu le bruit du moteur de l'hydravion, il ne devait pas être bien loin. Juste le temps de nous laisser poireauter un peu, que les touristes commencent à s'inquiéter et monsieur Josepi, grand seigneur, a fait son entrée en scène.

Parfaitement réussie ! Après ça, il les a bien en main pour le restant du séjour. Dès ce matin, chasse aux caribous ! Il faut qu'ils y croient. Le conditionnement a commencé hier soir, pendant le repas, puis devant la cheminée où la soirée s'est éternisée. Bien que je connaisse ses histoires par cœur, je ne manquerais pas cette cérémonie pour tout l'or du monde. Josepi est doté d'une imagination prodigieuse ! A l'en croire, ce sont de véritables épopées que ces chasses aux caribous. Inimaginables les ruses qu'il faut déployer pour approcher ces animaux. Et en fait de ruses, il s'y connaît, Josepi ! Lui seul est capable de déjouer l'extraordinaire méfiance dont font preuve, selon lui, les vieilles femelles menant le troupeau.

Ainsi conditionnés, ses clients ne trouvent rien à redire, le lendemain matin, à la marche harassante et parfaitement inutile qu'il leur impose. Ni à la séance de reptation, de préférence en milieu bien boueux, à laquelle ils doivent consentir s'ils veulent approcher trois ou quatre caribous paisibles que Josepi a repérés depuis longtemps. Il sait détecter parmi eux le vieux mâle qui, de toute façon, a peu de chance de passer le prochain hiver, mais dont les bois énormes sont de nature à faire se pâmer de fierté celui de ses touristes au tir duquel il le promet. Sans même chercher à s'enfuir, les animaux, avertis d'une présence humaine par leur flair et leur instinct, réagissent à peine quand l'un d'eux s'effondre. Ils le considèrent d'un air étonné, puis, en général, trouvent plus raisonnable de s'éloigner sans trop de hâte face à une situation qu'ils ne comprennent pas.

Josepi m'a demandé comme un service de rester encore un peu à la pourvoirie. Je pourrai ainsi emporter les trois caribous abattus auxquels ses touristes ont droit et les mettre à l'abri dans les congélateurs du restaurant. Ce n'est pas une corvée. J'avais d'ailleurs un peu prémédité ce séjour au fond de la toundra. Ces temps-ci pourtant, j'ai tendance à privilégier la solitude.

– Ne va pas te perdre ! se contente-t-il de me lancer alors que je le laisse à ses préparatifs, entouré de ses touristes empressés, et que je m'éloigne, la carabine à l'épaule.

Je sens son regard qui s'attarde quelques instants sur moi. Mon comportement doit l'étonner, mais je sais qu'il ne m'en dira rien tant que je n'en évoquerai pas moi-même la cause.

Pasha, bien sûr ! Hier, dans l'avion, je ne pensais qu'à elle, mais ils étaient trop bruyants, trop excités, dans mon dos pour que je parvienne à me glisser dans mes souvenirs comme j'en ai déjà pris l'habitude depuis que, par ses questions, elle m'a précipité dans les zones les plus ténébreuses de ma mémoire ; dans ce qui, je commence à le pressentir, fut le véritable fil conducteur de mon existence. Un fil conducteur bien réel mais comme tapi au plus profond de moi. Un fil dont je refusais obstinément d'admettre la présence, et donc le sens.

Je n'ai pas perdu la pourvoirie de vue depuis cinq minutes que s'impose à nouveau à moi le souvenir cuisant de ce matin de mai 1968 où, dans un bar parisien, j'ai reçu comme une claque cette allusion cinglante à mon passé. Comment ce type bien plus jeune que moi pouvait-il savoir ? Et cette menace... Car, après tout, c'en était une. Que suggérait-il qu'il pût m'arriver pour le cas où je ne « m'écraserais » pas ?

Je suis rentré chez moi comme un somnambule. J'étais groggy. Je me suis effondré sur mon lit, mais malgré l'épuisement d'une nuit entière sur les barricades et des discussions sans queue ni tête, j'ai été incapable de trouver le sommeil. J'ai fini par me relever et suis allé me planter devant la fenêtre de mon petit studio.

Elle donnait sur une cour sans charme, encombrée de voitures, au-delà de laquelle s'élevait un autre immeuble en tous points semblable à celui que j'habitais. Seuls deux marronniers, dont on avait pris soin d'enfermer le pied dans des grilles, apportaient une touche de verdure dans cet univers fonctionnel. Il faisait gris. Un petit crachin obstiné rendait tout cela encore plus triste. Pourtant, dans les marronniers dont le feuillage, encore vert tendre, s'épaississait de jour en jour, j'entendais s'époumoner toute une colonie de moineaux. Je suis ainsi fait qu'il me suffit d'un tel détail pour me sortir des abîmes de lassitude dans lesquels peut me plonger la moindre contrariété.

J'ai voulu réagir, tenter de comprendre. Les questions, pourtant, s'enchevêtraient, se chevauchaient dans mon esprit sans que je puisse leur imposer un ordre cohérent. Que savait ce type ? Comment pouvait-il savoir ? Comment ces gens, qui n'avaient à la bouche que les mots de liberté et de justice, pouvaient-ils me reprocher d'avoir déserté en Algérie, eux qui se vantaient d'avoir été si proches du FLN et n'hésitaient pas à prétendre, pour certains, qu'ils étaient au métro Charonne ? Que pouvaient-ils contre moi ?

Je ne saurai jamais si les conclusions auxquelles je suis arrivé, après des heures de pénibles divagations, étaient les bonnes. J'ai fini par me persuader que ce grand sifflet de meneur qui m'avait ainsi accusé ne pouvait être qu'un de ces indicateurs de la police, comme nous savions qu'il en existait, infiltrés parmi les manifestants de 1968. Nous finissions par les voir partout où ils n'étaient pas alors que nous les ignorions à côté de nous. Comment, sans cela, aurait-il su ce que jamais je n'avais dit à qui que ce soit ? Et puis, surtout, ce qui me persuada le plus des origines de ses informations fut qu'il en avait fait une menace là où, dans ma grande naïveté, je croyais encore que cela aurait dû être un titre de gloire.

Pour moi, bien sûr, la grande folie de mai 1968 était finie. L'extinction définitive de ce feu de paille était imminente, mais ces quelques mots échangés dans la colère n'en faisaient pas moins voler en éclats mes états d'âme. D'une résignation passive qui me faisait m'enliser progressivement dans une médiocrité sans issue, je me crus tout à coup confronté à l'urgence d'un choix crucial. Il n'en était vraisemblablement rien, mais je me vis tout de même surveillé, mis en accusation, puni peut-être.

A nouveau, il ne m'apparut plus d'autre alternative que la fuite. Devant quoi ? Devant qui ? Devant quel risque ? J'aurais été bien incapable de le dire et je n'aurais pu nier que réapparaître enfin au grand jour était la façon la meilleure et la plus simple de régler cette affaire une fois pour toutes.

Quand le soir tomba, faisant enfin taire les piaillements des moineaux dans les marronniers de la cour, j'étais toujours devant ma fenêtre, sentant qu'il serait vain de raisonner la grande résolution en train de naître en moi. J'eus conscience d'avoir faim. J'allai me préparer à dîner, je mangeai, puis j'allai me coucher sans plus être capable d'une idée cohérente. Tout se passait, dans ma tête, presque à mon insu.

Je dormis comme un sonneur. Quand je me réveillai, il y avait en moi une allégresse comme je n'en avais pas ressenti depuis bien longtemps. J'avais pris une décision. Cela faisait des années que ça ne m'était plus arrivé.

Ce n'était pourtant qu'une fuite, une de plus, mais, celle-là, je la voulais définitive. On a tous, au fond de soi, quelques rêves dont on pense qu'ils ne servent qu'à être caressés, de temps à autre, comme des consolations. Je n'en avais qu'un, je crois, et encore n'y avais-je recours que très rarement et sans grande conviction. De quelques lectures, peut-être un peu aussi du coup d'éclat discutable de de Gaulle lançant « Vive le Québec libre ! » l'année précédente, devant une foule montréalaise en délire, je m'étais fait une image attirante du Canada et plus particulièrement du Québec où il est commode que les gens s'expriment dans la même langue que nous. J'y entassais pêle-mêle des immensités vierges à conquérir, une conception un peu vague d'un modernisme à échelle humaine, des idées simplistes sur une société neuve et accueillante aux nouveaux venus pleins d'enthousiasme, ce que je me voyais, bien sûr... Rien de bien précis ni surtout de très réaliste, une sorte de fourre-tout dans lequel j'accumulais tout ce dont j'aurais aimé que soit fait le monde.

Tout cela, brusquement, s'était cristallisé en moi. Le rêve un peu flou avait pris des allures de certitudes inébranlables et, en toute logique, il m'était apparu que ma voie, si encombrée ici, était toute tracée là-bas. Je n'ai plus un instant remis cela en question. Faisant preuve d'une détermination qui m'avait fait défaut jusque-là, je liquidai en quelques jours mes rares affaires parisiennes, j'investis une bonne part de mes économies dans l'achat d'un aller simple pour Montréal-Dorval et je quittai la France sans la moindre émotion.

Montréal est une cité à laquelle il faut se faire. Contrairement à ce que l'on pourrait croire, ce n'est pas l'hiver qui pose le plus de problèmes au nouvel arrivant. Certes, le froid peut y être particulièrement rigoureux, mais il est sec, très sec. On le supporte sans trop de difficultés. Et puis, c'est durant cette période que les longues galeries marchandes souterraines, au long desquelles se concentre toute l'animation de la ville, prennent tout leur charme. L'été, par contre, la chaleur et la lourde humidité qui monte du Saint-Laurent sont comme des étouffoirs sous le poids desquels elle semble s'assoupir.

J'y arrivai fin mai. Je n'eus guère le temps d'apprécier les quelques moments d'exquise douceur qu'y entretenaient encore les derniers jours du printemps. Lorsque, enfin, je me fus trouvé un toit et, assez facilement d'ailleurs, un petit job suffisant pour assurer mon matériel, il me restait à subir près de quatre mois de cette touffeur moite à laquelle même les plus vieux Montréalais ne semblent pas s'être totalement résignés.

Je ne découvris que bien plus tard qu'ils possèdent tous ou presque leur chalet au bord d'un lac, à bonne distance de la ville, dans les Laurentides pour ceux qui peuvent se le permettre, et où ils se réfugient toutes les fins de semaine. Cela ne rend pas les rues de Montréal particulièrement gaies et j'eus tôt fait de juger bien ennuyeuse la ville de mes rêves...

Je me serais fait couper en morceaux plutôt que de l'admettre, mais, à plus de trente ans de là, il me faut reconnaître que je ne garde pas un souvenir particulièrement ému de mes premiers temps au Québec. J'étais bien sûr en situation parfaitement irrégulière. Si cela ne m'a pas gêné pour trouver du travail en ces temps bénis de plein emploi, j'avais beau faire, je n'étais tout de même qu'un marginal à qui sa bonne volonté ne suffisait pas pour s'intégrer à la société québécoise de l'époque, encore très formaliste et puritaine. Le moins qu'on puisse dire est bien que les velléités quasi libertaires qui avaient enflammé le Quartier latin étaient passées totalement au-dessus de la tête de la jeunesse québécoise, du moins celle que j'eus l'occasion de côtoyer. On se doute pourtant qu'elle n'était pas spécialement issue des milieux les plus bourgeois et donc présumés être les plus à cheval sur le respect des valeurs établies.

Quelque chose, pourtant, remuait profondément cette société, que je mis beaucoup de temps à comprendre. Je n'étais évidemment pas un lecteur assidu de la presse montréalaise, pas plus, d'ailleurs, que je ne l'étais de la presse parisienne avant mon départ. J'ignorais donc les débats qui l'agitaient. Si je m'y étais intéressé un tant soit peu, je n'aurais certainement pas manqué d'être surpris de leur teneur. Je ne connaissais pas encore la société nord-américaine et je crois que j'aurais été choqué, dans les premiers temps en tout cas, par le matérialisme de leurs préoccupations.

Rien à faire, quoi que je puisse en dire, mai 1968 continuait à me trotter dans la tête. Je persistais à m'égarer dans d'interminables débats d'idées souvent oiseuses, plutôt que d'affronter les réalités très concrètes entre lesquelles il fallait trancher. Au Québec, à cette époque-là, ces dernières avaient pour nom choix énergétique de l'avenir. Les colonnes des journaux en étaient pleines et les affrontements allaient bon train entre tenant du nucléaire et ceux pour qui l'avenir appartenait à l'hydroélectrique.

Désolé, ce n'est que très terre à terre, mais ce n'en était pas moins la grande affaire québécoise de l'époque. Je l'ignorai avec la seule et maigre excuse que je ne pouvais évidemment pas savoir à quel point mon destin allait y être lié !

13

Ma vie à Montréal aurait pu s'enliser dans le même ennui et la même médiocrité que j'avais connus à Paris si, tout de suite ou presque, je n'avais pas été captivé par l'espace dont dispose cette ville. Il y prend ses aises. On sent qu'il y est bien. Les avenues immensément longues et larges, se coupant à angles droits au pied de buildings dont beaucoup, à l'époque, étaient encore en construction, me fascinaient. Dès les premiers soirs de mon séjour, j'ai flâné des heures durant sur leurs trottoirs que jamais n'encombre une foule trop dense. Je humais une humanité dont m'intriguaient la décontraction, la bonhomie et dont j'aurais bien voulu comprendre en quoi elle se trouvait être si différente de ce que je connaissais.

Rapidement, bien sûr, ce fut le Saint-Laurent qui m'attira. La première fois que je débouchai sur le Vieux Port, descendant du vieux Montréal, j'eus la sensation très nette d'un véritable appel. Je m'engageai sur le quai Jacques Cartier, j'allai tout au bout. Je me confrontai littéralement à ce flot immense que je voyais rouler, au-delà de la pointe du parc de la Cité du Havre. Bien que des cargos le remontent couramment depuis l'Atlantique, je trouvai à ce fleuve plus grand, plus puissant que tout ce que j'avais pu imaginer, une allure sauvage qui, là, en pleine ville, me fit l'effet d'une véritable révélation. Ce fut certainement ce premier instant face au Saint-Laurent qui fit naître en moi l'envie folle des espaces que je pressentais, comme s'ils étaient à portée de ma main.

C'était modeste, presque naturel dans un tel pays, mais j'avais au moins retrouvé un but assez solide à donner à mon existence pour que je ne m'en détourne pas à la première occasion. J'eus tôt fait d'apprendre qu'il n'est rien de plus facile que de voyager au Canada en usant des lignes d'autocars fort bien organisées et restant au demeurant d'un prix abordable.

A échéances à peu près régulières, je croquai ainsi les économies que me permettaient une vie plutôt spartiate, à l'occasion d'expéditions un peu aux quatre vents du Québec et même de l'Ontario voisin. Ce dernier me révéla vite les limites de mon anglais scolaire et lointain, mais l'espace était bien assez vaste au seul Québec pour que chacun de ces voyages nourrisse en moi l'envie de pousser un peu plus loin. Ce premier été me vit surtout partir à la découverte de la vallée du Saint-Laurent. Je poussai jusqu'à Tadoussac, sur la rive nord, et même jusqu'à Rimouski, sur la rive sud, mais je dus renoncer à la Gaspésie et surtout au Nord, vers le lac Saint-Jean, qui me tentaient au plus haut point.

L'hiver à Montréal fut bien sûr une nouvelle découverte. J'aimais cette ville qui sait si bien continuer à vivre normalement sous la neige et qui y trouve même une sorte de vivacité que je n'avais pas reconnue dans la touffeur de l'été. Je passais presque tout mon temps libre à déambuler sur ses avenues balayées d'une bise glacée, j'allais me réchauffer dans son sous-sol, à l'une de ces terrasses, alors bien moins nombreuses qu'elles le sont aujourd'hui, mais où on pouvait déjà déguster ces énormes cafés au lait que l'on boit à la paille et que je trouvais succulents.

Pas plus qu'à Paris, je ne cherchai à me lier. Dire que je me satisfaisais de ma solitude serait cependant exagéré. Il me serait pourtant difficile d'exprimer ce qui, en moi, en avait fait une sorte de constante, certes un peu lourde à porter mais à laquelle je pense que je m'étais résigné. Comme à Paris, j'entretenais de bons rapports avec les gens que je côtoyais, mais cela n'allait jamais au-delà d'une simple camaraderie. Comme à Paris, j'eus bien quelques aventures qui me laissèrent un goût amer d'inachevé et d'insatisfaction.

L'une d'elles, tout de même, dura assez pour que nous en venions à emménager sous le même toit. Nous nous étions connus au cours d'une de mes flâneries en autocar au long du Saint-Laurent. Laure, plus prosaïquement, allait passer un week-end dans sa famille, à Kamouraska. Ce nom me plut, comme me plut le minois de cette charmante compagne de voyage ! Avant même qu'ait disparu derrière nous la haute et disgracieuse silhouette du pont Jacques-Cartier, nous avions engagé la conversation. Elle ne faiblit guère de tout le voyage. Bien avant qu'il se termine, j'avais décidé de faire étape dans ce pays au si joli nom que m'avait révélé une de ses natives ! Elle m'indiqua un gîte sympathique à Saint-Germain-de-Kamouraska et vint m'y chercher, le samedi matin, avec la voiture de sa mère, pour me faire découvrir les environs. J'appris ainsi ce qu'étaient les « rangs » le long desquels les premiers colons s'étaient installés, voici trois ou quatre cents ans, sur les concessions qu'on leur attribuait. Je découvris des villages aux belles maisons de bois à l'époque un peu décrépites, mais qui, depuis, ont retrouvé des couleurs et un charme tout à fait sympathiques.

Ses parents étaient agriculteurs. Peut-être cela nous a-t-il rapprochés. Elle aimait son pays et sut m'en parler avec une passion à laquelle je fus loin d'être indifférent.

Nous sommes rentrés ensemble à Montréal, nous nous sommes revus et, finalement assez banalement, nous avons choisi un jour de ne plus nous quitter.

Je garde un bon souvenir des mois et même, à la réflexion, des années que nous avons vécues ensemble, mais, curieusement, je ne parviens pas à en ressentir la moindre émotion. Laure était de ces filles lisses, sans aspérité, avec lesquelles on ne peut que s'entendre puisqu'elles ne donnent prise à aucun reproche, aucune raison de leur en vouloir pour quoi que ce soit. Toujours disponible, toujours souriante, d'une indulgence à toute épreuve à mon égard, au fond, elle convenait bien à cet état de solitaire dans lequel je subsistais malgré notre liaison. Elle résolvait le problème, elle effaçait, pour les autres et pour moi-même, l'anomalie que pouvait représenter ma singularité, mais elle me laissait continuer à vivre dans ma différence et cela me convenait bien.

Ce fut pourtant avec elle que j'entrepris quelques-uns de mes plus beaux voyages québécois. De ceux-là je conserve un souvenir ému. Même en situation irrégulière – c'était mon cas –, on gagnait plutôt bien sa vie au Québec d'alors. A condition de ne pas entretenir d'autre hobby, cela nous donnait les moyens de nous échapper à la moindre occasion vers des destinations de plus en plus lointaines.

A l'est, nous atteignîmes ainsi la Gaspésie que j'avais manquée la première année. L'Abitibi, au nord-ouest fut une autre aventure. D'un séjour nécessairement trop bref, nous revînmes un peu frustrés, mais pas résignés pour autant à en rester là. Des villes minières telles que Val-d'Or, on a vite fait le tour, mais je ressentais une formidable attirance pour les immensités de forêts que nous n'avions fait qu'entrevoir, depuis la fenêtre de l'autocar. J'avais l'impression d'avoir effleuré la lisière du vrai

Nord. J'ignorais ce qu'il pouvait être, mais j'éprouvais une véritable frustration à l'avoir ainsi frôlé sans pouvoir l'atteindre. Et comme cela devenait pour moi une véritable obsession, Laure, sans que jamais je n'aie eu à me soucier de savoir si elle la partageait, m'emboîtait le pas, toujours aussi souriante. Mon égoïsme était tout bonnement incommensurable !

Je me découvris une vraie passion pour les cartes. Je les étalais sur la table et passais des heures à les détailler. J'étais fasciné par deux tout petits points noirs : Matagami et Chibougamau, minuscules cités minières au-delà desquelles, au septentrion, n'existait plus une route, plus rien, le vide absolu, du moins selon l'idée que je m'en faisais, sur des centaines, des milliers de kilomètres. Atteindre l'une ou l'autre de ces deux villes me parut le but essentiel. Il me semblait, depuis notre petit appartement montréalais, qu'il ne pouvait pas y avoir d'aventure plus complète que d'aller ainsi flirter avec l'inconnu, le monde forcément captivant des Indiens, des coureurs de bois, de Jack London et de James Oliver Curwood. Ma vision du Grand Nord était essentiellement romanesque !

Matagami, à un peu plus de deux cents kilomètres au nord de Val-d'Or, était à l'époque un cul-de-sac. Par contre, de Chibougamau, plus à l'est, à peu de chose près à la même latitude, par le lac Saint-Jean et la vallée de la Saguenay, on pouvait revenir vers le Saint-Laurent qu'il suffisait de remonter pour rejoindre Québec puis Montréal. Accessoirement, cela permettait de passer par le Kamouraska cher à notre cœur.

Pourquoi tergiverser ? Le rêve, le nez dans les cartes, se devait de devenir réalité. Il suffisait de le vouloir. Je le voulais, l'affaire était entendue ! A l'échelle de nos modestes moyens, cette immense boucle de près de deux mille kilomètres était encore ces années-là une véritable expédition. Raison de plus ! Il suffisait de s'organiser. D'abord, les économies, les coupes drastiques dans toutes les dépenses qui n'étaient pas incontournables. Ensuite, le calendrier : simple affaire de coordination de nos dates possibles de congés. Laure fit le nécessaire pour que les siens coïncident avec les miens. Parfait, c'était comme ça que je l'entendais. Restait à attendre ! Ce ne fut pas le plus facile, encore que, à y bien réfléchir, j'ai toujours trouvé beaucoup de charme à ces périodes de prémices et de curiosité impatiente que j'apaisais de mille lectures et de longues rêveries devant la carte.

Marchant le long de la grève, je ris de ce qui m'arrive. Depuis que Pasha m'a placé au pied du mur, je m'aperçois que j'ai pris goût à cette espèce d'introspection à laquelle elle m'a contraint. J'ai eu du mal à m'y mettre. Amaruk en est témoin. Depuis, c'est devenu une sorte de besoin. Tous les prétextes me sont bons pour m'isoler et reprendre ma petite histoire là où je l'ai laissée la veille ou quelques heures plus tôt. Bien sûr, Alasi s'en est aperçue. A-t-elle fait le rapprochement ? Après ma promesse au lendemain du départ de Pasha, c'est vraisemblable. Du coup, elle me tient doublement à l'œil ! Comme je sais qu'elle ne me posera pas de question tant que je ne lui en donnerai pas l'occasion, il me suffit de tenir bon sur mes positions. J'y arrive assez bien et me sidère moi-même de l'intensité du plaisir que j'éprouve à évoquer tout ce passé que j'avais eu tort de croire à jamais privé du droit à l'évocation.

A trop vouloir l'ignorer, jamais je ne me suis étonné de la différence qu'il pouvait y avoir entre le Clément Simare de Paris et celui de Montréal. Le minimaliste, revenu de tout, incapable de s'intéresser sérieusement à quoi que ce soit et se laissant doucement glisser sur la pente de la médiocrité, mué en apprenti aventurier ! Je sais, prendre un billet d'autocar de la société Orléans-Express à la station centrale de Montréal, à deux pas du métro Berri-UCAM, limite sérieusement la prise de risques ordinairement associée à la notion d'aventure ! Mais dans le contexte qui était le mien depuis la brutale déchirure de ma désertion, il y avait tout de même là une dimension nouvelle d'une telle ampleur qu'elle transfigurait ma vie.

Etait-ce encore une fuite ? Cette question, qui me vient brusquement à l'esprit m'arrête tout net sur une minuscule plage de sable fin qu'encombrent encore quelques glaçons. Est-ce que je fuyais ? En fait, je n'en sais plus rien. Il me reste pourtant que, durant toute cette période, le vague sentiment de culpabilité qui me saisissait chaque fois que me venait à l'esprit cette lettre à mes parents jamais écrite s'est fait de plus en plus rare. Le problème n'était pas réglé pour autant puisque je m'étais bien gardé d'en faire évoluer les données. Je n'y pensais plus, voilà tout. Je prétendais ignorer que seules les questions solutionnées s'éteignent et que viendrait nécessairement le jour où me seraient réclamées ces réponses jamais données.

Il y aura mis le temps. Il lui aura fallu plus de quarante ans, mais le voilà enfin, ce jour. C'est lui qui me fait ainsi déambuler comme un promeneur du dimanche sur une plage normande, le nez au sol, les mains au fond des poches, indifférent aux regards étonnés de mes amis et même de ma femme pour qui c'est un comportement contre nature.

Peut-être bien, au fond, que cette frénésie de voyage, cette nouvelle obsession du Grand Nord, était encore une forme de fuite. Au minimum une façon de me reconstruire, de retrouver une raison d'être. Se suffisait-elle à elle-même ou n'était-elle qu'un moyen de dissimuler le reste ?

Je sais que cette réflexion est nécessaire, mais j'avoue qu'elle m'exaspère un peu. Après tant d'années, tout ce qui m'apparaît important est cet engouement né en moi pour les grands espaces du nord québécois. Et là, le long de la grève où je saute d'une pierre à l'autre pour ne pas me mouiller les pieds, c'est à peine si m'effleure un bref instant l'idée qu'il peut y avoir un lien entre mon mal-être et cette sorte d'appel du désert. Un lien qui pourrait ne pas être la fuite.

Le souvenir de ce voyage et des conséquences aussi fantastiques qu'inattendues qu'il a eues sur mon existence me détourne vite, trop vite peut-être, de cette interrogation brièvement apparue dans mon esprit. Une lumière trop crue qui empêche de voir la petite loupiote et les ombres pleines d'enseignements qu'elle aurait pu étirer et faire vivre, sans cet éblouissement, sur les murs de ma conscience.

Chibougamau, atteinte au terme de près de huit cents kilomètres d'une effarante monotonie, ne pouvait être qu'une immense déception. La bourgade n'existait alors que depuis une quinzaine d'années. Conçue à l'origine pour héberger les travailleurs de la mine d'or et les quelques services les entourant, elle savait pertinemment – et sait toujours – qu'elle n'existerait que tant qu'il resterait un peu de minerai à extraire. Lorsque la dernière pelletée serait retombée, Chibougamau n'aurait plus de raison d'être et il y avait fort à parier que la triste forêt d'épinettes, au milieu de laquelle on lui avait taillé une place à coups de bulldozers, reprendrait simplement ses droits.

Ma déception fut grande. Nous étions tout en haut, au plus septentrional que des touristes comme nous pouvaient atteindre. On ne voyait pourtant rien qu'une rue unique, étonnante de longueur et surtout de largeur. De part et d'autre de cette percée, à chaque bout de laquelle on n'aurait pas été surpris de voir surgir un cow-boy les mains sur ses pistolets, des bicoques émergeaient de chantiers en désordre. On tendait devant leurs maigres carcasses, pour faire illusion, des décors trop bariolés, trop voyants, de commerces pressés de faire beaucoup de dollars pendant qu'il en était temps...

J'avais entendu parler de la communauté des Indiens Cris d'Oujé-Bougoumou, au nord-ouest de Chibougamau. Ne doutant de rien, je me renseignai pour savoir comment les rencontrer. Ce fut mon premier contact avec l'indifférence vaguement hostile des Blancs de ces petites villes envers les tribus amérindiennes sur les territoires desquelles elles s'étaient installées. Insatisfait des sourires condescendants qui furent les seules réponses que je pus obtenir, j'insistai. On me fit savoir vertement que je n'avais pas à me mêler de ce qui ne regardait pas un étranger de passage.

Nous quittâmes Chibougamau avec la sensation pénible de nous être fourvoyés, très, très loin des illusions qui nous avaient fait faire de cette triste cité minière quelque chose comme l'avant-poste d'une grande aventure vers le Nord. Et c'est dans cet état d'âme que nous atteignîmes Roberval, sur les bords du lac Saint-Jean.

14

En somme, de ce Grand Nord dont je ne savais rien de précis, dont personne ne parlait au Québec, à l'époque, et que j'avais un peu trop mythifié, je n'avais jamais rencontré que des déceptions. Croyant l'entrevoir, depuis les fenêtres de l'autocar quand, d'aventure, la route venait à franchir le sommet d'une côte un peu plus haute que les autres, ignorant que ce n'en était même pas encore les prémices, déçu par cette triste petite bourgade de Chibougamau dont je m'étais fait un rêve de pionnier et qui n'était qu'une cité ouvrière, je commençai par n'accorder qu'un regard indifférent au lac Saint-Jean.

C'était une injustice. Par le plus grand des hasards, nous avions échoué à Roberval, là où cette véritable petite mer intérieure pare la côte du charme un peu vieillot des stations balnéaires de jadis aménagées à la sauce canadienne. Laure fut sensible bien avant moi à la beauté simple de ces maisons en bois aux couleurs vives et bordées de galeries installées au plus près du lac. A moins que ce soit celui-ci qui soit venu leur baigner les pieds lorsque, peu après la guerre, un barrage installé sur la Saguenay en a notablement relevé le niveau.

Nous avions trouvé à nous loger dans une de ces maisons du bord de l'eau. C'est là, le jour même de notre arrivée, que j'eus la première vision de ce qui, sans que je le pressente, allait enfin donner un sens à mon existence. Nous étions accoudés à la rambarde de la terrasse d'où nous dominions le long bassin qu'une jetée protège des fréquentes colères du lac Saint-Jean. Laure s'extasiait en silence, sachant que je n'étais pas d'humeur à partager ses enthousiasmes. Elle n'arrivait d'ailleurs qu'à m'exaspérer encore un peu plus. Cramponné à ma mauvaise foi, j'en venais à lui reprocher de ne pas me donner prétexte à laisser éclater le sentiment qui me rongeait que tout cela était de la faute du monde entier, elle comprise, et que je n'étais au fond qu'une malheureuse victime...

Il fallut que ce soit elle qui se dresse et cherche à discerner dans la légère brume montant du lac, l'origine du ronronnement de moteur qui approchait pour que, renonçant un instant à ruminer mes désappointements, je m'y intéresse à mon tour. Nous ne le vîmes qu'à la dernière minute. Il nous avait surpris en arrivant sur notre gauche. Déjà, penché sur l'aile, il entamait une large boucle qui cacha longtemps à notre vue les étonnants appendices qui lui tenaient lieu de train d'atterrissage. C'était un hydravion. C'était la première fois qu'il m'était donné d'en voir un. Il passa juste devant nous, prenant l'axe du bassin sur lequel, ébahis, nous le vîmes se poser.

Ma morosité était envolée. Toutes affaires cessantes, il me fallait savoir. C'était quoi, cet outil bizarre ? D'où venait-il ? Que faisait-il là ? Etait-ce si courant ? La brave femme qui nous hébergeait rit beaucoup de mes étonnements.

– Mon pauvre monsieur, si vous saviez ! Nous, on n'y fait même plus attention. Des jours, il y en a six ou sept comme ça, à l'arrivée et au départ !

– Et ils vont où, comme ça ?

Elle parut tout à coup moins sûre d'elle.

– Ça, il faudra leur demander. Moi, pour vous dire, je ne m'en suis jamais tellement préoccupée. On dit qu'ils vont dans le Nord, loin d'ici. A ce qu'il paraît, ils préparent des grands chantiers. Mais vous dire quoi...

Je n'avais pas besoin d'en savoir plus. De tout son discours, je ne retenais qu'un mot : le Nord !

– Viens ! dis-je à Laure.

Sans s'étonner, elle m'emboîta le pas. L'hydravion n'était pas loin. A quelques centaines de mètres de là, un immense hangar se prolongeait dans l'eau par quelques quais sommaires. Il y était amarré en même temps que plusieurs autres appareils du même type. Il y avait beaucoup de remue-ménage sur ces quais et dans le grand hangar.

Je humai comme un parfum d'aventure. Le Nord ! Et ces engins étonnants pour l'atteindre ! Seul, j'aurais peut-être osé. Avec la prudente et discrète Laure, je me contentai de bouillir d'envie d'engager la conversation avec ces hommes allant et venant dans une atmosphère d'activité débordante, qui me fascinait. Certains, en blouson de cuir à col de fourrure, portaient encore leur casque de pilote dont ils avaient juste dégrafé la jugulaire.

A trois pas de là, contrastant avec toute cette animation, un paisible banc public rappelait la vocation initiale du lieu. Il n'en offrait pas moins une vue imprenable sur les quais, les avions et même sur le hall immense de ce hangar qu'éclairaient violemment de longues séries de lampes. Nous nous y assîmes.

Je garde un souvenir incroyablement précis de cette scène. La mémoire a quelque chose de très sélectif. Je crois qu'elle n'efface jamais rien totalement. Elle classe, simplement. S'il est beaucoup de ces réminiscences qui tendent à se fondre dans l'ensemble informe des banalités de nos existences, il est certains moments dont, quoi que nous fassions, aucun détail ne nous échappera jamais. Précision parfois gênante et même harassante pour tout ce qui va de pair avec la douleur, le regret ou, surtout, la mauvaise conscience ; mais précision bénie lorsqu'il s'agit de revivre, comme je le fais à plus de trente ans d'intervalle, des instants comme celui-ci.

Nous sommes restés longtemps immobiles sur notre banc. Laure ne devait pas être captivée et je ne pense pas qu'elle mesurait ce que tout cela avait de remarquable. Elle attendait, simplement, sans impatience et sans lassitude, satisfaite puisque je semblais l'être. Je ne mesurais évidemment pas non plus ce que cela avait d'essentiel pour moi. J'assistais simplement à un spectacle passionnant. Pas un seul instant l'idée me vint que je pourrais passer la rampe et en devenir acteur.

Peut-être commencions-nous à prendre vaguement conscience que nous ne pourrions pas nous éterniser là lorsque trois pilotes, reconnaissables à leurs blousons de cuir noir et à leurs casques qu'ils tenaient à la main, se détachèrent du groupe. Ils se dirigeaient vers la ville et devaient, pour ce faire, passer juste devant nous.

J'ai bondi. Laure ne comprit évidemment pas ce qui me prit. Je crois qu'elle a essayé de me retenir. Je lui ai échappé et j'ai couru dans leur direction. Je les ai doublés, j'ai continué ainsi pendant une bonne centaine de mètres, osant à peine me retourner. Puis je me suis arrêté, j'ai fait lentement demi-tour et je suis revenu vers eux en me contraignant au calme. Pris par une conversation animée, ils n'avaient pas remarqué mon manège. J'ai pu le dévisager sans qu'il parût me voir. C'était bien lui.

Je les croisai, puis, conscient que c'était tout de suite ou jamais, j'ai fait volte-face.

– Bonsoir, mon lieutenant !

Il s'est redressé brutalement comme s'il avait reçu un coup violent entre les épaules. Il s'est arrêté et, sous l'œil ébahi de ses amis, il s'est lentement retourné.

– Vous ne me reconnaissez pas ?

Il devait avoir un doute. Il eut une moue dubitative.

– Soldat de deuxième classe Clément Simare... dans les Aurès, en...

Je n'eus pas à aller plus loin. Il pointa sur moi un doigt énergique.

– C'est toi qui as foutu le camp !

Ce n'était pas une question. Il me plut qu'il n'utilisât pas le mot « déserteur ». J'en fus soulagé.

– C'était moi.

– Merde alors, jusqu'ici !

Il n'y avait aucun reproche dans la verdeur de sa remarque. Il me le prouva aussitôt en venant à moi, en me prenant familièrement par les épaules et en me détaillant, comme s'il pouvait se souvenir de la tête qu'avait chacun des innombrables troufions qu'il avait rencontrés au temps lointain où il posait son broussard près de nos camps.

– Qu'est-ce que tu fous là ?

– Et vous, mon lieutenant ?

Il hocha la tête en baissant les yeux.

– Il n'y a plus de lieutenant, d'accord ? Il y a Jacques Delaborde.

– Le Grand Jacques, hasarda en riant l'un de ses collègues qui s'étaient approchés et qui, manifestement, auraient bien aimé comprendre.

Le Grand Jacques, comme je n'allais pas tarder à l'appeler moi aussi, parut hésiter.

– Bon, trancha-t-il. On ne va pas se raconter notre vie ici, sur ce trottoir. On va casser une croûte. Tu viens avec nous ?

Plutôt deux fois qu'une ! J'appelai Laure. Je dus insister pour qu'elle consentît à approcher. Elle fit évidemment son effet !

– Celle-là, osai-je à l'adresse du même Grand Jacques, elle est à moi !

Il éclata de rire.

– Tu t'en souviens donc !

Il aurait fallu être amnésique pour ne pas garder le souvenir des récits très circonstanciés qu'il nous faisait, à chacun de ses passages, de ses conquêtes féminines réelles ou supposées. Le jeu devait continuer car les collègues n'avaient pas eu besoin qu'on leur explique pour être effondrés de rire. Laure, rouge comme une pivoine, ne savait plus ou se mettre.

Pauvre Laure. Elle ne m'en a jamais rien dit. Je ne lui ai, bien entendu, jamais rien demandé, mais je crois bien qu'elle a compris ce jour-là que j'allais inévitablement lui échapper. Pourtant, elle m'aurait maintenu cela ce soir-là, je me serais sincèrement moqué d'elle en lui jurant mes grands dieux qu'elle n'avait rien à craindre. Elle n'a pas dû avoir à placer deux mots de toute la soirée. Une soirée qui, pour moi, fut passionnante.

Il était presque banal que j'aie croisé le ci-devant lieutenant Jacques Delaborde dans les rues de Roberval, à proximité immédiate de ce qu'ils appelaient « la base des hydravions ». Il n'était pas le seul pilote français à avoir trouvé dans la région une reconversion à la mesure de sa passion.

– Tu comprends, m'expliqua-t-il, la guerre que j'ai connue là-bas, elle n'avait rien à voir avec ce que vous avez subi. Moi, je n'ai jamais tenu un fusil, juste mon manche à balai. Et puis, dans nos petits broussards, nous étions pratiquement nos maîtres. On nous confiait une mission. Le reste, c'était notre affaire. Nous n'avions personne sur le dos pour nous dire ce que nous devions faire. Vous, c'était moins rose. Tu sais, j'en avais bien conscience. C'est pour ça que, quand j'avais un peu de temps devant moi, j'aimais bien venir vous faire rigoler, histoire de vous changer les idées. Ce que tu as fait, c'est ton problème, mais ne compte pas sur moi pour te dire ce que j'en pense. Dans ta situation, je n'aurais peut-être pas agi autrement.

Laure et les collègues de Jacques Delaborde écoutaient sans oser se mêler à notre conversation. Les Canadiens considèrent les turpitudes du Vieux Continent avec gravité et beaucoup de respect. Il y a quelque chose en eux de ces petits-enfants qui feignent de prêter une oreille attentive aux plaintes de leurs grands-parents perclus de douleurs, mais qui pensent très fort qu'ils feraient mieux de se soigner plutôt que de geindre ! L'exceptionnel, ce soir-là, pour eux, c'était qu'ils se retrouvaient spectateurs de notre dialogue. Nous ne les prenions évidemment pas à témoins, trop occupés que nous étions par la formidable remontée de nos souvenirs et la liberté avec laquelle nous pouvions les confronter.

– Quand nous sommes rentrés en France, continuait le Grand Jacques, la vie de caserne, j'en ai rapidement eu ma claque. A devenir fou, de tourner en rond comme ça ! J'ai quitté l'armée. J'ai bricolé à droite et à gauche à la recherche d'occasions de voler comme je les aime. Moi, le bel uniforme et les grandes lignes, ce n'est pas tellement ma tasse de thé. J'ai même fait du traitement agricole, tu parles d'une saloperie ! C'est du poison, qu'ils balancent sur leurs champs. Un peu plus, et je me faisais avoir dans une sombre affaire de mercenaires pour je ne sais plus quel roi nègre. J'ai flairé le mauvais coup juste à temps. Et puis, un beau jour, on m'a parlé de ces Canadiens un peu fous. Ils recherchaient désespérément des gens encore plus fous qu'eux pour piloter leurs maudits hydravions. J'ai sauté sur l'occasion et c'est ce qui fait que ta présence ici est bien plus surprenante que la mienne !

Je me suis crispé. Je voyais venir gros comme une montagne la minuscule question que je redoutais entre tout : « Et toi ? » Il avait du tact, le Grand Jacques. Il s'est abstenu de la poser. Je me suis empressé d'occuper le terrain en posant la mienne.

– Et vous faites quoi, avec ces drôles d'engins ?

Il se redressa vivement dans le dossier de sa chaise et éclata de rire en se tournant vers ses collègues.

– Vous entendez, vous autres ? Il veut savoir ce que nous faisons. Et qu'est-ce que tu crois qu'on peut faire, depuis le lac Saint-Jean, en piquant tous les jours droit au nord ?

Apparemment, j'aurais dû savoir. Moi que captivait la seule évocation du Nord, je m'en voulais de ne pas en avoir la moindre idée. A tout hasard, je consultai Laure des yeux. Sa moue me confirma l'évidence : elle en savait encore moins que moi.

– Ben... Je ne sais pas, moi... Il y a quelque chose, là-haut, dans le Nord ?

Ils parurent d'abord tous les trois stupéfaits, puis, avec un bel ensemble, ils éclatèrent de rire. Je ne savais plus où me mettre.

– Toi, reprit le Grand Jacques quand il eut récupéré son souffle, tu dois être du genre à ne lire les journaux et à ne regarder la télé que pour le tiercé et *Colombo* ! Vrai ou faux ?

Je ne pus évidemment que confirmer, mais, à ma grande surprise, il ne parut pas s'arrêter à cette incongruité. Il me sembla même qu'il n'était pas mécontent de l'occasion qu'elle lui donnait d'enfourcher son cheval de bataille préféré et d'évoquer ce qui, à l'évidence, était une passion. Ses deux collègues qui, jusque-là, nous écoutaient en silence, enveloppés dans le nuage de fumée qu'ils tiraient de leur pipe, s'étaient rapprochés. Ils avaient dans les yeux la même lueur d'enthousiasme que le Grand Jacques.

– Ne me dis tout de même pas que tu n'as jamais entendu parler des projets de la rivière La Grande ? commença-t-il.

Mon air éberlué lui tint lieu de réponse. Il ne s'y arrêta pas. En fait, rien n'était encore définitif. On se chamaillait encore au plus haut niveau, à Québec-City, pour savoir qui des tenants de l'énergie nucléaire ou de ceux de l'hydroélectrique aurait le dernier mot. Ceux-là, pourtant, n'avaient pas attendu qu'intervienne la décision définitive pour entreprendre d'énormes travaux de reconnaissance, de cartographie et de relevés géologiques dont les résultats faisaient déjà bien plus que de répondre aux seules nécessités des dossiers d'études.

Tout, il est vrai, était à faire. On projetait de construire le plus grand ensemble hydroélectrique du monde sur un territoire dont personne, au départ, ne savait autre chose que ce qu'il avait d'inhospitalier. Et encore ! Il fallut que se multiplient les chantiers d'exploration pour qu'on prenne la vraie mesure des difficultés. La moindre n'était pas l'éloignement puisque la première route, celle qui se terminait en cul-de-sac à Matagami, était à six cents kilomètres au sud.

Qu'à cela ne tienne ! L'énormité du projet était telle qu'elle eut tôt fait d'enflammer la fibre pionnière de bon nombre de Québécois. Ne serait-ce que parce que c'était un formidable défi à la nature, il fallait le faire ! Il y eut un tel enthousiasme qu'entre 1962, date à laquelle s'installa le tout premier chantier au confluent des rivières de La Grande et Mosquito, et le jour où nous nous rencontrâmes, le doute effleura si peu les promoteurs de cette folle entreprise sur l'issue du débat qui les opposait à ceux qui entendaient que soit privilégiée la voie du nucléaire, qu'ils agirent exactement comme si l'affaire était entendue. Bien avant qu'on puisse en escompter le moindre retour, des capitaux énormes furent mobilisés.

Restait le problème récurrent des distances et de l'absence totale de moyens de communication. On pensa aux hélicoptères, mais leur rayon d'action était souvent trop faible et il apparut rapidement qu'ils n'étaient pas trop fiables en cas de tempête. Dans ce pays d'innombrables lacs, le bon vieil hydravion, avec ses allures de fer à repasser et sa sage lenteur, s'imposa comme le seul moyen à peu près sûr d'atteindre l'ensemble de l'immense bassin à étudier, d'y transporter les hommes et leur matériel et d'assurer leur ravitaillement. Une vraie mine d'or pour toute une collection de petites compagnies aériennes, dont beaucoup naquirent pour l'occasion, et qui recrutèrent des pilotes à tour de bras.

Je n'eus pas à faire preuve de beaucoup de curiosité pour que la conversation s'éternise jusqu'à une heure avancée de la nuit. Le Grand Jacques et ses deux collègues aimaient trop parler de la vie qu'ils menaient entre Roberval et les camps de prospection disséminés dans l'immensité de territoires quasiment vierges.

Peut-être en rajoutèrent-ils pas mal. Après tout, ils devaient rarement disposer d'un auditoire aussi facile que le nôtre ! Je crois, d'ailleurs, que, s'ils s'adressaient bien à nous du moins en apparence, ils s'étaient surtout pris au jeu d'une espèce de surenchère. C'était à qui, des trois, en aurait le plus vécu ! Ils les aimaient trop, leurs coucous haut perchés sur leurs flotteurs. C'étaient leurs montures, leurs complices auxquels il s'en fallait de peu qu'ils prêtent vie et sans lesquels ils auraient été à l'évidence amputés de l'essentiel.

J'étais, bien sûr, complètement sous le charme et incapable de faire preuve du moindre esprit critique. Ils m'auraient raconté qu'ils allaient décrocher la lune que je l'aurais gobé ! Laure, d'ailleurs, moins subjuguée que moi, osa me le suggérer lorsque nous nous retrouvâmes seuls, marchant dans les rues désertes de Roberval vers notre gîte. Je haussai les épaules. Rien, à ce moment précis, ne pouvait atteindre l'immensité de mon rêve.

15

J'ai beau trouver ça invraisemblable, me répéter que ça ne tient pas, je n'ai aucun souvenir d'être rentré à Montréal avec l'idée de me chercher un job dans l'une ou l'autre de ces entreprises qui travaillaient déjà sur le projet de La Grande.

Je suis retourné à la pourvoirie cet après-midi. Le séjour des touristes de Josepi se termine. Je les ramène au village demain. Le soir, on fait la fête au Café de Paris et après-demain matin, je remballe tout ça à Radisson.

Seul dans l'interminable crépuscule estival de l'Arctique, assis sur une vieille caisse, je reviens inlassablement à ce passé que les questions de Pasha m'ont remis en tête. Moi qui ai toujours prétendu vivre dans le présent le plus concret et compter pour faiblesse de s'attendrir sur le chemin parcouru, je suis pris au piège. Je ne peux plus me détacher de cette histoire, ma propre histoire que je me raconte avec, j'en conviens, quelque complaisance, mais je ne parviens pas à me le reprocher. Je trouve à ce jeu un plaisir et un confort dont tout, y compris mon éducation, me souffle qu'ils sont un peu coupables. En somme, le délicieux plaisir de l'interdit transgressé. Je m'y complais au grand dam de ceux qui me connaissent ou croyaient me connaître. Je leur échappe. Le regard d'Alasi se fait de plus en plus scrutateur. Quant à Josepi, pas plus tard que tout à l'heure, lorsque je les ai laissés, lui et ses touristes, à leur veillée au coin de la cheminée, en me voyant me diriger vers la porte, il a haussé ostensiblement les épaules et m'a adressé le regard le plus noir qu'il ait pu se composer.

Pardon Alasi, pardon Josepi. Vous n'y êtes pour rien et le pire est que je n'ai aucune explication valable à vous donner. Comment pourriez-vous comprendre ? C'est là, justement, que tout se tient. Comment voulez-vous que je vous fasse entendre ce dont moi-même, au fond, je n'ai jamais pris conscience ? Parviendrai-je à mettre des mots sur tout ce que je pressens au plus profond de moi ? Je sais très bien qu'il me faudra aller méticuleusement jusqu'au bout de ce chemin parcouru pour que, peut-être, loin au bout du tunnel de mon ignorance, s'allume la lumière des explications que je pourrai vous donner. Je vous les promets. Soyez patients si vous m'aimez un peu, mais n'oubliez pas, par pitié, ce « peut-être » qui me terrorise.

Dans la pénombre, sur ma droite, j'aperçois mon hydravion qu'une légère houle berce doucement. Bêtement, tout à l'heure, en volant au-dessus de la toundra, cela a été plus fort que moi : j'ai caressé son manche à balai ! Comment tant de choses peuvent-elles s'établir entre un homme et une machine ? Je n'aurais rien été, il me semble, sans cet engin.

Non, décidément, je ne me projetais pas le moins du monde dans l'univers passionné que nous avaient révélé le Grand Jacques et ses collègues. J'avais vécu un moment d'exception. J'en repartais avec le regard et l'âme émerveillés, ni plus ni moins qu'au sortir d'une salle de cinéma où l'on vient de se laisser prendre par le charme d'un bon film. Aucune envie de prolonger tout ça à mon bénéfice.

J'en suis encore tout étonné aujourd'hui. Manque de confiance en moi ? Allons ! Nonobstant tout ce que j'avais loupé jusque-là, j'avais une telle opinion de ma propre valeur ! Peut-être simplement trop de différences entre ce que j'étais, ce que nous étions, et ce qu'étaient les gens engagés dans cette invraisemblable aventure. Moins une question de valeurs que de distance.

Et puis, peut-être, aussi, de façon inconsciente, une petite répulsion à renouer, dans mon quotidien, avec la phase la plus noire de mon passé. Jacques Delaborde n'y était pour rien. Il avait même eu la délicatesse de clore le débat en estimant que, dans ma situation, il aurait peut-être fait la même chose que moi. Il n'en restait pas moins qu'en le retrouvant, c'était ma désertion que j'avais retrouvée, comme un raccourci me ramenant au triste point de départ de mes hésitations et de mes fuites. Je n'avais pas envie de recommencer...

Et puis Laure ! Envisager qu'il ne tenait qu'à moi de choisir eût été me détourner d'elle, c'était évident. Honnêtement, je ne crois pas m'être clairement posé la question, du moins sur le moment. Mais doit-on sans cesse s'interroger sur le bien-fondé d'un choix fait de longue date ? C'est là que je m'aperçois que je devais tout de même tenir à elle. J'avais fini par l'oublier. Elle était si lisse, si disposée à me suivre, d'une telle égalité de caractère, je n'y prenais plus garde. Je devais être odieux, mais cela ne m'empêchait pas de lui demeurer réellement attaché.

Dans un état d'esprit bien différent de celui qui était le nôtre en arrivant au lac Saint-Jean, nous continuâmes notre voyage par Chicoutimi et la très belle vallée de la Saguenay. Nous rejoignîmes le Saint-Laurent à Tadoussac, nous le traversâmes et allâmes passer quelques jours chez les parents de Laure à Kamouraska, avant de rejoindre Montréal.

Quelle ne fut pas ma surprise, en retrouvant notre petit appartement, de découvrir, au milieu des publicités, des factures et autres documents sans grand intérêt qui encombraient la boîte aux lettres, une enveloppe expédiée de Roberval. Jacques Delaroche avait écrit son nom et son adresse au dos. J'eus tout de suite le pressentiment de quelque chose d'essentiel. Pourquoi, sans cela, m'aurait-il écrit ? Je la montrai à Laure.

– Tu as vu ? C'est le Grand Jacques.

Elle n'en dit évidemment rien, mais je suis persuadé qu'elle eut, comme moi, la certitude de quelque chose qui allait changer notre vie.

– Eh bien, ouvre-la, me dit-elle. Qu'est-ce que tu attends ?

C'était vrai ; je restai là planté devant la table, tenant ce pli banal de deux doigts délicats, comme s'il allait me brûler. Il fallut que Laure me tende un coupe-papier. Je suis plutôt du genre à exploser les enveloppes d'un doigt négligeant. Là, exceptionnellement, peut-être pour faire durer quelque chose qui ressemblait tout de même fort à du plaisir, je mis beaucoup de soin à introduire la fine lame sous le rabat et à le découper très délicatement.

C'était bref, très bref. Sur une feuille de papier à lettre de demi-format, il avait simplement écrit en grosses lettres noires :

« Ça te dirait de venir bosser avec nous ? Le boss embauche. Si ça te tente, fais vite : ça ne durera pas ! »

Suivaient le numéro de téléphone et l'adresse dudit patron. C'était tout. Je tendis le mot à Laure. Elle le considéra gravement, bien plus longtemps que nécessaire pour épuiser l'exhaustivité de sa courte prose, puis elle se détourna. Je restai comme un ballot devant ma table, ne sachant pas quelle contenance adopter et ne réalisant pas encore très bien. Elle finit par me faire face à nouveau.

Elle avait retrouvé son immuable et paisible sourire. Il y avait juste deux infimes petits plis, au coin de ses lèvres. Ils étaient minuscules, mais ils me parurent lui manger tout le visage. Jamais, depuis que nous vivions ensemble, je ne l'avais vue laisser ainsi transparaître la moindre crispation.

– Tu téléphoneras demain matin, dit-elle très posément en me tendant la lettre.

– Tu crois ? demandai-je hypocritement. Je ne sais pas...

Elle contourna la table, me jeta les bras autour du cou, se serra contre moi.

– Bien sûr que tu vas le faire, dit-elle. Tu es fait pour ça. Et puis, si tu ne le faisais pas, tu regretterais un jour ou l'autre.

Une fois de plus, elle avait raison. Le plus invraisemblable, c'est que, ce soir-là, très sincèrement, je n'étais pas encore convaincu. Bien sûr, la vie qu'ils menaient là-haut, le pays qu'ils couraient, les camps dans la taïga ou la toundra, tout cela avait un goût et une couleur d'exotisme tels que l'idée ne m'était même pas venue que je puisse être concerné. Maintenant que les quelques mots du Grand Jacques avaient effacé cette distance, il allait de soi que je devais y aller.

Il y avait pourtant une dimension que Laure ne pouvait pas prendre en compte et dont je ne suis pas sûr que je l'évaluai moi-même à son juste poids. Jusque-là, dans ma médiocrité, je m'étais simplement abstrait de mes anciennes ambitions, par la force des choses et sans vraiment les avoir abdiquées. Même si le temps commençait à se faire long, je n'étais, au fond, qu'en attente, en *stand by*, sans rien accomplir mais sans rien renier non plus de mes grands choix de jadis. C'était probablement, de façon tout à fait inconsciente, ce qui m'avait fait passer à côté de pas mal d'occasions. Cette fois, pourtant, non seulement on me proposait explicitement, et à moi en particulier, de franchir le pas, mais il s'agissait de surcroît d'un tel engagement qu'il n'y aurait plus de place pour mes vieilles illusions. Il me faudrait les balayer une fois pour toutes.

J'ai hésité parce que je suis têtu comme une mule et que, une fois encore, je ne pouvais pas concevoir d'admettre le moindre renoncement. C'est Laure qui m'a décidé. De toute la soirée, sentant mes inexplicables hésitations, elle ne m'a pas lâché. Elle a démonté un à un tous les arguments, pour beaucoup assez fallacieux, que je tentai de lui opposer. Jamais je ne l'aurais crue pugnace à ce point. Nous avons fait l'amour, ce soir-là, comme cela ne nous était plus arrivé depuis longtemps. Au moment de nous endormir, alors que nous reposions, apaisés, dans les bras l'un de l'autre, elle me glissa à l'oreille : « Demain matin, tu téléphoneras. Tu le feras, hein ? »

En fait, je dormis peu. J'eus un sommeil haché, difficile à attraper, superficiel et vite perdu. A plusieurs reprises, je jaillis dans des états de lucidité pénibles où semblait m'attendre toujours la même question. Ce n'était pas : « J'y vais, ou je n'y vais pas ? », mais bien : « Pourquoi donc cette hésitation à y aller ? »

Fidèle à moi-même, je n'ai pas pris de vraie décision. Comme toujours ou presque, je me suis laissé porter par les événements. J'ai téléphoné à 9 heures du matin. On m'a fixé un rendez-vous dans un quartier de Montréal, heureusement peu éloigné, pour 10 h 30. A midi, j'avais donné ma démission à mon employeur du moment et me retrouvais magasinier, affecté dans un premier temps au grand hangar que prolongeaient les quais de la base d'hydravion de Roberval. Je devais embarquer trois jours plus tard à Longueuil à bord d'un camion de ravitaillement dont le chargement, après transfert dans le fameux hangar, serait réparti sur les différents hydravions à destination des camps de prospecteurs.

Jamais trois jours ne m'ont paru aussi longs ! Car si j'avais tergiversé et si, au fond, je m'étais, pour une bonne part, laissé dicter ma décision par Laure, une fois qu'elle fut prise, toujours aussi entier et incapable de nuance, je n'eus plus de cesse que de me trouver dans le bain. Je crois même pouvoir ajouter que plus jamais, à compter de ce jour, on put me reprocher de ne pas savoir décider !

Laure fut admirable. Je n'en prends évidemment conscience que là, à l'instant, en repensant à tout ça. Sur le coup, je ne vis rien. Je persistai même jusqu'à la dernière minute à lui affirmer que tout cela ne changerait rien entre nous. On se verrait un peu moins souvent, voilà tout. Mais alors, quel bonheur quand je reviendrais ! Pour avoir le plaisir de se retrouver, il fallait bien en passer par une séparation ! Le genre de platitude qu'elle prenait en riant, fraîche, apparemment détendue.

Le pire, c'est que, en fin de compte, ce fut moi qui me trouvai bien pris ! Les premiers temps, je fis un louable effort pour ne pas lui donner l'impression que je l'abandonnais. Sans être aussi fréquents et réguliers que les siens, mes courriers furent tout de même assez nombreux. Ils étaient bien plus occupés de la vie que je menais et de mes passionnantes découvertes que du souci de ce qui nous concernait, et même de ce qui la concernait. La première fois que je pus descendre à Montréal, nous nous retrouvâmes avec effusion et nous nous donnâmes beaucoup de plaisir. Je repartis la conscience en paix et avec la certitude un peu béate que, comme je l'avais prédit, nous trouvions facilement un nouvel équilibre dont notre couple ne pourrait que sortir renforcé. Il me plaisait tellement de m'en convaincre !

Trois semaines plus tard, elle eut l'honnêteté de m'avertir qu'il y avait quelqu'un d'autre dans sa vie, dans notre appartement et même, si j'ai bien compris, dans mes pantoufles ! Bien sûr, nous devions rester bons amis, il n'y avait pas de raison, nous avions trop de bons souvenirs... Bref, le coup fut tout de même rude, même si j'aurais dû m'y attendre. Après tout, j'avais une très large part de responsabilité.

En y repensant maintenant, je m'aperçois que ce fut par cet épisode, un peu dérisoire et pas vraiment à mon honneur, que se conclurent dix ans de ma vie dans lesquels j'ai toutes les peines du monde à me reconnaître. Une sorte d'immense parenthèse, plate et insipide, dont n'émergent guère que le souvenir amer de mai 1968 et, tout de même, je lui dois bien ça, celui bien plus positif du temps passé auprès de Laure.

Nous échangeâmes encore quelques lettres. Elles se firent de plus en plus espacées. Nous finîmes par nous perdre de vue tout bêtement, par simple négligence. Il m'arrive encore parfois de regretter, ne serait-ce que de ne pas avoir pu partager avec elle quelques moments forts de ma nouvelle existence.

16

Au fond, c'est toujours un peu la même chose. Sur le magnifique prospectus que nous avons réalisé, Josepi et moi, avec l'aide de leurs structures coopératives dont ils sont si fiers, nous annonçons, pour clore le riche programme des séjours proposés aux touristes, un « repas pris en commun avec la communauté villageoise » ! Une suggestion qui, comme le reste, remporte un franc succès. Pensez-donc ! Vu de Boston, de Chicago ou de Londres, s'asseoir à la même table que d'authentiques Inuit et faire bombance avec eux, quelle perspective !

La réalité, comme le reste, est à la fois conforme à l'annonce et bien différente, du moins de l'idée que peuvent s'en faire les intéressés. Ceux-ci ne dérogent pas à la règle. Je les ai débarqués en fin d'après-midi sur la plage du village. A peine s'ils ont eu le temps de se précipiter sous la douche qu'ils se promettaient depuis le premier soir dans la rusticité de la pourvoirie, et de se faire une beauté, et les voilà propulsés dans ma salle de restaurant, l'ancien entrepôt du comptoir de traite, au milieu d'une foule certes garantie inuit pur jus mais qui leur prête à peu près autant d'attention que s'ils étaient des souches. Tout ça jacasse à qui mieux mieux, mais en inuktitut. Moi-même qui pratique leur langue depuis plus de trente ans, il m'arrive d'avoir du mal à suivre !

En général, dans le groupe, il y en a un ou deux qui tentent tout de même d'engager la conversation en anglais. Résultats mitigés. L'accent américain ne fait pas trop bon ménage avec celui des Inuit qui, par-dessus le marché, traduisent laborieusement ce qu'ils ont à dire depuis leur langue maternelle. On imagine ce que ça peut donner. Ça se termine presque immanquablement par une table autour de laquelle se regroupent frileusement nos touristes complètement déboussolés et le reste de la salle délirant de l'incommensurable bonheur du repas pris en commun.

Allez donc expliquer à des Qallunaat fortunés le goût viscéral, quasiment inscrit dans ses gènes, que chaque Inuk professe pour tout ce qui touche à la communauté. Pendant plus de quatre mille ans, ils n'ont dû de survivre qu'à celle-ci. Sans entraide, dans leurs petits clans éparpillés dans l'immensité de l'Arctique, c'était la mort assurée. Le partage, la redistribution permanente n'avaient rien à voir avec quelque forme que ce soit d'altruisme. C'était une nécessité vitale. Plus exactement encore, peut-être, chez eux, dans leur contexte, c'est l'altruisme qui s'est dépouillé de l'aspect facultatif que nous lui accordons, pour devenir un geste normal de l'existence. Et quand un chasseur, plus chanceux ou plus adroit que les autres, rapportait des prises importantes, c'était aussitôt le banquet, les agapes pour toute la communauté.

Plus question maintenant, fort heureusement, de se ruer sur la nourriture dans la seule perspective de ne pas mourir de faim. Le geste pourtant est resté et je crois bien qu'il n'est pas prêt de s'éteindre. On ne rentrera pas d'une simple partie de pêche sans s'être arrêté en pleine nature, quel que soit le temps, pour le simple plaisir d'allumer un feu de brindilles et de bruyères et de partager un casse-croûte, aussi modeste soit-il. Car, bien sûr, pour ces gens dont la vision cosmologique assimile tous les éléments naturels, eux et leurs ancêtres compris, dans une égalité totale de rapports, il ne peut pas y avoir de cadre plus adapté à ces moments de partage qu'un rivage encore pris par la banquise ou la surface gelée d'un lac.

Quant au gueuleton devenu traditionnel, chaque fois que s'achève le séjour de quelques touristes, il est tout bonnement, pour eux, la redistribution que nous opérons, Josepi et moi, du bénéfice que nous en tirons. Ce n'est d'ailleurs pas totalement faux, mais il est évident que ce n'est pas sous cet angle-là que nous présentons l'événement à nos clients. Les Inuit ne voient là rien que de très normal et les Qallunaat sont complètement frustrés, vexés de sentir qu'ils ne sont pas au centre de la fête. La plupart d'entre eux, il est vrai, en sont encore à imaginer que leur état de Blancs et leur argent justifient qu'on leur porte toutes les marques de la plus grande considération.

S'il fallait leur expliquer par-dessus le marché que, à s'en tenir à leur approche des choses, ce sont eux qui payent pour tous... Chaque fois, je n'en suis pas moins mal à l'aise. Je ne bouge guère de derrière mon bar d'où j'ai une bonne vue d'ensemble et peux régler la bonne marche de l'affaire tout en veillant à mes fourneaux. Alasi, aidée de deux ou trois gamines du pays, assure le service. Mon steak de caribou-frites à l'huile de phoque remporte son succès habituel auprès des Inuit. C'est plus mitigé du côté de nos Américains, mais ce n'est pas là que se situent mes scrupules. On les a prévenus qu'il s'agissait d'une spécialité locale, ils n'ont donc pas d'autre alternative que de consommer en s'extasiant poliment ! D'ailleurs, ce ne sont tout de même pas ces mangeurs de hamburgers et ces fautifs de « fast-food » qui vont nous donner des leçons de gastronomie !

Non, ce qui me met toujours mal à l'aise, ce sont ces regards furtifs que je sens peser sur moi durant tout le temps de leur calvaire. Moi aussi, je suis un Blanc, et ils voient bien que mes rapports avec les Inuit n'ont rien à voir avec l'ostracisme dont on les gratifie. Ils voient bien que, avec Alasi et Josepi, je suis même l'un des organisateurs de tout ça. Alors suis-je un traître ou un phénomène dont ils aimeraient bien comprendre le fonctionnement ? Je n'ai ni le temps ni le désir d'engager le débat avec eux. Il y aurait tant de maquis d'incompréhension à débroussailler, je crains fort que ce soit là une tâche impossible. Je préfère renoncer lâchement. J'en ai pris mon parti et, toutes ces longues soirées, je dois m'enfermer dans une carapace d'indifférence et accepter leur accusation implicite de collusion avec ce qu'ils estiment à l'évidence n'être que des sauvages sans aucun savoir-vivre.

D'ailleurs, étais-je bien différent d'eux lorsque je découvris le Nord ? Le service tourne tout seul. L'essentiel est fait. Seul à mes fourneaux, je peux m'abandonner à mes rêveries sans que ça se remarque.

A me souvenir des quelques mois passés à trier et à ranger les marchandises qui transitaient par le grand hangar de la base d'hydravion de Roberval, je me fais l'impression d'avoir été une énorme éponge ! J'étais curieux de tout et prêt à gober n'importe quoi. Le Grand Jacques, qui venait gentiment me taper sur l'épaule à chacun de ses retours de mission, m'avait pourtant prévenu.

– Toi, m'avait-il dit en m'accueillant lorsque j'étais arrivé de Montréal, à te voir nous écouter l'autre soir, j'ai pensé que tu allais nous demander de te trouver un job par-là. J'ai été surpris que tu ne le fasses pas. Je croyais savoir que le patron embauchait, mais je n'en étais pas certain. J'ai préféré vérifier avant. Je me suis renseigné le lendemain. Quand j'ai eu confirmation, j'ai hésité. Après tout, tu pouvais avoir ta vie ailleurs. Et puis, plutôt mignonne, ta copine ! En fin de compte, je me suis dit que tu serais bien assez grand pour savoir quoi faire de ma proposition. Tu pouvais aussi bien la passer à la corbeille. Te voilà. C'est donc que je ne m'étais pas trompé. Seulement, maintenant, il faut que je t'explique. C'est que je me sens une responsabilité, moi, dans cette affaire ! Tu sais, le Nord, ce n'est pas un pays comme les autres. Les gens qui vivent ici, ce n'est pas pour le plaisir. Ils y sont venus pour faire de l'argent, de la piastre comme ils disent. Ou alors, ils y ont toujours vécu et là, ce sont les autochtones. Si je me souviens bien, tu as quelques idées précises sur les rapports qui peuvent exister entre ces deux catégories d'humains ! Et je peux te dire que, sous une toute autre forme, bien sûr, ça ne se passe pas mieux ici que, à l'époque, en Algérie. Oh, pas question de rébellion, d'opérations de maintien de l'ordre ou de toutes ces foutaises. Le temps en est passé et il paraît que les autorités font beaucoup pour améliorer le sort des Indiens. Moi, je veux bien... Toujours est-il qu'il vaut mieux pas que tu t'en mêles. De toute façon, tu en entendras bien assez pour te faire une idée. Ce n'est même pas qu'ils les aiment ou qu'ils ne les aiment pas, c'est qu'ils les méprisent. Pour eux, ils sont quantité négligeable et ils le resteront pour toujours. Alors, tu vois...

Que le Grand Jacques me serve ce discours le jour même de mon arrivée ne fut pas sans me surprendre. Je ne m'attendais pas à ce genre d'avertissement. Il me mit aussi en garde contre la rudesse des rapports entre les Blancs eux-mêmes. A conditions d'existence rudes, rapports rudes. Cela allait de soi.

– Souviens-toi bien, insista-t-il, que la plupart des gens que tu vas côtoyer, moi le premier d'ailleurs, sont venus là pour faire du fric, vite et beaucoup ! Alors, les scrupules, tu comprends, les bonnes manières...

Il ne m'en parla plus jamais, mais je pus souvent vérifier le bien-fondé de son discours et lui en être reconnaissant. Je n'eus pas trop de mal à me conformer à la prudence qu'il m'avait recommandée. Ce ne sont pourtant pas les occasions qui m'ont manqué de mettre en avant mes grands principes, de me hérisser contre les comportements souvent vils et les propos bassement racistes que je rencontrais quotidiennement ou presque à l'égard des Indiens et même des Inuit.

Je me tus et ce n'est qu'aujourd'hui que je réalise le danger auquel j'ai ainsi échappé. Se dresser, tel que j'aurais été capable de le faire, contre les idées établies, prétendre mettre en avant de grands idéaux était le meilleur moyen de se faire exclure. L'étrange société, encore en devenir, qui gravitait autour de ces sources rapides et abondantes de gains faciles, n'avait pas et ne voulait pas avoir d'états d'âme. Pour seules raisons d'être, elle n'avait que de sommaires préoccupations matérielles. Celui qui prétendait raisonner avant d'agir n'y avait pas sa place et s'en trouvait banni sans le moindre ménagement.

Or, sans même l'avoir décidé, avant même de me confronter à ces réalités brutales, j'avais moi aussi pris le parti de me rendre aveugle et sourd à tout ce qui n'était pas mon but. Plus rien ne m'importait que le Nord. A l'évidence, le hangar de Roberval n'était pour moi qu'une étape que, dès mon arrivée, j'envisageai la plus brève possible.

Elle le fut. On avait besoin de monde, au nord. Ce n'était pas le tout de ranger les caisses, les cartons et les bidons dans les différents lots qu'emportaient chaque jour les hydravions. Encore fallait-il que tout cela arrive à bon port et soit distribué convenablement. On ne se préoccupa guère de mon air éberlué lorsque, un beau matin, on m'indiqua avoir à embarquer dans la soute d'un hydravion à la suite des palettes de ravitaillement qu'on venait d'y arrimer.

– Ben quoi ? s'étonna le contremaître qui venait de me donner cet ordre étonnant. Ce n'est pas que tu as la trouille, non ? Des froussards, on n'en a pas besoin, ici.

Mon premier voyage ! Je n'en vis presque rien. Coincé au fond de la carlingue entre la paroi et le chargement, mal installé sur un minuscule strapontin, je devais me tordre le cou pour tenter d'entrevoir, par le hublot le plus proche, un paysage auquel je ne comprenais rien et qui, de surcroît, disparaissait par intermittence sous le coton grisâtre des nuages.

– Pourquoi tu n'es pas monté avec moi ? s'étonna le pilote à l'arrivée, en m'aidant à m'extraire de mon réduit, perclus de courbatures. On aurait pu causer.

Si seulement j'avais su ! On ne m'y reprit pas. J'avais découvert presque fortuitement qu'il n'y avait pas de cloison infranchissable entre ma modeste fonction de magasinier et les missions des hydravions vers le Nord, à mes yeux pleines de prestige. C'était plus que je n'en demandais ! Je m'empressai de démontrer à mon contremaître que, non seulement je n'avais pas la frousse, mais encore qu'il ne lui était plus nécessaire de chercher ailleurs des volontaires pour assurer ces convoyages. Mes collègues magasiniers ne faisant pas preuve d'un enthousiasme particulier pour ce genre de mission, il ne fallut pas longtemps pour que je passe plus de temps dans les airs que dans l'ombre du grand hangar !

Ce fut ma chance. Les techniciens, qui habitaient les camps que nous avions à charge de ravitailler, avaient autre chose à faire que de s'occuper de la gestion de leurs stocks de matériel comme de vivres. Véritable aubaine pour moi ! On me chargea d'aller mettre un peu d'ordre dans leurs magasins. Je passais ainsi plusieurs jours théoriquement enfermé dans les grandes tentes blanches à compter les boîtes de haricots ou de singe, mais je vivais surtout, durant ces séjours, au rythme de ces hommes et de leurs missions. J'eus tôt fait de me tisser un magnifique réseau de sympathies qui s'étendait de la frontière du Labrador jusqu'à la baie James, tout au long des vallées de La Grande, de Eastmain ou de Rupert.

Le Grand Jacques n'y étant pas pour rien, les pilotes, eux aussi, ne tardèrent pas à m'adopter. Les choses allaient vite, très vite, sur ces immenses territoires où l'on menait de front plusieurs projets concurrents pour être mieux à même de choisir quand le moment serait venu. Or, tout indiquait que celui-ci approchait. Personne n'ayant l'idée saugrenue d'imaginer que la solution du nucléaire pourrait être préférée à l'hydroélectrique, d'un bout à l'autre de la chaîne on mettait les bouchées doubles pour aboutir. Nous n'étions que la logistique de cette espèce d'armée tout occupée à découvrir des territoires parmi les plus inhospitaliers qui se puissent trouver. Ils étaient si vastes, les camps des géologues, des cartographes et des hydrauliciens, si éloignés les uns des autres, si solitaires que tout, en définitive, dépendait de notre efficacité.

Tout concourait à faire naître en nous le sentiment d'une sorte de supériorité. Nous étions, du moins le croyions-nous, une sorte de corps d'élite, de chevalerie des temps modernes dont la bravoure et l'abnégation, dans le danger quotidiennement affronté, étaient les seuls garants de la survie des camps.

Cela peut paraître pompeux. Il n'en reste pas moins que nous nous laissions prendre à ce jeu avec beaucoup de facilité et de complaisance. Certes, les vols étaient loin d'être assurés de s'accomplir tous les jours dans la tranquillité. Il fallait parfois aux pilotes une sacrée dose de culot pour s'élancer dans des conditions météorologiques épouvantables. Ils le faisaient pourtant, et nous le faisions avec eux, au nom de cette gloriole, mais aussi parce que nous savions qu'au bout de la ligne, on avait besoin de nous.

Les patrons, d'ailleurs, ne s'y trompaient pas. Ils ne faisaient rien pour rabattre cette morgue des pilotes. Ils savaient très bien que c'était le meilleur moyen dont ils disposaient pour pouvoir leur en demander toujours plus. Et ils ne s'en privaient pas. L'activité se faisait toujours plus grande. On créait sans cesse de nouveaux camps. Les demandes de ceux déjà existants se faisaient de plus en plus nombreuses et pressantes. Les équipages disponibles devenaient insuffisants. Ils auraient pourtant cru déchoir à l'admettre, clamant bien haut qu'il n'y avait qu'eux pour réussir de telles missions. Ils en rajoutaient sans cesse à des rythmes de travail et à des risques insensés. Pourquoi les patrons, qui avaient bien d'autres chats à fouetter, se seraient-ils inquiétés d'une situation dont les intéressés eux-mêmes faisaient leur gloire ?

Contrairement à la plupart de mes collègues magasiniers, je n'avais vu que des avantages à me laisser enrôler dans cette existence effrénée. Mon but n'était ni d'accumuler le plus de dollars possible dans les délais les plus brefs, ni de m'assurer une petite vie tranquille à Roberval. Non seulement j'étais venu là dans l'espoir de découvrir le Grand Nord, mais après ces dix années de vie insipide menée à Paris comme à Montréal, cela avait été pour moi une rupture d'une telle intensité que, au fond, ce fut sans l'avoir réfléchi ni décidé que j'acceptais avec enthousiasme ces conditions de travail insensées.

J'en récoltais une certaine défiance de la part de mes collègues du grand hangar et, en contrepartie, l'amitié des pilotes et des techniciens que nous rencontrions dans les camps. Les événements, une fois de plus, avaient décidé pour moi. Mais cette fois, cela allait dans le bon sens !

Curieuse sensation que celle que j'éprouve à évoquer cette période de ma vie où, sans la moindre transition, je suis passé du quotidien le plus fade à l'aventure presque absolue ! Tout cela s'est passé si vite. Je ne me suis pas vu changer. J'avais tant d'autres choses en tête ! Il y a là, pourtant, en l'espace de quelques jours, un tournant de mon existence auquel je ferais bien de prêter quelque attention.

Non pas que j'aie oublié du jour au lendemain le Clément Simare de ma jeunesse, ni celui des mauvais jours d'après ma désertion. Dans les très rares moments de calme que j'ai vécus, essentiellement le soir, sur les camps où il m'arrivait de séjourner, l'idée m'est revenue à plusieurs reprises de cette fichue lettre à envoyer à mes parents. J'avais tant de choses à leur raconter ! Et tant de choses positives, à présent. J'étais tellement sûr de les éblouir et de les captiver par le récit de mes aventures du bout du monde ! Imagine-t-on, depuis un petit village du Morvan, qu'il puisse exister des pays où l'épicier n'ait d'autre choix que de circuler en avion ?

Pour la première fois depuis que me rongeait cette idée de lettre, je savais posséder toute la matière d'une longue missive sans que j'aie à me tarabuster l'esprit pour ne pas donner l'impression de chercher à me justifier. L'occasion était trop belle pour effacer tant d'années d'erreur et rétablir des liens rompus sans véritable raison.

Je ne l'ai pas fait. Pourquoi ? Insupportable point d'interrogation qu'il me faudra bien parvenir un jour à effacer. La raison apparente en était trop facile : tant de choses à dire et si peu de temps ! Prétexte, bien sûr. Décision éternellement éludée sans que je cherche vraiment à discerner l'écueil, le parasite qui, en moi, au plus enraciné de ma tête de cochon, n'a jamais faibli. C'est lui qu'il me faut trouver. Il est là, j'en suis convaincu ; je le sens vivre et résister en moi, mais je ne le comprends pas. Je ne sais pas ce qu'il fait là.

Pasha, si tu savais par quelles exaspérations, par quels moments de profond découragement tu me fais passer ! Je ne t'en veux pas. Au contraire, je crois malgré tout que tu me rends service en m'obligeant à cette terrible introspection, même s'il m'arrive, comme maintenant, là, à mes fourneaux, pendant que la salle ronronne de contentement à la fin du repas, de douter de parvenir un jour à comprendre.

17

Ouf ! Je viens de quitter Radisson. Je vole vers le Nord, seul dans mon avion.

Pour les touristes américains de Josepi, j'ai assuré hier soir la correspondance de l'avion d'Air Inuit pour Montréal. En définitive, ils étaient plutôt contents de leur séjour. On a échangé de solides poignées de main. Les femmes m'ont fait la bise, mais, jusqu'au bout, j'ai senti qu'ils mouraient d'envie de me demander quelle sorte de transfuge je pouvais bien être pour vivre dans ce pays de sauvages ! S'ils savaient à quel point je m'y sens à l'aise. Mais comme, de toute façon, ils ne peuvent pas comprendre, je me suis bien gardé de la moindre allusion.

J'ai passé une bonne soirée avec quelques amis. Ce matin, j'ai pris mon temps. J'ai continué la tournée des connaissances. Ça n'arrive pas si souvent. On a beau habiter à des centaines de kilomètres les uns des autres, on se connaît tous et on sait tout de la vie des uns et des autres. Le Nord est un grand village !

Mais que cette ville est triste ! Au temps des travaux, et bien que l'ambiance du camp des débuts, où tout le monde, ouvriers comme ingénieurs, était logé à la même enseigne rustique, ait déjà beaucoup changé, on y trouvait tout de même une certaine animation. Elle se donnait des airs de ville de pionniers, avec un petit côté canaille, d'ailleurs démenti par les règlements très stricts la régissant, qui pouvait à la rigueur faire illusion. Depuis qu'il ne s'agit plus que d'assurer le fonctionnement des centrales, elle est passée totalement à côté de ce qui aurait pu l'établir une fois pour toutes.

Il ne lui sert à rien d'être le terminus de la route. Certes, tous les jours, d'énormes quantités de marchandises « montent » depuis Montréal à bord de camions qui ressemblent à de véritables trains, mais Radisson n'en voit quasiment rien. Tout cela s'arrête à l'aéroport planté en pleine taïga, à trente kilomètres de là, pour être dispatché à bord des petits bimoteurs d'Air Inuit vers les communautés du Nunavik. Il ne reste plus aux habitants de Radisson qu'à ressasser leurs souvenirs tout en n'étant plus que les spectateurs lointains et amers de l'existence somptueuse du complexe que Hydro-Québec entretient à grands frais au centre du bourg.

Durant les huit jours de leur période de travail, ouvriers, techniciens et ingénieurs vivent là, dans le plus grand des conforts et sans le moindre contact avec la ville. Les six jours qui suivent, ils les passent tout bonnement chez eux, où que ce soit au Québec, transportés gratuitement à l'aller comme au retour à bord des avions de la compagnie. Il en est certainement parmi eux qu'on étonnerait beaucoup en leur apprenant que le village qu'ils aperçoivent, au travers des baies de leur douillette ville dans la ville, est cerné par la taïga peuplée d'ours et de loups !

Les années ont beau passer, il me semble pourtant que j'ai toujours autant d'amis à Radisson avec qui je n'ai toujours pas fini la conversation que nous entretenons depuis 1985. C'est l'année où, du chantier de construction, on est passé au chantier d'exploitation. On n'a plus eu besoin de nous. Beaucoup sont partis se faire pendre ailleurs. Ne sont restés que les fous du Nord de notre espèce. Nous n'en finissons pas, chaque fois que nos chemins se croisent, de nous étonner d'être encore là, chacun de nous devenu expert dans mille façons de s'en sortir, dans mille petits métiers que nous brandissons fièrement, moins comme des réussites, qu'ils sont bien rarement, que comme des pieds de nez à la face de tous ceux qui nous ont rejetés comme des vieilles chaussettes quand ils n'ont plus eu besoin de nous.

Parmi tous ceux-là, j'estime être un chanceux. Quoi qu'ils en disent, quand nous plastronnons, peut-être un peu plus que nécessaire, devant nos consommations au bar de l'auberge ou du motel, je pense qu'il en est bien peu, parmi mes amis, qui aient pu, en fin de compte, s'en sortir aussi bien que moi. J'essaie de ne pas trop le montrer et je repars toujours avec le sentiment d'une réussite qui m'étonne moins par sa réalité matérielle, d'ailleurs toute relative, que par l'aisance avec laquelle je m'y suis coulé. Cela fait des années que j'ai au fond de moi cette sensation de ne pas avoir plié les faits à ma volonté, mais, à l'inverse, d'avoir trouvé, dans cette suite invraisemblable d'événements auxquels rien ne me prédisposait, un équilibre inattendu. Je suis aussi bien dans ma peau depuis que je mène cette existence que j'y ai été mal à l'aise durant plus de dix ans. Et au fond, dans un cas comme dans l'autre, je ne sais pas pourquoi. Il est vrai que je ne me suis jamais posé la question.

Maintenant, il s'agit d'y répondre presque dans l'urgence. Sacrée Pasha ! Est-ce que je sais, moi, pourquoi il a fallu que je m'éloigne tant de ce que j'étais, dans le temps comme dans l'espace, pour retrouver enfin une vraie raison d'exister ?

D'ailleurs, ma chère fille, je te ferais remarquer que poser cette question revient à poser celle de ton existence.

Mais t'en soucies-tu ? Bien sûr que non ! Ma foi, c'est peut-être toi qui as raison. Si on devait à chaque instant peser les conséquences de nos actes... Y pensions-nous quand nous t'avons conçue, ta mère et moi ? Et nous n'avons pas été moins heureux de te voir arriver pour autant !

Il me semble que ma vie est une juxtaposition aventureuse de petits faits pour la plupart fortuits, dont je n'ai jamais voulu, ou pu, envisager les conséquences possibles, et qui m'ont emmené ainsi, à mon insu, de loin en loin, jusqu'à ce village du bout du monde vers lequel je vole.

Quand le Grand Jacques, avec qui j'assurais une mission assez lointaine, vers Salluit, si je me souviens bien, m'a joué la blague classique de me mettre les commandes de l'avion entre les mains, est-ce que je me doutais des conséquences que cela allait avoir ? Nous volions à bord d'un hydravion d'un âge respectable qui ne disposait que d'un seul poste de pilotage. Je me trouvais à sa droite, contraint au silence par l'intensité grave du bruit émis par le moteur dont, sur ce genre d'appareil, ne nous séparait guère qu'une mince cloison. J'étais perdu dans ma rêverie qui courait sur les landes de lichens et les lacs défilant au-dessous de nous. Il me fit presque sursauter en me tapant sur l'épaule. Il me faisait signe de décrocher le casque et de m'en équiper.

– Tu as déjà piloté ? me demanda-t-il quand nous pûmes enfin nous entendre.

Moi, piloter ? Bien sûr que non ! Je n'eus pas le temps de le lui expliquer. A ma grande stupeur, je le vis tout simplement faire pivoter vers moi le manche à balai dont je ne soupçonnais même pas qu'il fût doté d'une telle mobilité.

– A toi ! dit-il sans rien dissimuler de ce qu'il trouvait d'éminemment drôle à la situation.

Ce ne fut pas tant de sentir tout à coup l'avion vivre au travers de ses commandes qui me paniqua, que la certitude que, faute d'autres commandes, il dépendait totalement de moi. Si l'on exclut quelques éventuels caribous, une ou deux familles d'ours et peut-être de loups, mes premiers exploits aux commandes d'un aéroplane ne durent pas avoir beaucoup de spectateurs. Cela valait mieux ainsi car il doit être tout de même assez rare, et surtout inquiétant, de voir un tel engin renoncer tout à coup au respect de la ligne droite auquel il est normalement assujetti et adopter une marche pour le moins erratique peu compatible, à première vue, avec son maintien dans les airs. Cela, pourtant, n'avait pas d'autre effet sur le Grand Jacques que d'entretenir, et même d'augmenter à chaque maladresse de ma part, une hilarité telle qu'il en pleurait. Il m'avoua plus tard qu'il n'avait fait durer cette plaisanterie, que tous les pilotes ou presque servaient à leur passager, que pour pouvoir se divertir plus longtemps des mimiques dont, à ce qu'il paraît, j'accompagnais mes efforts pour éviter que l'appareil s'affranchisse par trop d'une ligne de vol raisonnable.

Il advint pourtant assez rapidement que je parvins à reprendre un cap à peu près raisonnable et que le jeu commença à m'intéresser. Le Grand Jacques s'en aperçut et n'hésita pas à me laisser les commandes bien plus longtemps que le nécessitait son besoin de rire à mes dépens. Au retour, le lendemain, j'allai même jusqu'à oser lui demander de recommencer l'expérience. Il le fit sans hésiter et en profita pour me donner quelques explications et quelques conseils, comme si cela devait devenir mon ordinaire.

Il m'avait à la bonne, le Grand Jacques. Nos souvenirs communs, bien sûr, nous rapprochaient. Et puis, après tout, c'était lui qui m'avait fait embaucher. Comme je les avais rejoints, lui et les autres pilotes, dans le clan de ceux qui n'aspiraient qu'à courir le Nord, c'était comme si s'étaient noués, entre lui et moi, des liens presque filiaux. Peut-être eut-il l'idée de faire de moi un pilote. Ça l'amusait tout en flattant son amour propre : il avait un élève ! Dès ce premier essai, il s'en vanta partout ! Mes progrès étaient sa fierté.

Bien que, ordinairement, nous pouvions nous retrouver à faire équipe avec n'importe quel pilote, il se débrouilla pour que je sois le plus souvent possible avec lui. Quand ce n'était pas le cas, ses collègues s'empressaient de mettre à l'épreuve cet enseignement qu'il prétendait me donner. Rapidement, il ne fut plus guère de voyage pendant lequel ce n'était pas moi qui étais aux commandes.

Ce fut tout de même le Grand Jacques qui me fit franchir l'ultime étape en osant me confier un amerrissage, puis un décollage. C'était tout de même risqué. Comme tout se passa bien et que j'en redemandai, j'avais suffisamment l'occasion de voler et donc de m'entraîner auprès de pilotes chevronnés pour être bientôt considéré comme tout à fait capable de me débrouiller.

On parlait formation théorique et brevets, mais sans que cela ait d'autre suite, quand les événements se chargèrent de brusquer les choses. Peut-être même eurent-ils droit à un léger coup de pouce ! Voilà encore un de ces moments de mon existence dont le moindre détail me restera gravé dans la mémoire autant de temps que j'en aurai une.

C'était un matin, très tôt, sur le plan d'eau de Roberval. L'automne n'était pas loin. Déjà, parmi les épinettes vert sombre, les bouleaux et le taillis de feuillus se paraient de couleurs fauves. Il fallait faire encore plus vite que d'habitude. Les chantiers ne tarderaient pas à devoir être rapatriés et, bien sûr, de chacun d'eux nous remontaient des demandes pressantes de matériel indispensable pour achever les études en cours.

Comme par hasard, le Grand Jacques devait être le pilote de l'appareil à bord duquel avaient été chargées les palettes que j'avais mission d'aller distribuer sur quatre campements de la rivière Eastmain. Et le Grand Jacques n'était pas là ! Affolement. Pas question de reporter le voyage, mais... pas un pilote disponible ! Le hasard voulut qu'il y ait là un des grands chefs de la boîte. Présence rare, surtout à une heure si matinale. Il était aux quatre cents coups, complètement déballé. Jamais, au grand jamais, jusque-là, le Grand Jacques n'avait ainsi fait faux bond.

– Il était avec nous hier soir, finit par avouer, un peu piteux, un pilote qui allait s'envoler pour une tout autre destination. Et pour tout dire, il n'était pas terrible, terrible...

Ce fut immédiatement traduit par cuite mémorable et gueule de bois telle au réveil que le Grand Jacques, à en croire notre patron rouge de colère, devait en être, à l'heure qu'il était, à ne même pas se souvenir qu'il avait accepté une mission. L'autre laissa passer l'orage. Il fermait soigneusement la jugulaire de son casque.

– Je ne crois pas, dit-il enfin très posément. Il n'a rien bu, hier soir, le Grand Jacques. Simplement, le palu ; son vieux palu. Il traîne ça depuis longtemps. L'Indochine, puis l'Algérie, je crois. Non, il n'était pas brillant, hier soir.

Il fit demi-tour et marcha à grandes enjambées vers son avion, au bout du quai. Puis, tout à coup, il parut se raviser. Il fit demi-tour et revint vers nous. Jamais je n'ai pu le leur faire avouer, mais je reste convaincu que c'était un coup monté et qu'il jouait parfaitement la comédie.

– Ben, c'est pourtant simple, dit-il froidement au chef complètement désemparé, vous avez une solution.

– Ah bon ?

On lui aurait jeté une bouée alors qu'il se noyait qu'il n'aurait pas mis plus d'espoir dans ces deux mots.

– Laquelle ?

– Lui, bien sûr.

Lui, c'était moi ! Je crois que je devins cramoisi. Une folle envie de confirmer me prit en même temps que j'aurais aimé disparaître sous terre. Notre patron me dévisagea avec un rien d'exaspération dans le regard.

– Lui ? dit-il d'un ton qui n'était pas nécessairement flatteur pour moi. Mais c'est un magasinier, ce n'est pas un pilote !

Et après ? Je lui aurais sauté à la gorge avec plaisir. Pour une fois, je sus me contenir.

– Peut-être, admit le vrai pilote, mais il n'empêche qu'il est aussi capable que n'importe lequel d'entre nous d'emmener ce fichu hydravion là où il doit aller et de le ramener dans les temps et en bon état.

C'est peu de dire que notre matutinal directeur présentait, là, sur le quai de la base d'hydravion de Roberval, un tableau assez représentatif de ce que peut être la perplexité ! Il finit pas se tourner vers moi.

– Tu sais piloter, toi ?

Il était évident qu'il y avait encore beaucoup à faire pour le convaincre.

– Ben, oui, m'sieur.

C'était maigre, mais c'était tout ce que j'avais trouvé à lui répondre.

– Et tu as appris où ?

Le copain du Grand Jacques fut heureusement plus rapide que moi.

– C'est nous ! annonça-t-il sans vergogne. On lui a appris. Faut dire, il avait des dispositions.

Le regard effaré de notre patron me fit craindre le pire. S'il prenait mal la chose, ce qui semblait être en chemin, je pouvais me faire licencier sur l'instant.

– Vous lui avez appris ! éructa-t-il enfin. Comme ça, pendant vos missions, sur nos avions ! Mais est-ce que vous vous rendez compte ? C'est totalement interdit, vous le savez bien ! C'est de la folie pure !

J'en étais au point de penser à mes bagages.

– Ce que j'en dis, moi, continua le pilote sans rien perdre de son flegme, c'est que là, aujourd'hui, et puis d'autres fois aussi, peut-être, ça ne peut que nous être utile, non ?

L'argument était de poids et de nature à intéresser un patron toujours soucieux d'éviter ce qui, de près ou de loin, peut engendrer des pertes. Sans parler, en ces périodes de pénuries, de l'aubaine que pouvait représenter ce pilote payé au tarif d'un magasinier.

– Mais vous n'avez pas vos brevets ? objecta-t-il encore.

– Bof, osa mon sauveur, là où il va, on ne risque pas de les lui demander.

Je décollai dans le sillage de l'hydravion de celui qui venait de faire de moi un pilote presque à part entière.

18

Je n'étais plus le même. Je n'en pris évidemment pas la mesure sur-le-champ. J'ai vécu ainsi tous les hauts et les bas de mon existence en les prenant tels qu'ils venaient et sans jamais me soucier de savoir si je les assumais correctement. Cette fois, pourtant, le changement a été assez radical pour qu'il me soit facile d'en retrouver les marques. Ma mémoire est comme les cernes d'un arbre, maigrelette et pâlichonne pour les années de disette, épaisse et de belle mine pour les saisons plus favorables !

Ce qui d'ailleurs m'amène à me faire la réflexion que, en somme, je me trompe en affirmant que je n'étais plus le même. J'étais bel et bien redevenu moi-même ! En quelques jours, j'avais retrouvé l'aplomb sans faille de mes jeunes années, celui qui s'était progressivement enlisé sous les strates accumulées de mes désillusions, de mes fuites et de mes renoncements.

De l'arbre, à la coupe duquel il ne me déplaît pas de comptabiliser les cernes les plus vigoureux, voilà que je passe sans transition à la comparaison géologique. Rien, décidément, ne me fait peur dès qu'il s'agit de cette étrange et méticuleuse archéologie à laquelle je m'adonne dans les méandres de ma mémoire.

Comme il fallait s'y attendre, j'ai fini cette saison-là aux commandes d'un hydravion. Plus personne ne parut se souvenir que je n'avais pour seule formation que celle qu'avaient trouvé bon de me donner, au hasard des vols, mes étonnants moniteurs. Quant aux brevets, il fallut que ce soit moi qui y fasse allusion pour qu'on se souciât, à temps perdu, de la meilleure façon de me les faire obtenir.

Or, du temps perdu, nous n'en avions guère, ni les uns ni les autres ! Si nous avions lu les journaux, ce dont nous nous moquions éperdument, nous aurions compris que de très grandes décisions devenaient imminentes. Nous nous en souciions d'autant moins que, totalement convaincus de notre supériorité en tout, nous ne doutions pas un instant qu'elles puissent ne pas nous être favorables.

En outre, l'activité de plus en plus débordante, parfois au bord de l'hystérie, de tous ces chantiers qui, pour l'instant, ne débouchaient sur rien d'autre que sur des études, ne pouvait que nous conforter dans l'opinion que la solution retenue serait la nôtre. Possessif tout à fait révélateur de la haute idée que nous nous faisions de notre rôle en l'absence duquel, ne manquions-nous pas de faire remarquer, ingénieurs et techniciens seraient restés confinés derrière leurs bureaux.

Dès le premier jour, j'avais tranquillement endossé cette parure quelque peu fanfaronne et bravache des pilotes. J'étais le dernier arrivé et par la toute petite porte, presque par la fenêtre, mais cela ne m'empêchait pas d'afficher la même morgue que tous les autres. J'avais à peine trente ans. Je venais d'en perdre dix dans le désordre d'une existence sans repère et sans but. Par le plus grand des hasards, du jour au lendemain ou presque, j'en retrouvais de plus flamboyants que tout ce que j'aurais pu imaginer. Il me prenait l'envie de mordre à pleines dents dans cette nouvelle vie, de la brusquer, de la provoquer du haut de cette étonnante superbe qui m'échoyait avant que la patine du temps ait pu la rendre moins arrogante.

Cet hiver-là, je restai à Roberval. L'activité se réduisait à très peu de chose dès que les conditions climatiques obligeaient à abandonner les camps. Les autres en profitaient pour redescendre vers les villes du sud. Leurs comptes en banque bien fournis par des salaires confortables que nous n'avions guère l'occasion de dépenser pendant les mois d'été, ils pouvaient s'appliquer à rattraper tous les plaisirs dont étaient exempts nos déserts septentrionaux. L'hiver précédent, j'avais fait comme tout le monde, mais je n'y avais guère trouvé mon compte. Seul et désœuvré dans les rues de Montréal, je m'étais passablement ennuyé. J'en étais venu à compter les jours qui me séparaient du retour vers Roberval !

Et encore, à cette époque-là, je n'étais que magasinier à temps plein. Mais le Nord me manquait. J'aurais été d'autant plus incapable d'expliquer le pourquoi de cette étonnante attirance que je passais le plus clair de mon temps dans le grand hangar, lorgnant d'un œil avide vers les quais où j'espérais toujours qu'une mission en préparation nécessiterait la présence d'un convoyeur.

Cette année, j'étais pilote presque accompli et je n'avais pourtant aucune envie d'aller en jeter plein la vue aux Montréalais et surtout aux Montréalaises qu'un tel état ne pouvait que faire béer d'admiration et tomber dans mes bras. Le Grand Jacques excellait dans ce genre d'exercice. Nous le jalousions d'autant moins qu'il nous faisait partager ses bonnes fortunes au moyen de récits d'un réalisme très cru qui n'étaient pas sans me rappeler l'Algérie ! Quand je lui fis part de ma décision de rester à Roberval, il en fut stupéfait.

– Tu sais ce que c'est que l'hiver dans ce trou ? me demanda-t-il presque sur le ton du reproche.

Je m'en doutais, mais outre que cela ne me faisait pas peur, j'avais ma petite idée. Je m'étais bien gardé de la lui livrer. Je crois qu'il m'aurait déclaré fou sur-le-champ et se serait peut-être même arrogé le droit de m'étrangler.

Je venais de faire la connaissance d'une petite Indienne belle comme un cœur et pas du tout farouche. Je me promettais tout simplement, en alliant l'utile à l'agréable, de meubler ces mois de disponibilité en allant à la découverte de ce monde des autochtones dont il était si mal venu de se montrer curieux. J'y réussis d'ailleurs plutôt bien, essentiellement grâce à Nancy qui ne vit aucun inconvénient, bien au contraire, à m'emmener dans son village. Elle était secrétaire dans une agence d'assurances de Roberval et menait donc une vie très occidentalisée. Mais, comme la plupart des Indiens, elle n'en avait pas moins gardé des rapports étroits avec sa famille et les membres de sa tribu.

Curieux que ce soit cet épisode, somme toute assez secondaire, qui me vienne à l'esprit juste après l'aventure rocambolesque de mon accession à l'état de pilote. L'important, à ce moment-là, était ces fameux brevets que je devais passer pour que mon appartenance à cette espèce de caste très particulière soit une fois pour toutes établie. Tout cela était d'autant moins simple que je n'avais évidemment jamais pris la précaution d'entreprendre les démarches nécessaires à la régularisation de ma situation. Aux yeux de la législation du Québec, j'étais toujours un clandestin !

J'ai eu beaucoup de chance que cela se soit passé alors que sévissait une véritable pénurie sur le marché de l'emploi. Le problème qui se serait tout de même posé si, pour une raison ou pour une autre, j'avais dû justifier de ma nationalité, devenait tout à coup accessoire dès lors que mes compétences à jouer les chevaliers du ciel, même acquises presque par jeu, se révélaient être du plus grand intérêt pour mes patrons toujours à la recherche de nouveaux pilotes. Avant de disparaître avec Nancy au plus profond de la forêt où se cachait le village de ses parents, je fis donc une demande en bonne et due forme pour qu'on se souvienne d'avoir à me faire passer les examens nécessaires. Quand j'y repensai, alors qu'approchait le printemps, et donc la reprise de nos activités, on me répondit très laconiquement que j'avais un petit stage à effectuer dans une école de pilotage du sud. Il s'avéra, en fin de compte, que ce n'était qu'une formalité. J'eus à la prolonger de quelques paperasses à remplir pour que, sans la moindre difficulté, me soit accordée une carte de séjour apparemment oublieuse de mes années d'irrégularité.

Pendant que tout cela se tramait, je filais le parfait amour avec Nancy. Curieuse fille. Nous avons vécu ensemble durant tout un hiver en parfaite harmonie sans que jamais ne nous vienne, ni à l'un ni à l'autre, l'idée que cela puisse durer. En avons-nous été heureux ? La question, je crois, ne s'est pas posée en ces termes. Nous profitions du moment, à plein, sans la moindre restriction. Nous nous sommes beaucoup amusés. Nous avons connu des moments d'immense tendresse. Nous nous abandonnions aussi souvent que l'occasion s'en présentait à de folles passions. Outre une certaine forme d'amitié, il y avait entre nous une superbe harmonie physique. Jamais nous ne nous sommes lassés de ces provocations dont jaillissaient de fantastiques embrasements de nos corps. Nous savions pourtant que tout cela n'avait de sens que dans les limites de ces grandes vacances que nous nous offrions.

Fabienne, Laure, Nancy, Alasi... Ça, Pasha, je ne t'en parlerai évidemment pas, mais je ne peux pas m'empêcher de sourire à l'idée du reflet de nos existences que pourrait donner le portrait comparé des femmes qui les ont jalonnées.

Propos qui pourraient passer, j'en conviens, pour vilainement machistes. Ce n'est pourtant pas ainsi que je le conçois. L'inverse, d'ailleurs, pourrait aussi bien se concevoir si notre culture essentiellement... machiste ne nous faisait pas trouver gaillard qu'un homme puisse se glorifier d'avoir eu plusieurs femmes dans son existence, et scandaleux qu'une femme ose afficher la pareille !

Cela étant, je reste sidéré par l'impression que chacune d'elles colle parfaitement à l'image que je peux garder de ce que j'étais quand je les ai rencontrées. Fabienne, l'enfant, la petite paysanne, sans beaucoup plus de consistance que je n'en avais moi-même, qu'une bourrasque de la vie à peine plus violente que les autres a emportée loin de moi en me laissant une profonde blessure ; Laure, la douce et toujours consentante Laure dont je mesure aujourd'hui, sans en être trop fier, que sa gentillesse sans relief n'a été pour moi, en somme, qu'un bon moyen d'occuper un temps tout aussi sans saveur ; Nancy, la bouillante et pétulante Nancy, arrivée à point nommé pour être comme une exclamation de joie et de vitalité au moment où mon existence reprenait un sens ; et Alasi, bien sûr... mais cela est une autre histoire.

Tes frères et toi, Pasha, vous êtes là pour en témoigner, mais ça, tu le sais !

Peut-être, d'ailleurs, la belle petite Indienne ne me laisserait pas de souvenirs plus marquants qu'une autre si, très rapidement, nous n'avions eu en commun le projet d'aller passer quelques jours dans le village de ses parents.

– Qu'est-ce que ça te fait de coucher avec une Indienne ? me demanda-t-elle sans détour alors que, encore étroitement enlacés, nous en étions à cet instant de douce béatitude dans lequel s'apaise doucement le plaisir.

Sa question me laissa totalement désarmé. Je sentais contre moi son corps encore vibrant d'amour. Il se dégageait de tout son être une folle énergie qui contrastait avec la beauté gracile de ses formes, la finesse de ses attaches et la douceur de sa peau. Je n'en finissais pas de la caresser. Elle aimait ça, à la manière d'une chatte qui ronronne. Je crus naïvement qu'elle était assez occupée des émois de son être pour que je sois dispensé de répondre. C'était mal la connaître ! Sa question, d'ailleurs, je le compris bien plus tard, était une sorte de révolte contre elle-même, peut-être contre la trop grande facilité avec laquelle elle craignait de s'être offerte à moi.

– Hein ? insista-t-elle. Ça te fait quoi de coucher avec une Indienne ?

J'étais d'autant plus désarçonné que je devais bien m'avouer que mon attirance pour les Indiens n'avait pas été étrangère à l'intérêt que je lui avais porté.

– Ça fait que j'aime beaucoup ça, hasardai-je sans trop me mouiller.

Elle se dégagea vivement de mes bras, se retourna prestement et prit appui sur ma poitrine pour plonger un regard noir d'une belle intensité dans le mien.

– Tu sais, me dit-elle, les Blancs, je les connais. Tout ce qui les intéresse, c'est l'expérience ; c'est de pouvoir dire à leurs copains qu'ils ont essayé, comme si c'était un acte de bravoure. Tu vois, je ne me fais aucune illusion.

Elle avait dit tout ça sans la moindre colère, sur le ton de la conversation la plus banale. J'en restai sidéré et vaguement ulcéré. S'il était vrai que sa nature d'Indienne m'avait poussé vers elle, il était en revanche parfaitement injuste de m'accuser d'un tel cynisme. Je dus m'en défendre avec beaucoup de conviction car elle finit par éclater de rire avant d'enfouir son visage dans mon épaule.

– Tu es adorable ! me dit-elle. Et tu sais, je te crois. Ce n'est pas si courant qu'un Blanc ne nous méprise pas. Mais avoue tout de même que c'est parce que je suis Indienne que tu m'as draguée !

J'avouai. Du moins, je lui expliquai mon immense intérêt pour tout ce qui concernait les Indiens. J'eus beaucoup de mal à lui faire comprendre la conception fort peu américaine que j'avais des rapports entre les peuples et elle eut beaucoup de mal à me croire lorsque je lui affirmai que, pour moi, il n'existait pas de différence entre les hommes, tous les hommes, d'où qu'ils soient et quelle que soit la couleur de leur peau.

– C'est beau, admit-elle enfin avec quelque chose comme de la rêverie dans le regard. Ce serait bien si on pouvait penser comme ça, par ici.

Puis, tout à coup, comme elle savait si bien le faire, elle bondit sur moi, me prit les cheveux des deux mains, prête à tirer.

– Les hommes, tu dis ! Et les femmes ? Non ? Les femmes, tu n'en parles pas ?

Gentille diversion, façon tendre de passer à autre chose qui me permit de lui démontrer, exemple à l'appui, que nos couleurs de peau, bien que différentes, pouvaient parfaitement s'harmoniser !

Nous prolongeâmes longuement cette conversation. Mon intérêt totalement gratuit pour les Indiens la sidérait. C'était là un comportement tellement différent de ce à quoi elle était habituée.

– Tu sais, me dit-elle un soir, tu n'es pas le premier Blanc avec qui je couche. J'ai pris mon plaisir avec des Blancs, mais je savais très bien que ce n'était que physique, qu'il y avait dans nos têtes quelque chose qui nous séparerait toujours. Et, après, ça s'est toujours passé de la même façon. Je me faisais honte, j'avais l'impression de n'avoir été qu'un objet, qu'il m'avait salie... Jusqu'à la fois suivante...

Elle s'exprimait avec une franchise totalement désarmante.

– Chaque fois, je m'en voulais, reprit-elle. Je me faisais l'impression d'être une traînée. Et puis, la vie... L'envie de vivre. Une autre rencontre et, quelquefois, c'était moi qui commençais...

Que répondre à ça ? Je détournais la conversation. J'essayais de minimiser en elle cette étonnante sensation de culpabilité qui lui venait du mépris des autres. Il me fallut longtemps pour comprendre qu'en fait, elle y attachait assez peu d'importance. C'était ainsi ; elle et ses compatriotes devaient vivre pour l'éternité dans ce sentiment d'infériorité qu'ils ressentaient malgré eux.

Ce fut presque incidemment que je lui fis le plus grand plaisir qu'elle pût imaginer. Plusieurs fois déjà, en réponse à son immense envie de comprendre à quoi pouvait bien ressembler un village du Morvan, au cœur de cette France si lointaine et qui l'intriguait tant, je lui avais demandé de me parler de son village et de sa tribu. Elle le faisait avec enthousiasme. Je m'étonnais toujours de tout ce qu'il y avait de lumineux dans son regard dès lors qu'elle parlait de ce coin perdu dans la forêt, au bord d'un lac, au nord-ouest de Chibougamau, dont elle précisait pourtant elle-même qu'il se signalait surtout par sa misère.

– Tu m'y emmènerais ?

Cela me vint spontanément bien que je fusse persuadé, sans trop savoir pourquoi, que c'était hors de question. Je vis son visage s'illuminer.

– Tu parles sérieusement ? me demanda-t-elle.

– Bien sûr, que je parle sérieusement. Tu m'y emmènerais ?

– Tu sais, ce n'est pas le luxe.

– Qu'est-ce que ça peut me faire ?

Elle me considéra un long moment en silence. Elle devait peser le pour et le contre. Je me mépris un peu.

– Tu crois que je ne serai pas le bienvenu, c'est ça ?

Son rire fusa comme une sorte de grande corolle pleine de couleurs.

– Si tu n'es pas sage, ils te mettront au poteau de torture, c'est simple !

Nous étions assis sur mon canapé, dans le minuscule salon de mon appartement. D'un bond, elle fut sur moi, m'enserrant le cou de ses bras.

– Si tu veux, je t'emmène. Si c'est moi qui t'amène, ils t'accueilleront à bras ouverts. Seulement... Tu sais, quand je dis que ce n'est pas le luxe, il faut me croire. C'est même la misère. Je ne sais pas si tu apprécieras...

19

C'était peu de dire que c'était la misère. Dans ce village de tipis couverts de films plastique, de cabanes en bois au toit de tôles rafistolées, aux rues dont le gel et la neige, s'ils nous évitaient d'y patauger, ne parvenaient pas à dissimuler qu'elles n'étaient que des passages d'habitude, de vagues fondrières, mi-cheminements, mi-égouts à ciel ouvert, j'ai compris ce qu'était la différence entre les autochtones et le peuple de nantis que nous étions. C'est là que m'est apparu le sens de ce sourire mi-narquois mi-amer qu'ils arborent lorsque nous entendons faire le tri, parmi nous, les Blancs, entre ceux qui savent et ceux à qui on ne peut rien reprocher puisqu'ils ignorent.

Maintenant, je savais. Maintenant, ils m'avaient fait le coup de l'extraordinaire gentillesse de leur accueil. Nous avions eu bien du mal, Nancy et moi, à bord de mon vieux pick-up Ford, à rejoindre leur village desservi par une piste étroite encombrée de congères. Lorsque nous sommes arrivés, nous avons été accueillis par une véritable délégation qui nous a conduits jusqu'à la cabane la moins pitoyable, en tout cas la mieux protégée du froid, où ils n'ont consenti à nous laisser entre nous qu'après avoir remué le ciel et la terre de leur pauvre univers pour que rien ne nous fasse défaut. Ce n'était d'ailleurs qu'un début. Dans la foulée, le relais a été pris par la famille de Nancy. Pour fêter la fille revenant au pays, mais surtout l'homme blanc qui l'accompagnait, on a mis les petits plats dans les grands.

D'abord, un peu effaré, j'ai cru à une sorte de vilaine mascarade. On ne voulait rien m'épargner. Pour une fois qu'on tenait un Blanc, il fallait qu'il voie tout, qu'il sache tout, qu'il ne puisse plus jamais dire : « Je ne savais pas. » Il a fallu un certain temps et toute la persuasion de Nancy pour que je finisse par admettre que leur souci méticuleux de me faire découvrir le moindre détail de leur existence n'était rien d'autre qu'une façon très belle d'honorer le visiteur.

Nous séjournâmes deux semaines dans ce village d'Indiens Cris. Rapidement, quand je fus parvenu à dépasser cette première réserve, je m'y sentis parfaitement à l'aise et pris un réel plaisir à les suivre dans toutes les activités auxquelles ils me conviaient. On m'entraîna à la chasse. L'un d'eux m'emmena relever ses pièges. Comme eux et avec eux, je passais des heures assis ou accroupi sur la glace du lac, au bord du trou dans lequel j'agitais doucement la ligne et le gros hameçon à cuillère qui la terminait.

Quelques jours leur furent nécessaires, à eux aussi, pour admettre que je prenais un réel plaisir à participer aux veillées. Certes, j'eus tout le loisir de mesurer les dégâts qu'y faisait, chez certains, une consommation d'alcool effarante. Au-delà de cela, il y avait pourtant, dans ces assemblées bon enfant, bruyantes, pleines de rires et de jeux, une spontanéité juvénile qui eut tôt fait de me séduire. Ils étaient exactement comme des adultes que n'aurait pas guindé l'apprentissage de ce que nous appelons les bonnes manières, mais qui, malgré leur âge, n'auraient rien perdu de la fraîcheur des enfants. Aucune contrainte, aucun tabou réducteur dans ces cercles d'hommes et de femmes serrés autour d'un vieux poêle à bois chauffé à blanc, installés sur quelques peaux de bêtes ; pour autant, pas un geste déplacé, pas le moindre petit acte dont les autres auraient pu se sentir gênés.

Les premiers jours, ils se serraient encore plus pour me laisser une place qu'ils voulaient d'honneur. Si Nancy n'avait pas été là, je m'y serais senti bien isolé. Nous n'eûmes d'ailleurs aucun mal à faire fondre comme neige au soleil cette dernière distance qu'ils avaient cru devoir respecter entre eux et moi.

Après cette expérience, j'aurais été bien en peine de définir clairement ce qui désormais m'attachait à ces gens-là. Avais-je même conscience de l'existence de ce qui devait se révéler, avec le temps, comme un véritable et très solide lien ? Il m'est arrivé qu'on me reproche un côté boy-scout, saint-bernard disent certains, qui, à ce qu'il paraît, me fait me ranger auprès des plus mal lotis et prendre systématiquement leur défense. J'ai beau chercher, je ne crois pourtant pas que ce soit quelque forme de pitié mal venue qui m'ait poussé à transgresser gravement le parti pris de distance et de mépris derrière lequel les Blancs d'Amérique dissimulent leur mauvaise conscience à l'égard des autochtones.

Certes, déjà, c'était la conscience aiguë de l'injustice qu'on leur faisait subir qui m'avait rendu insupportable la guerre qu'on m'avait fait mener contre les populations des pauvres douars des Aurès. J'ai toujours été ainsi. Il n'est pas d'ambition ou de réussite qui pourra me faire oublier que je suis, d'abord et pour toujours, un paysan du Morvan qui se sent naturellement plus d'affinités pour le petit peuple que pour ceux qui s'en sont éloignés.

Je pense que mes hôtes indiens l'ont compris ainsi. Ces gens, écartelés entre leur culture traditionnelle que l'intrusion des Blancs ne leur permet plus de vivre en paix, et le monde moderne auquel ils ne peuvent ni ne veulent s'intégrer totalement, ont tout de suite su qu'il n'y avait aucune curiosité dans ma démarche envers eux, mais bien plus la quête d'une forme de solidarité qu'ils ont acceptée en l'état.

Durant ces quelques jours passés parmi ce petit groupe d'Indiens Cris, dans leur village de misère perdu, loin de tout, dans le froid, la neige et le gel de la forêt canadienne, je me suis senti tout simplement bien. Je n'en ai pas pris la mesure sur l'instant. Ce n'est que bien plus tard que j'ai réalisé avoir retrouvé là, parmi eux, une forme de bonheur paisible que je n'avais plus ressenti depuis mon adolescence et qui me manquait.

L'essentiel fut pourtant le nouveau regard que cette brève aventure m'amena à poser sur ce que je faisais de ma vie, depuis cette étonnante et rapide promotion qui m'avait propulsé au rang de membre de la corporation des pilotes de brousse. Les événements avaient fait de nous des sortes de chevaliers des temps modernes d'autant plus imbus de leur apparente supériorité qu'on leur attribuait facilement une capacité presque surnaturelle à affronter des dangers dont ils contribuaient à entretenir la légende. Et puis, surtout, sans eux, on savait bien que rien de ce qui s'entreprenait là n'aurait pu se faire.

Une caste ! Nous étions une caste à part, et la plupart d'entre nous, mon ami le Grand Jacques en tête, veillaient jalousement à ce que les avantages et les privilèges qu'ils estimaient y être attachés soient respectés. Je n'étais pas autrement que les autres. Nous étions jeunes, nous vivions bien et nous n'entendions pas que cela cesse ; quoi de plus humain ?

Je me fis vite remarquer et cataloguer en ajoutant à toutes ces libertés que nous revendiquions celle de porter une grande amitié aux autochtones et à préférer leur compagnie, chaque fois que l'occasion s'en présentait, à celle de tous les « chefs » blancs que nous rencontrions. Pour la plupart, mes collègues, sans aucune prétention, s'amusaient beaucoup des façons pour le moins cauteleuses qu'avaient ces petits responsables de camps ou de chantiers de les courtiser et de leur fierté puérile lorsqu'ils pensaient pouvoir se prétendre leurs amis. Ils laissaient ainsi s'établir des réseaux de relations infiniment complexes qui calquaient sur ces déserts et à leur échelle les coteries de la ville qu'ils avaient été les premiers à vouloir fuir ! J'étais le seul à m'en préserver le plus possible et me taillai vite une réputation d'ours et d'original plus ou moins fréquentable, dont, à vrai dire, je me souciais peu.

Les choses se passèrent trop vite et trop naturellement pour que je saisisse à quel point ce tout premier contact avec une authentique société autochtone allait influer sur le cours de mon existence. Revenu à Roberval, je terminai mes congés en partageant mon temps entre de longues randonnées en raquettes sur les chemins de la région et d'interminables lectures au coin du feu de l'appartement de Nancy, où elle venait me rejoindre tous les soirs en sortant de son travail.

Ces deux semaines dans le village de sa tribu n'avaient pu que resserrer les liens qui nous unissaient. Nous y avions vécu quelques jours de parfait bonheur. Je reste pourtant convaincu aujourd'hui que Nancy ne s'est jamais bercée d'illusions. L'instant présent était idyllique, nous nous en régalions. Cela n'allait pas plus loin.

Pour ma part, je ne me posais même pas la question. Les jours passant, je ne dissimulais rien de l'impatience grandissante qui me tenaillait de reprendre mon manche à balai. Elle dut être parfaitement consciente de ce rival qui, c'était sûr, allait m'écarter d'elle. Elle n'en laissa pourtant rien paraître.

Lorsque mon congé fut terminé, je me présentai à la base des hydravions où on ne me fit pas mystère du plaisir qu'on avait à récupérer un pilote. L'hiver était loin de sa fin et, par conséquent, les camps et les chantiers restaient vides, mais il se passait des tas de choses dans le Nord et les quelques rares collègues disponibles ne suffisaient pas à la tâche.

Bien que nous ayons à assumer les missions qu'on nous confiait sans nous mêler des raisons les motivant, il était de plus en plus évident qu'on se préparait pour le grand jour, celui où serait annoncée officiellement la mise en chantier du complexe hydroélectrique de La Grande. Il arrivait pourtant de plus en plus souvent que nos services soient requis pour escorter du matériel ou des techniciens bien plus au nord. Nous savions que le gouvernement provincial s'investissait de plus en plus chez les Inuit, ce que l'on appelait encore les territoires du Nord-Québec.

Souverain depuis 1912 sur les immensités de toundra qui s'étendent au nord de La Grande jusqu'au détroit d'Hudson, le Québec s'en était royalement désintéressé jusqu'à ce que, au début des années soixante, la convoitise éveillée chez d'autres par les richesses colossales de son sous-sol l'incite à mettre les bouchées doubles pour rattraper le temps perdu et ne pas se retrouver définitivement distancé.

C'est ainsi que, à ma plus grande surprise et pour mon bonheur, je reçus un beau jour l'ordre d'accueillir à mon bord quatre hauts responsables de la Direction générale du Nord-Québec. Ils devaient, toutes affaires cessantes et malgré la saison qui se prêtait mal à ce genre d'expédition, rejoindre Kuujjuaq, une improbable localité embossée sur la rivière Koksoak, non loin de son estuaire, tout au fond de la baie d'Ungava. On la désignait encore couramment par son ancien nom, Fort-Chimo, ce qui ne changeait d'ailleurs rien au fait que je n'en avais jamais entendu parler. Ces messieurs, avec qui je sympathisai rapidement, auraient été probablement très étonnés d'apprendre que leur pilote n'avait, pour tout droit à les transporter, qu'un embryon de brevet auquel il manquait encore quelques sérieuses validations. Il y a, dans l'urgence, des impératifs qui font passer de tels inconvénients pour mineurs ! J'étais le seul disponible. On ferma les yeux en priant pour que tout se passe bien.

Tout se passa très bien, mais ce fut surtout pour moi l'occasion de découvrir enfin ce qu'est le Grand Nord, le vrai, celui des Inuit, des caribous, des ours polaires et de la toundra. Débarrassés de leurs flotteurs, nos avions avaient été équipés de train d'atterrissage mixtes, à roues et à skis, auxquels, fort heureusement, j'avais eu le temps de m'habituer avant cette mission. Il ne m'en fallait pas moins piquer droit au nord sur plus de mille kilomètres et ne surtout pas manquer, à l'arrivée, la minuscule manche à air qui devait être à peu près tout ce qui signalait la piste de Kuujjuaq. Ce fut, il est vrai, ma grande, ma très grande inquiétude durant tout le temps que dura ce vol interminable. Jusqu'à la vallée de La Grande, à un peu plus de la moitié du chemin, tout se passa bien. Je connaissais assez le pays pour que la neige et la glace qui le couvraient ne me désorientent pas trop. Au-delà, c'était l'aventure. Mais ce qui me captiva le plus, ce fut le changement de paysage. Rapidement, nous avons dépassé ce que l'on appelle la limite des arbres et nous n'avons plus eu sous nos ailes que l'infini d'un désert blanc que soulignait, de loin en loin, le coup de crayon noir d'une barre rocheuse ou les dégradés gris de quelques crêtes dépouillées de leur manteau de neige par la fureur des vents.

Comme je l'espérais, je réussis à attraper la vallée de la rivière aux Mélèzes. On me l'avait recommandée et je l'avais soigneusement repérée sur mes cartes. En faisant des vœux pour ne pas m'être trompé, je n'eus plus qu'à la suivre pour attraper la Koksoak, suffisamment imposante pour me rassurer et me diriger sur Kuujjuaq. A l'atterrissage, j'eus droit à la poignée de main chaleureuse de mes passagers qui ne se doutèrent certainement pas du plaisir qu'elle me fit !

Je devais les attendre sur place. Ils eurent à faire durant trois jours, ce qui me laissa tout le temps de circuler et de découvrir, pour la première fois, ce qu'était une communauté Inuit. Le village avait été créé à proximité d'une ancienne base américaine datant de la Seconde Guerre mondiale. Sans être dans l'état de misère que j'avais rencontré chez les Cris de la région de Chibougamau, ce n'était pas encore grand-chose que Kuujjuaq ! Les édifices administratifs, l'école et même l'hôpital affichaient déjà, par leur taille et leur qualité, les ambitions que l'on nourrissait pour cette agglomération appelée à devenir la capitale du Nunavik. A l'époque, elle n'était encore qu'un campement assez sommaire. Les match boxes et les constructions basses, sans fenêtre, plus ou moins rudimentaires, qu'habitaient les Inuit définitivement sédentarisés, voisinaient encore avec les campements de ceux qui n'avaient pas franchi le pas ou qui étaient en attente de logements en dur.

Deux églises, l'une catholique, l'autre anglicane, s'y tournaient le dos. De construction tout aussi modeste, elles voisinaient encore avec le comptoir de la Compagnie de la Baie d'Hudson que la « co-op », création des Inuit et éclatante matérialisation de leur esprit d'entraide, commençait pourtant à concurrencer sérieusement.

J'eus la chance de m'entendre expliquer cela très clairement par l'un de mes passagers, le soir même de notre arrivée à Kuujjuaq, au bar de l'auberge où nous logions. Le lendemain, en déambulant dans les rues enneigées du pays, j'avais ses propos à l'esprit. Je n'ai évidemment pas pu rencontrer grand monde durant cette escale trop brève, mais j'en garde tout de même le souvenir très fort d'une ambiance villageoise souriante et chaleureuse telle que je n'en avais plus connue depuis que je m'étais éloigné de chez moi. Ce n'étaient que des impressions, de fugitives sensations de bien-être auxquelles je ne pouvais pas rester insensible.

Il faisait froid, très froid, mais ce ne fut pas, et de loin, ce qui me marqua le plus. Je suis resté des heures dans la minuscule cafétéria qui jouxtait les rayons de la « coop », à siroter un de ces grands cafés au lait qu'on boit à la paille et dont ils avaient déjà pris l'habitude importée de Montréal ou de Québec. Seul, dans mon coin, plus ou moins caché derrière les pages d'un livre, je les observais. Je cherchais à discerner le sens de ce qui, dès le premier instant, m'avait surpris dans le spectacle pourtant banal de leurs allées et venues dans les rayons du magasin, à la caisse et là, autour de moi, entre les tables de la cafétéria.

Il y avait un étonnant contraste entre leurs silhouettes souvent râblées, engoncées dans d'épaisses tenues d'hiver dont n'émergeaient que leurs faces toutes rondes, joviales, immuablement éclairées de cet étonnant sourire qui est leur naturel, et l'espèce d'élégance presque chorégraphique avec laquelle ils se déplaçaient. Il me fallut longtemps pour comprendre d'où venait la différence. Nos gestes à nous, en pareille circonstance, sont dictés par la seule nécessité ; nécessité de s'approvisionner, nécessité de faire vite, nécessité d'en avoir rapidement fini avec une corvée incontournable. Le kilo de sucre ou la bouteille d'huile que je les voyais mettre dans leur caddie, exactement comme s'ils avaient fait ça toute leur vie, n'était qu'un prétexte pour se rencontrer, se côtoyer, échanger ; peut-être pour retrouver l'ambiance chaleureuse du clan que les plus jeunes d'entre eux n'ont pas connue. Je me régalais de les voir si bien ensemble.

Cela peut paraître d'une grande insignifiance. Et pourtant ! Peut-être avons-nous perdu quelque chose d'essentiel en n'attachant pas plus d'importance que cela à la simple qualité de nos cohabitations. Ne pas se sentir importun, ne pas se sentir importuné... Ne pas avoir à froncer les sourcils parce que la tête de l'inconnu avec lequel le hasard vous fait attendre à la même caisse d'un magasin ne vous convient pas. Sourire narquois du citadin prompt à brocarder la tendance des villageois à faire salon chez le boulanger ; solide détermination de ces derniers à ne rien céder de ce qu'ils savent, plus ou moins consciemment, être une valeur de convivialité.

Détail ! Ce fut pourtant là, dans cette minuscule et encore bien sommaire agglomération du bout du monde où j'avais quelques heures à perdre, qu'il me parut prendre toute son importance. Je n'eus aucun contact direct avec les Inuit. Je ne connaissais personne et personne ne se soucia de faire les présentations. Pourtant, cette impression d'étonnante et très forte cohésion entre eux devait me rester longtemps. Elle fut, en quelque sorte, un prélude à ma vraie rencontre avec ceux dont je partage désormais la vie depuis plus de vingt ans.

Je réalise maintenant que cette simple constatation, le spectacle tout bête de leur plaisir à se rencontrer aurait pu susciter en moi de la nostalgie. Sans m'en douter et sans y attacher la moindre importance, j'avais déjà connu pareille aisance. En redécouvrir le goût aurait pu me donner l'envie de retrouver la rue de village où j'y avais goûté dès ma plus petite enfance. A tout le moins, ces gens tout bonnement heureux de se côtoyer auraient pu faire renaître en moi la sempiternelle suggestion de cette lettre à mes parents, de ce lien rompu sans vraie raison avec mes jeunes années. Il n'en fut rien. Déjà, je crois, plus fort que tout, j'avais ce désir irrépressible d'aller au-devant de ces gens-là, de comprendre et de partager ce qui les faisait si souriants.

20

Nous l'attendions. Pourtant la nouvelle, lorsqu'elle nous parvint, nous fit l'effet d'un coup de tonnerre. Le 30 avril 1970, au cours d'un meeting monstre organisé tout exprès, Robert Bourassa, Premier ministre du Québec, confirmait le choix définitif de l'option hydroélectrique pour répondre aux besoins de la province en énergie, dans les décennies à venir. Il précisa même, quelque temps après, que le site gigantesque et particulièrement difficile d'accès de la rivière La Grande avait été préféré à celui de la rivière Eastmain, moins loin de tout mais offrant une capacité de production moindre.

Nous étions tellement impliqués dans cette affaire qui se préparait depuis près de dix ans que nous aurions pu n'y voir qu'une confirmation, une sorte de magistral satisfecit donné aux efforts que nous déployions tous depuis que, les uns après les autres, nous avions fait le choix d'y croire. Curieusement, il n'en fut rien.

Ce soir-là j'étais à Roberval. Les camps et les chantiers se réveillaient progressivement de leur long sommeil hivernal. Nous étions sur la brèche pour répondre aux demandes incessantes des responsables que l'on sentait fébriles. C'était comme une immense veillée d'armes. Déjà, imperceptiblement, une nouvelle ambiance s'installait. Aucun de nous, s'il en avait conscience, n'aurait commis l'énorme faute de savoir-vivre de l'admettre, mais nous sentions qu'une page se tournait, que nous ne tarderions pas à regretter.

C'est dans notre nature de voir le passé bien plus réjouissant que le présent. « C'était le beau temps, ma bonne dame ! » Là, pourtant, il n'était pas besoin d'être grand clerc pour comprendre que le premier effet de cette décision, annoncée à coups de trompes, allait être la mise en œuvre de moyen techniques colossaux auprès desquels nos petits hydravions feraient bientôt figure de pucerons. Nous venions de vivre une époque de pionniers, une de ces périodes rares qui jalonnent l'activité des hommes, où l'enthousiasme et la passion l'emportent sur toute autre considération. Au fond, au soir de ce 30 avril, chacun de notre côté, nous cherchions déjà le moyen d'échapper à l'amertume inévitablement ressentie par tous ceux que les circonstances de la vie placent ainsi durant un temps trop court au-dessus des contingences normales. La chute ne pouvait qu'en être plus dure...

Depuis l'entrepôt, je téléphonai à Nancy. « Ah bon », me dit-elle simplement quand je lui répétai ce que je venais d'apprendre. Son ton, pourtant, était sans la moindre illusion. Elle savait que cela sonnait aussi le glas de notre liaison ou, tout au moins, de ses plus beaux jours. Déjà, ma base était de moins en moins souvent Roberval. Je tournais beaucoup au départ de Chisasibi ou de Kuujjuarapiq. En quelques mois, depuis ma première équipée vers Kuujjuaq, j'étais devenu un habitué du Grand Nord. Elle savait la fascination qu'il opérait sur moi et combien il eût été vain de chercher à m'en faire revenir.

Ce soir-là comme bien d'autres fois encore, elle m'accueillit le plus gentiment et le plus tendrement du monde. Sans arrière-pensée, tout naturellement, elle me resta attachée aussi longtemps qu'il m'arriva de fendre les eaux du lac Saint-Jean du double sillon des flotteurs de mon hydravion. Mon premier soin, en débarquant, était de lui téléphoner. Elle fut toujours disponible et apparemment heureuse de me retrouver.

Elle ne m'écrivit qu'une seule fois. Une écriture fine, délicate, qui faisait de ses pages de vrais bouquets. Après bien des pérégrinations, sa lettre finit par me rejoindre à Kuujjuarapiq. Sur le même ton sobre et posé dont elle usait ordinairement, elle m'annonçait qu'elle allait se marier. Elle allait épouser un Indien Cri d'une tribu voisine de la sienne. C'était prévisible. Ça ne pouvait finir que comme ça. Je le savais, nous le savions, et même si nous n'en avions jamais parlé, nous savions aussi que là se situait la borne incontournable au-delà de laquelle nous ne pouvions plus rien être l'un pour l'autre.

Je n'en éprouvai pas moins beaucoup de peine, bien plus, peut-être, que si nous nous étions laissés aller à entretenir entre nous quelque illusion d'avenir. Je trouvais tellement injuste cette fatalité qui nous renvoyait implacablement dans deux mondes différents, et même concurrents. Je ne me posais pas la question de savoir si nous aurions pu vivre plus longtemps ensemble. Je me hérissais simplement à l'idée de cette barrière dressée entre son peuple et le mien, et de la façon qu'elle avait eue d'accepter qu'elle se referme un jour sur elle.

Je n'eus guère le temps de m'attendrir. Nous nous étions lourdement trompés lorsque nous avions craint que le lancement des travaux de La Grande soit le chant du cygne de notre profession. Malgré tout ce que nous avions pu en voir et tout ce qui avait été dit, nous n'imaginions pas l'importance qu'allait prendre cette folle entreprise. Certes, les ordres de grandeur avaient changé et les quantités phénoménales de matériaux à transporter allaient vite disqualifier nos petits coucous. Mais il y avait tant d'autres choses à leur faire faire ! Nos missions changeaient simplement de nature, et souvent de destination. Elles n'en restaient pas moins aussi nombreuses, plus encore peut-être, nous mettant sans cesse sur la brèche et nous permettant, vaille que vaille, d'entretenir le mythe auquel nous tenions tant, celui de la caste hors norme des pilotes de brousse.

Au début, à un rythme infernal et fréquemment au mépris le plus complet des conditions atmosphériques, il fallut transporter tout ce qui pouvait l'être sur le tracé de la route qui se dessinait entre Matagami et la rivière La Grande. Désagréable sensation de collaborer à la construction de ce qui un jour finirait par nous évincer. Qu'aurait-on à faire de nos hydravions lorsque les chantiers du nord seraient accessibles en voiture ? Déjà, une piste en dur accueillait un véritable pont aérien de bons vieux DC3 à proximité de ce qui allait devenir un des plus grands barrages du monde, à plus de mille quatre cents kilomètres au nord de Montréal. Ces vénérables rescapés de la dernière guerre ne pouvaient pourtant pas véhiculer les énormes engins de travaux publics, les transformateurs ou autres équipements lourds requis par les chantiers.

Il fallut en passer par d'étonnantes routes d'hiver que, incrédules, nous vîmes se dessiner sous nos ailes. Profitant du gel qui solidifie tout y compris les innombrables tourbières de la taïga, sur plus de six cents kilomètres, entre Matagami et les chantiers, des bataillons de travailleurs équipés de bulldozers n'ont pas hésité à tracer d'interminables pistes au revêtement de glace et de neige tassée, sur lesquelles se sont élancés des convois de camions chargés jusqu'à la gueule. Sur les rivières, quelle que soit leur largeur, ils ont créé d'incroyables ponts de glace. Travaillant par des températures de moins vingt-cinq ou moins trente degrés, ils déversaient de formidables quantités d'eau sur les rivières gelées. Ils parvenaient ainsi à obtenir des ensembles si résistants que les plus gros camions pouvaient passer sans risque... ou presque !

Un soir de printemps, rentrant vers Matagami, j'ai vu un de ces ponts, miné par la fonte, se décrocher brutalement du rivage et partir au fil de l'eau. Je n'ai eu que le temps de virer sèchement sur l'aile pour voir ces centaines, peut-être même ces milliers de tonnes de glace se fracasser et exploser dans un rapide. Nous étions captivés par l'importance des moyens mis en œuvre et par l'audace des hommes qui les géraient. Depuis longtemps passionnés par notre travail, nous étions maintenant pris dans un fantastique tourbillon de records à battre, d'improbabilités à matérialiser, d'impossibilités à nier. Ce fut une époque d'une telle intensité que nous n'avions plus, ni les uns ni les autres, d'autre préoccupation que de mener à bien la toute petite part que chacun de nous prenait à cette entreprise monstrueuse.

Je reverrai toujours la tête effarée de l'ingénieur qui occupait le siège du passager, à ma droite, lorsque, recru de fatigue, incapable de tenir plus longtemps les yeux ouverts, je lui ai fait le coup dont le Grand Jacques m'avait gratifié. Je lui ai passé les commandes et je lui ai dit : « Débrouille-toi. Tiens le cap. Ce n'est pas difficile. Moi, je vais dormir. » Et c'est ce que je suis allé faire sur quelques sacs de matériaux qui traînaient à l'arrière. Il m'a réveillé en hurlant comme un putois plus d'une heure après. On était en vue de Matagami et il était tétanisé sur son manche à balai à la seule idée de dépasser notre objectif sans rien pouvoir faire pour le rejoindre. A l'heure qu'il est, il doit en rire en racontant cette anecdote à ses petits-enfants, mais il doit bien se garder de leur dire à quel point il a pu avoir peur !

Nous sommes tous ressortis endurcis de ces années de galère librement consenties, mais sans la moindre amertume. Ceux qui auraient pu en ressentir n'étaient pas restés. Il y en eut, bien sûr, mais moins qu'on aurait pu le penser. Avant même de signer leur contrat d'engagement, ceux qui faisaient le choix de « monter dans le Nord » savaient à quoi ils s'engageaient. Rien à voir avec les périodes de misère dont la dernière en date, la crise de 1929, laissait le souvenir redoutable de grands chantiers dans l'esclavage desquels se perdaient des hordes de chômeurs. Dans le Québec des années soixante-dix, s'il y avait crise, c'était plutôt celle d'une main-d'œuvre insuffisante pour répondre à la boulimie d'une activité débordante. Sans cela, aurait-on fait si facilement de moi un pilote d'hydravion ?

On s'embauchait pour le Nord pour les salaires, certes, mais peut-être plus encore pour l'aventure. De quoi, bien sûr, nourrir pas mal de déceptions, mais jamais de drame. Ceux qui, une fois sur place, se rendaient compte qu'ils n'étaient pas faits pour ça pouvaient se replier dans le sud vers des emplois plus tranquilles.

Cela avait son importance et les promoteurs de ce gigantesque projet l'avaient très bien mesuré. Aussi nombreuse et disparate soit-elle, une troupe est plus facile à motiver lorsque chacun de ses membres fait de la réussite de l'entreprise une question d'honneur personnel. L'émulation fut certainement le moteur le plus puissant de toute cette affaire. Sans barguigner et sans voir passer le temps, nous y avons brûlé près de quinze ans de nos vies et notre plus grande souffrance fut, au terme de cet immense chantier, de voir peu à peu s'éteindre l'esprit pionnier, déménageur de montagnes mais peu enclin à se plier à quelque règle que ce soit.

Si nous nous étions trompés en prédisant qu'elle serait la fin de nos hydravions, nous avions vu juste en estimant que la route, dès qu'elle serait ouverte, serait la fossoyeuse d'une bonne part de nos libertés. Ces messieurs étant apparemment allergiques au confort très relatif de nos coucous, les règlements n'ont pas tardé à fleurir lorsqu'ils purent voyager depuis les grandes cités du sud jusqu'à nos campements rudimentaires, sur le siège arrière d'une voiture ! Cela, évidemment, n'alla pas sans quelques grincements de dents.

Bien que notre caste des pilotes de brousse, toujours aussi solidement campée sur sa prétendue différence, n'ait été que très indirectement concernée, nous ne pûmes ignorer le vent du boulet. Le temps des premières et folles expéditions depuis le lac Saint-Jean était révolu. Bien sûr, même après que la route eut été ouverte à la circulation, on nous rassura en nous énumérant les innombrables petits chantiers éparpillés sur un territoire plus grand que deux ou trois départements français, et qu'il allait bien falloir continuer à ravitailler. Ainsi nous ajouta-t-on des missions de plus en plus nombreuses à assurer vers les communautés Inuit du Grand Nord qui s'installaient.

Soit, nous ne risquions pas encore le chômage. Mais comment expliquer aux administratifs, auxquels nous avions désormais à faire, que le problème ne se résumait pas à une simple addition d'heures de vol ? Eux parlaient charge de travail. Nous n'avions pas les mots pour donner un poids équivalent à l'ambiance, à la liberté, à cette sensation grisante et qu'aucune planification ne pourrait jamais prendre en compte, d'être simplement maître de soi et suffisamment différent de l'autre pour ne pas avoir à craindre sa contestation ni même son point de vue.

Ce fut à partir de ce moment qu'on vit progressivement se dessiner parmi nous la démarcation séparant ceux qui commençaient à lorgner vers de possibles reconversions au sud, et ceux, moins nombreux mais plus résolus, pour qui il n'était pas question de quitter le Nord. J'étais bien sûr le plus résolu de ces derniers, non pas que, comme certains, je me sois posé la question de savoir ce que je pourrais bien aller faire dans le Sud, mais tout simplement parce que je n'envisageais plus de vivre autrement qu'au milieu de ces immensités et au contact des Inuit.

J'en reste effaré. Ni à ce moment-là, ni plus tard, au cours des années qui ont suivi, l'idée ne m'est venue de prendre la mesure de ce que j'étais devenu. Moi qui me suis laissé ballotter au gré de ses fantaisies pendant plus de dix ans, je suis bien placé pour maintenir que le hasard est le maître de nos existences. Je ne crois pas qu'il soit de destins rectilignes et s'il s'en trouve, au fond, je plains ceux qui les subissent. Au palmarès des plus chaotiques, le mien, convenons-en, serait tout de même assez bien placé. D'autant que, si, une fois, en Algérie, j'étais allé au bout de ma logique en désertant, depuis, comme si l'importance de cet acte m'avait dépassé, je n'avais plus fait que le subir. Jamais je ne m'étais rebellé, jamais je n'avais eu la moindre velléité d'influer sérieusement sur les événements.

Je n'avais même pas choisi de devenir pilote. Tout cela, en définitive, n'était que le fruit d'un jeu, d'une blague à laquelle le Grand Jacques et quelques-uns de ses amis avaient trouvé drôle de donner une suite. Je n'avais rien décidé, dans cette affaire. Il avait même fallu que l'un d'eux bataille à ma place pour qu'on me confie le manche à balai opportunément abandonné par le même Grand Jacques !

Or, depuis ce jour, sans même l'avoir recherché, je m'étais fait une réputation de cabochard, de décideur implacable à qui il était inutile de prétendre dicter ce qu'il avait à faire. On m'avait mis sur des rails. Il s'était trouvé que ceux-ci me convenaient. Je n'avais plus laissé à personne le droit de décider pour moi !

Durant toutes ces années de baroudage, il m'en est arrivé, bien sûr, des coups durs. Je ne compte plus le nombre de fois où je m'en suis sorti seul après avoir dû me poser au milieu de nulle part, sur de minuscules lacs sans nom, pour raisons d'éléments déchaînés ou de problèmes techniques.

Je me souviens de m'être trouvé en panne sèche au soir tombant alors que je tentais de terminer une mission beaucoup trop longue. J'ai réussi à prévenir je ne sais plus quelle base par radio, je me suis posé un peu à l'aveuglette et j'ai passé une bonne partie de la nuit à siphonner un bidon d'essence pas tout à fait vide que je rapportais au milieu d'autres matériels. Comme je ne disposais que d'un tout petit tuyau et, pour tout récipient, que d'une canette de bière, l'opération dura un certain temps !

Il n'empêche que, le lendemain matin, quand un hélicoptère d'un chantier pas trop éloigné, alerté par mes interlocuteurs de la veille, se précipita – probablement pas mécontent de faire, pour une fois, la démonstration de son utilité à l'un de ces maudits pilotes d'hydravions qui méprisaient copieusement les « ventilateurs » –, il fit chou blanc ! J'avais redécollé dès l'aube et ce fut à peine si mon moteur se remit à « ratatouiller », à nouveau à sec, avant que je coupe le contact, rendu à quai, à ma base.

Ne jamais céder ! Ne rien révéler de la moindre fissure qui aurait pu laisser transparaître la faiblesse que je savais présente en moi. J'en usais de même avec mes passagers, quels qu'ils soient et quelle que soit l'importance de leur fonction. Le bruit s'était vite répandu que mieux valait ne pas discuter mes décisions. J'eus tout de même, dans les débuts, quelques sérieuses altercations où je me montrais d'autant plus cassant et intransigeant que je savais la règle qui veut que le pilote soit le seul maître à bord, et peut-être plus encore parce que j'avais une trouille bleue de trébucher.

A ce petit jeu pratiqué pendant près de quinze ans, je me fis aussi rude et rugueux que je m'étais montré jusque-là malléable et sans véritable consistance. D'un extrême, j'étais tombé dans l'autre, ce qui, au fond, correspond bien à ce côté velléitaire de ma personnalité dont je n'ai jamais vraiment su me défaire.

Ce n'est pas par esprit de flagellation que j'en conviens, mais tout simplement parce que, ce soir, assis sur un rocher, derrière le restaurant au-delà duquel je ne me lasse pas de voir s'éterniser le crépuscule sur la baie enfin débarrassée de ses glaces, je te suis une fois de plus reconnaissant, Pasha, de m'avoir ainsi lancé sur la piste de moi-même. C'est fou tout ce que j'y lis, du bon et du moins bon. C'est fou tout ce que j'y moissonne de surprises et d'interrogations que j'engrange méticuleusement pour que, un jour, je l'espère, j'en obtienne quelques grains de ma propre connaissance.

21

L'autre jour, j'ai demandé à Josepi s'il se souvenait de notre première rencontre. Nous étions tous les trois au bar avec Alasi et nous bavardions tranquillement. Nous venions de solder les derniers comptes du séjour des touristes américains à la pourvoirie. Les heures de mon hydravion « nolisé [1] » comme ils disent pour l'occasion et les repas représentaient une somme relativement rondelette qui aurait bien fait mes affaires s'il n'avait pas fallu en déduire ma part de la « redistribution » offerte à tous les participants locaux de la fête du dernier soir. D'autant que ce rat de Josepi n'a consenti que du bout des lèvres à me faire une remise – ridicule – sur la viande de caribou et l'huile de phoque qu'il m'avait fournies. Heureusement que je l'aime bien, celui-là !

Alasi, seule dans son coin, avait encore fait le calcul méticuleux de tout ce que nous avions dû acheter. Bref, la somme finale, qu'elle a entourée d'un solide coup de crayon avant de me la glisser sous le nez, reste correcte. Ce n'est pas encore cette fois qu'on devra vendre, mais le luxe sera tout de même pour plus tard ! Au point où on en est...

---

1. Nolisé : terme typiquement québécois qui peut se traduire par « louer » ou « affréter » (un avion ou un bateau).

Allons, Alasi, ne fais pas la grimace. Ta machine à coudre, je trouverai bien un moyen. Peut-être qu'elle sera du voyage la prochaine fois que j'aurai à descendre dans le sud. Ça se trouve, des machines à coudre, à Matagami ou à Val-d'Or, non ?

Quand j'ai posé ma question, ils m'ont tous les deux regardé d'une drôle de façon. Au point que je me suis demandé où j'avais dit une bêtise. C'est tabou, la façon dont nous avons fait connaissance, Josepi et moi ? Pas que je sache. Ça n'a d'ailleurs pas duré longtemps, juste un regard appuyé, comme ça, et un rapide coup d'œil échangé. Vous croyez que je n'ai pas vu ? C'est d'ailleurs comme ça que j'ai compris. Ils sont tous les deux à me surveiller, à se demander ce qui m'arrive, pourquoi ces rêveries solitaires et puis, peut-être, quelques allusions à mon passé, comme si, brusquement, ça me tarabustait, moi qui n'en ai jamais parlé. J'ai fait celui qui n'avait pas remarqué.

– Alors ? Tu t'en souviens ou pas, de la première fois que tu t'es mis en travers de mon chemin ?

Il a éclaté de rire. Alasi, à côté de moi, souriait doucement avec l'air un peu gêné des gens qui sentent que des choses vont se dire qui ne les regardent pas. Plus discrète qu'Alasi, ça ne se fait plus.

– Si je m'en souviens !

Et moi donc ! Il y a de ça plus d'un quart de siècle, mais il me semble que c'était hier. La routine s'était installée. Le formidable chantier du complexe hydroélectrique de La Grande était entré depuis longtemps dans une phase quasi industrielle où l'aventure des premiers temps n'avait plus grand-chose à faire. Les escadrilles d'hydravions avaient fondu comme neige au soleil. Certes, il restait un grand nombre de petits chantiers éparpillés au nord-est de la vallée de La Grande et sur la Caniapiscau dont nous avions toujours mission d'assurer la logistique.

Au fur et à mesure que les choses se précisaient, nous avions ainsi été repoussés de plus en plus au nord et à l'est, dans les zones les plus perdues et les plus sauvages. Ce n'était évidemment pas pour me déplaire, mais beaucoup de pilotes, plutôt que de se résigner à la vie d'ermite qu'on nous faisait mener, avaient préféré renoncer, persuadés, d'ailleurs, qu'ils ne faisaient qu'anticiper l'inéluctable. Il y avait beau temps que nous ne descendions plus jamais au lac Saint-Jean ni même à Matagami. Quant à Radisson, dont on voulait faire le grand centre régional, ce n'était guère, en fait, qu'une cité de cadres, froide et impersonnelle, où nous n'aimions guère séjourner.

A force, je faisais presque figure de vétéran. Même le Grand Jacques, à qui je devais tout cela, avait disparu vers d'autres aventures. Je savais très bien qu'on se racontait le soir, à la veillée, la façon peu orthodoxe dont j'étais passé de l'état modeste de magasinier à celui ô combien prestigieux de pilote de brousse. Avec le temps, l'histoire s'était passablement enjolivée et prenait des allures d'épopée. On y ajoutait volontiers le récit de quelques hauts faits, réels ou imaginaires, de ma carrière. L'ingénieur à qui j'avais remis le manche à balai, histoire d'aller piquer un petit somme à l'arrière de l'avion, n'avait évidemment pas su tenir sa langue. Tout cela, revu, corrigé et augmenté d'années de bouche-à-oreille, finissait par constituer le fond d'une espèce de légende qui me collait aux basques.

Je laissais faire. Je me fichais totalement du curieux prestige dont cela prétendait m'auréoler. J'étais, en fait, bien trop indifférent à ce qui pouvait se dire ou se faire au sein de ces petites coteries de cadres et de pilotes qui se retrouvaient dans les cantines des campements. On m'y voyait peu. Certains prétendaient que c'était par morgue et prétention. D'autres, plus nombreux je crois, avaient compris que ces années de Grand Nord avaient usé chez moi jusqu'à la corde la sociabilité. Ils n'avaient pas tort en ce sens que je ressentais de moins en moins le besoin d'échanger et de fréquenter mes semblables. Mais bien peu ont réalisé que c'était en fait le monde des Blancs dont j'étais en train de m'éloigner, en même temps que je me laissais gagner par la passion de celui des Inuit.

Si j'ai souffert de quelque chose, durant ces années de Grand Nord, ce fut du peu d'occasions qu'elles m'ont données de rencontrer ces hommes et ces femmes chez qui nous allions et venions sans vergogne, en les ignorant totalement. Je ne faisais que pressentir ce qu'ils étaient. J'avais lu tout ce que j'avais pu trouver les concernant de près ou de loin. J'en gardais un sentiment très fort d'insatisfaction. Tout cela sentait trop le sensationnel ou le misérabilisme. On les haïssait ou on les encensait. On trouvait, dans ces livres et ces revues que je dévorais, autant de mépris que de passion ou de considérations plus ou moins anthropologiques et, en tout cas, totalement désincarnées. Les uns et les autres se contredisaient et laissaient en fin de compte plus de questions sans réponse. Même les rares occasions que j'avais eues de côtoyer quelques Inuit m'avaient laissé sur ma faim. Il y avait naturellement le barrage de la langue, rares étant chez eux, à l'époque, ceux qui s'exprimaient en français, mais aussi cette déconcertante distance qu'ils installent inévitablement entre le Qallunaaq et eux.

Le plus clair de la connaissance de l'univers inuit que j'acquis durant cette période me vint en définitive de mes passagers ! Je ne manquais pas une occasion de me faire affecter une mission à destination de ces improbables villages inuit qu'on créait de toutes pièces sur le littoral est de la baie d'Hudson comme sur le détroit d'Hudson ou sur la baie d'Ungava. Il y a là un territoire plus grand que la France ayant si peu d'habitants que tout le monde s'y connaît.

J'avais vite repéré quelques-uns de ces Blancs qui avaient fait carrière dans ce qu'on appelait alors le Nord-Québec. Ces gens-là s'étaient littéralement pris de passion pour la société qu'était en train de créer les Inuit. Beaucoup d'entre eux s'étaient retrouvés là-haut par hasard. Jeunes fonctionnaires au début des années soixante, on leur avait proposé de devenir « agents des affaires sociales » chez les Esquimaux. Cela avait un petit goût d'aventure qui ne pouvait que plaire à ces gamins, pour la plupart à peine sortis de l'école. Comment auraient-ils pu savoir que les pays dont on leur annonçait les noms n'étaient guère constitués, à l'époque, que de deux constructions en dur, parfois trois ? Outre le comptoir de la fameuse HBC, la compagnie de la baie d'Hudson, il y avait l'église, soit catholique soit anglicane, à moins que, dans certains cas, les deux soient contraintes à une cohabitation sans le moindre esprit d'œcuménisme ! Certains de ces jeunes fonctionnaires, avant de s'occuper de leurs nouveaux administrés dont la plupart ne savaient même pas qu'ils avaient la nationalité canadienne, durent monter eux-mêmes leur maison arrivée en pièces détachées dans les soutes d'un cargo. Compte tenu de la brièveté de l'été arctique et de la rigueur de ses hivers, ils n'avaient pas intérêt à perdre de temps !

Tous ou presque se sont tellement passionnés pour leur mission et l'ont si bien réussie qu'ils ont fait carrière dans ce qui, progressivement, devait devenir l'administration autonome des Inuit du Nunavik. J'éprouve une profonde admiration pour ces gens qui ont voué leur vie à une cause et qui, maintenant, à mesure qu'ils atteignent l'âge de la retraite, savent céder leur place à de jeunes Inuit issus des écoles de Montréal ou de Québec.

J'ai vite sympathisé avec plusieurs d'entre eux qui avaient pris l'habitude de me retrouver aux commandes de l'hydravion les reconduisant à leur poste après un congé ou une mission quelconque à Montréal. Je passais la soirée chez eux. Mon insatiable curiosité les amusait. Heureux de sentir mon intérêt pour ce monde inuit, pour et par lequel ils vivaient, ils ne se lassaient pas de répondre à mes questions. C'est chez eux que j'ai pu côtoyer quelques Inuit et mieux apprendre à les connaître.

Tout se sait dans ce pays que l'on dit désertique. Josepi, avant de me rencontrer, savait-il à quel point j'étais curieux de sa nation et de sa culture ? Il n'y aurait là rien d'impossible bien qu'il n'ait jamais voulu en convenir. A la réflexion, c'est même probable, mais peu importe. Qu'il y ait eu ou pas une intention délibérée dans son geste ne change rien à l'affaire.

C'était un soir de printemps. Il faisait doux. On était dans ces jours où la nature, trop longtemps contrainte à l'attente, paraît vouloir exploser d'ardeur à rattraper le temps perdu. L'air était saturé d'indéfinissables fragrances qu'une brise imperceptible devait aller chercher au ras de toute cette végétation en plein développement et mélanger délicatement pour le seul plaisir de nos sens.

Au départ de Radisson, j'avais passé ma journée à faire le livreur d'un camp à l'autre. Je la terminais à l'extrême nord-ouest de ce gigantesque chantier, là où quelques techniciens étaient occupés à établir la déviation d'une partie des eaux de la Caniapiscau vers celles du bassin de La Grande dont elle devait augmenter le débit. Leur campement était dressé au bord d'un lac facile d'accès sur lequel je posai mon hydravion alors que le soleil disparaissait derrière l'horizon. Il n'y avait évidemment pas de ponton auquel accoster. J'amenai doucement mon appareil jusqu'au rivage et donnai juste ce qu'il fallait de gaz, au dernier moment, pour le faire s'échouer sur l'étroite plage de sable. Je restai prudemment aux commandes jusqu'à ce que les hommes accourus l'aient amarré, puis je sautai sur le flotteur de gauche et, mon petit bagage à la main, pris directement le chemin d'une douche que j'estimais bien gagnée.

Aujourd'hui encore et malgré ses énergiques dénégations, je suis persuadé qu'il l'a fait exprès. Il a tout à coup surgi devant moi, au point que nous nous sommes trouvés nez à nez. Bien sûr, il était hilare. Je l'étais nettement moins. Agacé, j'ai fait un pas de côté pour l'éviter. Il en a fait autant. J'ai fait un pas de côté dans l'autre sens. Il en a fait autant. Ce vilain petit jeu s'est bien prolongé une minute entière. C'est long, une minute, surtout quand on réalise, longtemps plus tard, qu'elle marquait le début d'une amitié qui dure encore.

Il a fini par s'arrêter, moi aussi. Nous étions toujours nez à nez. Sa face plate d'Inuk et ses petits yeux en amande rayonnaient de l'énorme jubilation que lui inspirait la situation. Il tendit soudain une main grande ouverte au-devant de la mienne. J'en fus d'autant plus surpris que ce n'est pas un geste spontané pour un Inuk. Je la saisis tout de même.

– Je m'appelle Josepi, dit-il solennellement. Tu verras, on sera amis.

Et il disparut aussi vite qu'il était apparu, me laissant sidéré au milieu du chemin.

Il ne se montra pas pendant le repas pris en commun sous la tente affectée à la cantine. Il avait dû aller se servir directement à la cuisine. Cédant à mes mauvais penchants d'ours soignant sa réputation, le dernier morceau avalé, je laissai rapidement mes hôtes à leurs inépuisables conversations du soir. J'en connaissais par cœur les sujets aussi peu variés qu'éculés, le principal restant l'objet de leur plus grand manque : les femmes, bien sûr, dont l'absence, durant toutes ces années, sur cette grande affaire d'hommes, leur valait d'être au centre de toutes les préoccupations et, par conséquent, de toutes les luttes, sans parler de l'hypertrophie des fantasmes !

Je préférai aller profiter de l'interminable crépuscule arctique, particulièrement doux et lumineux ce soir-là, à l'heure où mouches et moustiques oublient quelque peu leur rôle de tourmenteurs. J'avisai une vieille caisse posée cul par-dessus tête, un peu à l'écart, visiblement affectée au rôle de banc. J'allai m'y installer.

J'en étais encore à bourrer ma pipe lorsqu'il apparut. Il m'attendait. Traversant comme par hasard la cour du campement, il joua si bien la comédie que je crus un instant qu'il n'allait pas me voir. Il fallait évidemment que son regard tombe sur moi au dernier moment.

– Ah ben, tu es là ? parut-il s'étonner. C'est du bon ? ajouta-t-il avec un geste du menton sans équivoque.

Je lui tendis ma blague à tabac.

– Tu permets ?

Avant de s'asseoir, il extirpa de la poche de son pantalon un vieux brûle-gueule tout noirci. Je glissai un peu vers le bord de la caisse. Sans façon, il vint s'installer près de moi. Avais-je droit à un traitement de faveur ou agissait-il ainsi avec tout le monde ? Il avait une façon à lui d'abolir toute réserve, de se comporter comme si nous nous étions toujours connus, qui emportait tout de suite la sympathie. Il bourra sa pipe, l'alluma à un vieux briquet à essence, le nez en l'air et en aspirant avec une telle énergie qu'il fut vite environné d'un gros nuage de fumée bleutée. Puis il me rendit ce qui restait de mon bien. Il ne semblait guère pressé d'engager la conversation. Ou peut-être ne voulait-il pas qu'il soit dit qu'il avait fait le premier pas. Je préférai rentrer dans son jeu.

– Ça fait longtemps que tu es ici ? commençai-je prudemment. La dernière fois que je suis passé, tu n'y étais pas.

– Toi non plus.

Ce n'était pas, à vrai dire, la réponse à laquelle je m'attendais. Le regard toujours planté loin devant lui, au travers du nuage de fumée qu'il continuait de tirer de son brûle-gueule, il attendait que je me laisse piéger par ses paroles surprenantes. Je m'en gardai bien. Il finit par se tourner lentement vers moi. Ses yeux pétillaient de malice.

– Toi non plus, tu n'étais pas là, les dernières fois que je suis passé par ici, expliqua-t-il.

– Parce que tu n'es que de passage ?

Il dut estimer que le jeu du chat et de la souris avait assez duré. Il consentit à expliquer.

– Je suis guide, dit-il avec une petite pointe de fierté dans la voix. Ils m'utilisent comme guide. Tu penses, seuls ils sont incapables de s'y retrouver dans ce pays-là. Alors, pour dénicher sur le terrain ce qu'ils ne connaissent que sur leurs cartes, ils me paient.

– Tu sais lire les cartes ?

Il haussa les épaules.

– Bien sûr que je sais lire leurs cartes. Mais je ne les utilise pas. Je les laisse m'expliquer. Après, j'y vais et ils me suivent. C'est simple, non ?

L'évidence ! J'approuvai.

– Et ça fait longtemps que tu fais ça ?

Question anodine, sans autre raison d'être que d'entretenir la conversation. Je le vis pourtant se rembrunir.

– Trop, peut-être, dit-il sur un ton grave.

– Pourquoi ?

Il parut longuement chercher sa réponse. Le regard à nouveau figé sur les lointains qu'une nuit trop claire ne parvenait pas à fondre dans son ombre, il avait abandonné son habituel sourire. La fente étroite de ses yeux semblait s'être encore rétrécie en en éteignant l'étincelle malicieuse.

– Tu dirais quoi, toi, si on te payait pour travailler à ta propre destruction ?

J'en restai estomaqué. L'allusion était évidente, même si le développement restait à venir. C'était bien là ce qu'elle avait de désarmant. Exprimer avec si peu de détours ce qui, d'ordinaire, demeurait dans le domaine du non-dit, ne pouvait pas être l'effet du seul hasard. Jamais, jusque-là, j'avais entendu énoncer si clairement ce que les Blancs prétendaient ne pas exister et ce que les Inuit préféraient réserver à leurs propres débats. Je fis celui qui ne comprenait pas.

– Qu'est-ce que tu entends par là ?

Il me lança un rapide coup d'œil sans aménité.

– Tu sais très bien ce que je veux dire.

Ce soir-là, je n'en tirai rien de plus. Il détourna la conversation et refusa obstinément d'y revenir. Nous n'en restâmes pas moins longtemps assis l'un à côté de l'autre, entrecoupant nos brefs propos sans grande importance de longs silences méditatifs. Il avait quelque chose à me demander et il fallait bien que vienne le moment, mais je crois que, comme moi, il éprouvait un réel plaisir à laisser durer cet instant.

Que savait-il de moi ? Aujourd'hui encore, je n'en ai pas la moindre idée. Moi, je le découvrais, mais il est évident que nous prenions déjà la mesure de cette sympathie spontanée qui nous rapprochait et qui, depuis, ne s'est jamais démentie.

Quel courant est-il passé entre nous, cette nuit-là ? A quels signes, quels détails dont nous n'avons eu conscience ni l'un ni l'autre, nous sommes-nous reconnus ? Le voilà, le grand mystère de l'amitié dont je crois bon qu'il n'ait jamais été percé.

Bien insignifiantes étaient les chances que se croisent les chemins du fils du bourrelier morvandiau et celui du chasseur inuit. L'inimaginable s'est pourtant produit. Là où il aurait pu n'y avoir qu'indifférence et oubli, il y eut l'alchimie étrange de l'amitié.

– Tu vas où, demain ? finit-il par me demander.

– Demain, on charge quelques bricoles et retour direct à Radisson.

– A Radisson ?

Comme si c'était une surprise !

– Bien sûr. Où veux-tu que j'aille ?

Il prit un air rêveur.

– Radisson... dit-il comme d'autres répéteraient avec extase le nom de Venise. Depuis le temps... Ça doit être une vraie ville, maintenant.

Je commençais à le voir venir.

– Ça fait longtemps que tu n'y es pas allé ?

– Jamais... Je n'y suis jamais allé.

– Et tu as envie d'y aller ?

– Ben, pour dire...

– La ville t'attire ?

– Oh non ! Certainement pas. C'est comme ça, pour voir, rien de plus.

– Tu risques d'être déçu.

– Pourquoi tu veux que je sois déçu puisque je n'en attends rien ?

Le bon sens même ! J'éclatai de rire.

– Pourquoi tu ris ? s'étonna-t-il. Tu sais, nous, les Inuit, on n'est pas faits pour vivre avec vous, les Qallunaat. Chacun chez soi. Déjà, il faut bien qu'on se sédentarise. Tu crois que ça nous plaît ? Est-ce qu'on a le choix ? Mais au moins, qu'on reste entre nous. C'est tout ce qu'on demande. Alors, tu m'emmènes, demain ?

Ce n'était évidemment pas très réglementaire, mais qui viendrait me le reprocher ?

– Tu n'as plus de travail par ici ? tentai-je encore.

– Non. Ma mission est finie... jusqu'à la prochaine ! Ne t'en fais pas, ils savent toujours me retrouver. Et je sais bien qu'ils auront encore besoin de Josepi. Alors, c'est comme des vacances, des congés, comme vous dites.

– Et s'ils te rappellent ici ?

Ma question parut l'étonner.

– Eh ben quoi, s'ils me rappellent ici ?

– Comment tu reviendras ?

Ce n'était donc que ça ! Il eut de la main un geste d'indifférence.

– Comment je reviendrai ? Eh bien, à pied, pardi ! A moins que tu passes par-là avec ton avion !

22

Il fut évidemment profondément déçu par cette espèce de cité-dortoir qu'était Radisson. Il ne me l'avoua que bien longtemps après. Entre-temps, nous avions pris l'habitude, l'un comme l'autre, de nous renseigner sur nos pérégrinations mutuelles pour tâcher, lorsque l'occasion s'en présentait, de les faire coïncider. C'est ainsi que notre amitié naquit et se développa.

Il fallut pourtant que passent des mois, et même des années, pour qu'il finisse par accepter de revenir sur les propos amers qui lui avaient échappé lors de notre première rencontre. Autant que je m'en souvienne, la première des quatre centrales, la plus proche de Radisson, ne devait plus être très éloignée du jour où elle entrerait en service. Sans être aussi avancés, les travaux allaient bon train sur tous les autres chantiers, au point que nous avions l'impression d'être sans cesse repoussés vers le nord-est, de plus en plus loin vers le fond de la toundra, et de voir s'y réduire notre importance comme peau de chagrin. Nous étions déjà d'un autre temps. C'était là une réalité d'autant plus difficile à vivre que nous nous étions si longtemps complu à passer pour les véritables Pygmalion de cette fourmilière humaine éparpillée sur une des terres les plus inhospitalières qui soient.

Comme la première fois ou presque, nous nous étions retrouvés sur un campement de la Caniapiscau où on mettait la dernière main aux équipements qui allaient bientôt contenir un des plus grands réservoirs artificiels du monde. Ce soir-là, Josepi nous fit l'honneur de ne pas aller piquer son repas à la cuisine avant que nous nous installions autour de la grande table de la cantine. Je ne sais plus pour quelle raison, peut-être parce qu'il était là, peut-être parce que cet ingénieur fut plus rapide que moi, mais je ne m'éclipsai pas dès le repas terminé et me trouvai vite le nez dans une de ces magnifiques simulations en trois dimensions que les techniques les plus sophistiquées de l'informatique commençaient à vulgariser. L'ingénieur, qui avait écarté les assiettes, les verres et les bouteilles pour dérouler son encombrant document devant moi, n'en était pas peu fier. C'était une vue saisissante de ce que serait ce lac gigantesque lorsqu'il serait plein. Bien que très réservé quant à l'aspect technique de la chose, je ne pouvais qu'admirer la qualité de sa présentation. L'autre m'abreuvait de considérations dithyrambiques lorsqu'une voix s'éleva derrière nous.

– Un barrage à caribous !

C'était bien sûr Josepi. Il avait prononcé ces mots sans la moindre agressivité, simplement comme s'il énonçait une évidence. C'en était d'ailleurs une, je le découvris le soir même, mais, sur le coup, ce qui me sidéra fut la réaction exaspérée de l'ingénieur qui replia vivement sa carte et prétexta je ne sais plus quelle urgence pour s'éclipser. Je me trouvai tout bête face à un Josepi plus rigolard que jamais bien que je sente qu'il attachait beaucoup d'importance à ce qui venait de se passer.

– C'est quoi, un barrage à caribous ? m'étonnai-je.

Il eut un regard circulaire pour tous ces techniciens qui allaient et venaient autour de nous en affûtant déjà les grosses blagues et les rires gras de leur veillée.

– Viens, dit-il. On sera mieux dehors.

On y retrouva à peu près la même caisse retournée que celle sur laquelle nous avions fait connaissance. Nous nous installâmes. Je lui tendis ma blague à tabac. Nous restâmes silencieux tout le temps que dura le cérémonial des pipes à bourrer et à allumer. L'interminable crépuscule de l'été arctique étendait ses ombres translucides sur le paysage.

Le camp dominait la vallée de la Caniapiscau. Relativement peu profonde mais très large, elle prenait là, sous cette lumière grise, des allures de canyon empli de mystère. C'était comme si nous avions à nos pieds des gouffres obscurs, vaguement hostiles. Josepi prit encore le temps d'admirer ces immensités et, peut-être, d'y situer de mémoire ses points de repère, ses bornes, ses *inuksuk* qui, contrairement à moi, lui en faisaient un espace familier.

– C'est simple, dit-il, reprenant notre conversation au point précis où nous l'avions interrompue. A l'automne, les caribous traversent cette vallée vers le sud. C'est là que nous les chassons, quand ils doivent franchir la rivière. C'est là qu'ils sont le plus vulnérables. Par contre, on ne sait jamais quand ça va se produire, ni exactement où. Si on les manque, c'est surtout la nourriture qui va manquer. C'est la famine possible.

Il prévint d'un geste mes objections.

– Oui, je sais, dit-il. Aujourd'hui, ce n'est plus tout à fait comme avant. On ne dépend plus complètement de ces passages des caribous. Et puis, il y a les congélateurs. Mais qui te dit qu'il n'y a plus de clans d'Inuit nomades ? Qui te dit qu'on a tous accepté de se faire enfermer dans vos villages ? Et puis même, si on n'a pas envie de perdre nos habitudes, nos traditions ? On est des chasseurs, nous. On a toujours été des chasseurs. Pourquoi on changerait ?

C'est vous, les Qallunaat, qui allez nous faire changer ? Tu y crois, toi ? Et changer contre quoi ? Non, tu peux me croire, ce n'est pas demain que les Inuit accepteront de ne plus être des chasseurs.

– Oui, mais, le barrage... hasardai-je.

Il ne riait plus. Les coudes aux genoux, le regard toujours vrillé sur les lointains dont il suivait peut-être les pistes, il se laissait aller avec gravité à son discours.

– Ah, oui, le barrage ! feignit-il de se souvenir. C'est pourtant simple. La rivière La Grande coule d'est en ouest. Ils vont noyer toute la vallée, sur près de quatre cent cinquante kilomètres. C'est déjà bien avancé, tu le sais. Par où ils vont passer, les caribous, pendant leurs migrations du nord au sud à l'automne, du sud au nord au printemps ? Tu veux me le dire, toi, par où ils vont passer ?

M'étais-je jamais posé de tels problèmes ? J'eus un instant la tentation de les balayer d'un revers de main. Pouvait-on raisonnablement mettre en balance le passage archaïque de quelques caribous et les fantastiques prouesses technologiques que représentait la réalisation de ce gigantesque complexe ? Nous avions été si fiers d'y apporter notre contribution.

Le silence de Josepi et le poids du regard qu'il posait sur moi me firent réfléchir juste à temps. Je me souvins des villages de Tignes, d'Ubaye, de Savines, sacrifiés chez nous, en France, dans les années cinquante, aux nécessités de pareilles installations. Il me revint à l'esprit l'émoi suscité dans l'opinion publique par leur destruction. La voix de mon père s'éleva, qui disait gravement, penché comme tous les soirs sur sa TSF, aux heures des informations : « Les pauvres gens. Si ça nous arrivait ici... Qu'est-ce qu'on ferait ? Moi, je le dis comme je le pense, je ne crois pas que j'accepterais. »

Je me suis tourné vers Josepi. Nos regards se sont rencontrés.

– Et maintenant, qu'est-ce que vous allez faire ?

Ce que je ne savais pas, parce que je ne m'y étais pas intéressé, c'était qu'ils avaient déjà agi. Et avec quelle décision ! A dix ans de là, en découvrant l'ampleur du projet que les Qallunaat s'étaient bien gardés de leur expliquer, les Inuit et les Indiens Cris, sur les territoires de chasse desquels tout cela se passait, avaient tout bonnement intenté une action en justice contre le gouvernement du Québec qui refusait de prendre leurs droits en considération. Quatre fois, ils furent déboutés. A la cinquième, ils gagnèrent ! Ordre fut donné d'interrompre tous les travaux.

Même si elle ne tint que sept jours, ce fut une victoire mémorable et lourde de conséquences. Certes, le jugement fut cassé une semaine après avoir été rendu. Les travaux purent reprendre. Pouvait-on imaginer qu'un tribunal de Blancs donne droit plus longtemps à une poignée d'autochtones se dressant contre de tels intérêts financiers ? Pourtant, entre-temps, cinq jours exactement après le coup de tonnerre de ce jugement, Robert Bourassa, le Premier ministre du Québec, celui-là même qui, jusque-là, allait répétant que « les Cris et les Inuit n'ont aucun droit à faire valoir sur ces territoires », les invitaient à la table des négociations.

Elles durèrent deux années pleines. Les Inuit durent faire des concessions, mais, avec une rare ténacité, ils obtinrent assez de compensations pour que, dans le cadre d'une convention reconnue par tous, ils puissent enfin s'engager sur la voie d'une véritable résurrection de leur petite nation encore sous le coup des destructions engendrées par un siècle de commerce avec les Blancs.

Faute d'avoir pu faire revenir beaucoup de Québécois sur leurs préventions – pour ne pas dire plus – à l'égard des autochtones, le jugement de novembre 1973 avait tout de même eu l'énorme avantage de faire comprendre aux dirigeants de ce beau pays qu'ils ne pourraient pas faire l'économie d'une concertation avec eux. Plus encore peut-être, il avait fait comprendre aux Inuit que le temps était bien révolu où ils devaient baisser le front devant les Qallunaat. La confiance en eux qu'ils y ont gagnée est remarquable. Il fallait bien ça pour que, n'ayant pas d'autre choix, ils parviennent, comme ils sont en train de le faire, à passer en moins d'un demi-siècle d'une société première en pleine décadence à une organisation sociale et économique qui ne cède rien de leur culture, et s'en inspire même avec beaucoup de bonheur.

Josepi m'a expliqué tout ça à sa façon. Il m'a dit sa fierté d'appartenir à ce peuple qui avait si bien su relever la tête. Il a admis que de savoir ses vieux parents bien installés dans une match box de Kuujjuarapiq, avec des moyens de vivre raisonnables, était pour lui quelque chose d'important. Mais il a tout de même eu un geste du menton en direction de la vallée.

– N'empêche, a-t-il dit durement, il y a ça. C'est tout de même cher payé.

« Ça », bien sûr, c'était le barrage à caribous, les onze mille kilomètres carrés de parcours de chasse, les sanctuaires engloutis par les flots. Il y avait pourtant participé. Personne ne l'avait obligé à venir y travailler. J'eus cette réflexion sur les lèvres. Je réalisai juste à temps ce qu'elle pouvait avoir de maladroit. D'ailleurs, il l'avait lui aussi en tête. Il ne pouvait pas en être autrement. C'est probablement pour ça qu'il laissa s'éterniser un terrible silence. Nous en étions à l'heure de la nuit où, pour un moment très bref, s'établit une obscurité presque totale. C'était à peine si je discernais sa silhouette, à côté de moi. Plus que tout, je sentais son extrême tension. Je devinais le débat qui l'agitait. Aller plus avant, entrer dans les explications de l'ambiguïté de la situation dans laquelle il se trouvait revenait à se dévoiler, à me révéler des pans entiers de son âme. Il y a chez les Inuit beaucoup de fierté et de pudeur, ils répugnent souvent à se livrer. Par avance, je savais la belle preuve d'amitié qu'il me donnerait s'il allait jusque-là. J'en étais moi-même tendu comme une corde.

– Mon père ne voulait pas, prononça-t-il enfin.

Ce fut comme un profond soulagement. L'inconfort des interrogations qui me brûlaient allait prendre fin. Il allait parler. J'allais pouvoir répondre, poser des questions. Une porte s'ouvrait. Elle était restée si longtemps hermétiquement close. Des Inuit, j'avais tenté d'apprendre tout ce que j'avais pu, mais jusque-là, on n'avait jamais fait que me parler d'eux. « Ils... Eux... » J'aurais aimé : « Je... Nous... » Juste un paysage qu'on m'avait montré, sous un bel angle, certes, mais à distance. Jamais je n'avais pu pénétrer cette espèce de tour d'ivoire de la première personne, qu'elle soit singulière ou plurielle, dans laquelle ils semblaient protégés, hors de ma portée, à l'abri de leur mythe.

Jamais l'un d'eux ne m'avait tenu en suffisante considération pour prononcer à mon intention, comme Josepi venait de le faire, des mots aussi intimes, personnels que « mon père ne voulait pas ». Des mots qui, brutalement, à plus d'un quart de siècle de là, me renvoyaient à ma propre histoire. Moi aussi, je pouvais dire : « Mon père ne voulait pas. » Et je pouvais ensuite raconter tout ce qui avait découlé de ce refus. C'était, à l'évidence, ce qu'allait faire Josepi.

Vingt ans ont encore passé et je n'en finis pas de raconter, jour après jour, rêverie après rêverie, pour toi,

Pasha, au plus grand étonnement de ta mère et du même Josepi. Lui, ce soir-là, avait envie que je comprenne. Moi, aujourd'hui, je voudrais me comprendre. Au fond, la différence est mince.

– Mon père, reprit Josepi, tu comprends, il a connu les comptoirs, la Baie d'Hudson et Revillon. Il a vu comment ils profitaient de nous. Ils nous rançonnaient, ils nous rendaient dépendants d'eux. Et puis, surtout, il se souvenait très bien de la façon qu'ils ont eue de nous laisser tomber. Quand ils n'ont plus eu besoin de nous, quand la mode des fourrures est passée chez vous, ils sont partis, Revillon surtout, sans nous prévenir, sans nous expliquer, en nous laissant juste nos yeux pour pleurer et nos ventres pour avoir faim. Ça, la faim, je m'en souviens bien. Dans les années quarante, cinquante surtout. La faim, la misère, tu ne sais pas ce que c'est, toi. Ne cherche pas, va, ça vaut mieux comme ça. Je ne souhaite à personne de connaître. Mais la faim, la misère sans savoir pourquoi... Est-ce qu'il savait la mode, mon père, et que ça change comme ça, pour un rien, sans se préoccuper des conséquences, de la faim et de la misère de ceux qui la fournissent, la mode, ceux à qui on n'a pas dit que c'est fait pour ne pas durer, la mode ? Ceux qui voient leurs enfants et les vieux mourir de faim et de misère sans savoir pourquoi.

Une bonde venait de sauter. Son débit était rapide, haché. Tout ça, c'était enfermé, retenu depuis trop longtemps. Pourquoi avait-il choisi de parler ? Pourquoi à moi ? Il n'a jamais voulu vraiment s'en expliquer. J'ai dû me contenter de ce que j'en pense. Et ce que j'en pense, c'est que Josepi, déjà à l'époque, voyait arriver les temps nouveaux. Il avait compris que c'en était fini du nomadisme et de la précarité de la vie menée par son peuple durant quatre millénaires. La maladresse et la cupidité des Qallunaat avaient irrémédiablement brisé le fragile équilibre. Il n'y avait plus d'autre échappatoire que la fuite en avant, l'acceptation rétive de ce modernisme qui leur avait fait tant de mal jusque-là et dont ils continuaient de se méfier.

Il n'était évidemment pas le seul à raisonner ainsi. Lui, simplement, a profité des circonstances pour aller nourrir son immense curiosité au contact de ces Blancs avec lesquels il sentait bien qu'ils n'avaient pas d'autre choix que de se réconcilier.

– Mon père ne voulait pas, répéta-t-il. Il ne voulait pas que j'y aille. On nous avait dit que les Qallunaat payaient des Inuit pour leur servir de guides. Il suffisait d'aller s'inscrire à leur bureau, à Kuujjuarapiq. “ Ils n'ont qu'à apprendre à se guider tous seuls, puisqu'ils sont si malins ”, qu'il disait, mon père. A l'époque, on vivait comme on pouvait dans une espèce de cabane faite des restes abandonnés par l'armée américaine, après la guerre.

» On nomadisait déjà beaucoup moins. Il y avait juste les périodes de chasse où on filait, mon père et moi. Oui, on filait. Il fallait se cacher. Les agents des affaires indiennes ne voulaient plus qu'on y aille. Dans des coins, ils ont tué les chiens de traîneau. “ Maintenant, vous n'êtes plus nomades, qu'ils disaient. Vous n'avez plus besoin de chiens. ” Il les ont abattus à coups de pistolet, sous les yeux de leurs propriétaires. Les chiens, c'étaient eux... Ils disaient aussi qu'ils nous apportaient des maladies, nos chiens. Depuis quatre mille ans ou même plus qu'on vit avec eux, ça se saurait, non ? Et puis, qui c'est qui nous a apporté le plus de maladies, les chiens ou les Blancs ?

» Mon père et moi, nous entretenions une petite troupe de chiens à une demi-journée de marche de Kuujjuarapiq, au bord d'un lac. Nous avions construit une cabane minuscule où nous entreposions ce dont nous avions besoin pour les chiens et pour la chasse. On avait fait un grand chenil avec du grillage que mon père avait déniché je ne sais trop où. On se relayait pour venir s'occuper d'eux. Ils ne les ont jamais trouvés. Ils ne se sont même jamais douté qu'on avait toujours un attelage, le traîneau et tout le reste. Fin septembre, on filait chacun de notre côté, à deux ou trois jours d'intervalle, pour ne pas se faire remarquer. On se retrouvait à la cabane, et alors... à nous le bonheur !

» On vivait comme ça, comme les Inuit ont toujours vécu pendant près de trois mois. Comme eux, on faisait des caches dans lesquelles ont stockait la viande des caribous qu'on chassait. On rapportait juste les peaux. Et encore, on se débrouillait pour que ça ne se voie pas de trop. La viande, on allait la rechercher au fur et à mesure de nos besoins, durant tout l'hiver. Tu vois le cirque ! C'est pourtant comme ça qu'on a réussi à tenir le coup et même à aider bien du monde autour de nous.

» On s'entendait bien, avec mon père. On aimait partir à la chasse ensemble. Tu ne peux pas savoir. On n'avait rien, à peine nos carabines et quelques munitions qu'il fallait économiser, mais on vivait comme des rois ! Vous, les Blancs, vous êtes des enfants gâtés. La nature vous a tout donné. Du coup, vous avez cru que vous pouviez vivre en l'ignorant. Maintenant, vous n'en savez plus rien. Nous, ce qu'elle nous donne, c'est le peu que nous savons lui demander. Tu ne peux pas comprendre ça, toi, un Qallunaaq. Ce n'est pas parce que tu as un fusil que tu es le plus fort. Si tu ne comprends pas ça, tu es perdu. Notre bonheur, à nous, quand on est à la chasse, c'est de savoir à quel point nous sommes tout petits et de savoir nous en accommoder. Plus nous sommes modestes, au milieu de la toundra, et plus nous nous y sentons bien. Comme si nous faisions partie d'un tout immensément vaste dans lequel il n'est rien ni personne qui vaille plus qu'un autre.

» Seulement, mon père, quand je lui disais que ça ne pouvait pas durer, il entrait dans des colères noires. Je crois qu'il le savait, mais il ne pouvait pas l'admettre. Son temps à lui, c'était celui des nomades, de la tente l'été et de l'igloo l'hiver. Déjà, ne plus pouvoir circuler comme il le voulait, devoir subir cette cabane, à Kuujjuarapiq, c'était une vraie humiliation pour lui. Il ne revivait que lorsque nous filions avec les chiens. Alors, à son âge, comment aurait-il pu comprendre ?

» Il savait, bien sûr, qu'un jour je partirais. Il savait plus sûrement encore que ce jour-là, tout serait fini pour lui. Sans mon aide, plus question d'entretenir les chiens et encore moins de partir à la chasse. Il ne serait plus qu'un vieux bonhomme qui devrait par-dessus le marché dire merci aux Qallunaat quand ils lui apporteraient sa pension. Quand il a su cette affaire de guides qu'on recrutait, il a compris qu'il était arrivé, ce jour-là.

» Il ne m'en a pas voulu. Tu sais, chez nous, tout petits déjà, on laisse les enfants apprendre par eux-mêmes à mener leur vie. Ça vient du temps où elle était si précaire, la vie, que les parents ne savaient jamais s'ils verraient leurs enfants grandir. Alors il fallait qu'ils apprennent à se débrouiller seuls le plus vite possible. Et leur vie, eh bien, ma foi, ils en faisaient ce qu'ils étaient capables d'en faire. C'est pour ça que mon père ne m'en a pas voulu.

Josepi se tut. Il n'en avait évidemment pas fini. Je le sentais à cette espèce de tension qui ne le quittait pas et à cette fixité de son regard que je devinais, dans l'ombre, toujours planté au plus profond de lui-même.

– Des fois... dit-il, des fois, je me demande s'il n'aurait pas mieux valu qu'il ait raison...

23

Plus jamais Josepi n'eut devant moi de propos empreints d'une telle amertume. Il avait fait son expérience auprès des Blancs. Il était alors assez jeune pour avoir su se détacher de tout ce qui leur restait de leur vie de nomade et pour comprendre qu'il ne tenait qu'à eux que leur culture, dans l'existence qu'ils allaient devoir se bâtir, ne sombre pas pour autant.

La réaction fut étonnante. Lui comme beaucoup d'autres prirent le taureau par les cornes et se piquèrent suffisamment au jeu pour que la nostalgie soit vite effacée par l'enthousiasme qu'ils mirent – et mettent encore – à s'inventer de nouvelles raisons d'être heureux.

J'en sais quelque chose puisque c'est à avoir voulu les suivre que je dois d'être ainsi installé sur mon rocher habituel, à caresser mon chien, dominant cette grande bâtisse en bois qui a fait de moi un bien surprenant restaurateur et dans laquelle, surtout, j'héberge tout ce qui fait ma raison d'exister. A gauche, il y a le grand hangar de mon hydravion. Je sais que je vais devoir le sortir un jour prochain. J'attends la confirmation d'un ordre d'avoir à aller chercher des prospecteurs à Radisson pour les emmener tout en haut de la pointe d'Ungava, vers l'ancien village de Kiliniq, presque sur la frontière du Labrador. Bien sûr, quand je le leur demanderai, ils me répondront, comme toujours, que c'est juste pour des relevés, des études, des fois qu'il y aurait un peu de nickel par là-haut et je ferai semblant de m'en contenter. Comme si je ne savais pas où est le nickel ! On en trouve partout, tout au long d'une faille entre Puvirnituk et Kangiqsujuaq, là où j'ai déjà emmené des générations de prospecteurs, autour de la mine de Raglan. A force, ils ont fini par tout m'expliquer y compris que là-haut, sur la rive est de la baie d'Ungava, ce serait plutôt des diamants qu'on serait en train de chercher... et de trouver.

Ce n'est pas possible ! Plus désolé, plus inhumain que ce pays, ça n'existe pas. Et pourtant, il est d'une richesse colossale. Ici, on trouve tout ou presque. De l'or, du nickel, du pétrole bien sûr, et maintenant des diamants, sans préjudice, bien sûr, des énormes potentialités d'équipements hydroélectriques ! En découvrant ces terres et en sympathisant avec les Inuit, qui gardent de lui un souvenir ému, le vieux capitaine Bernier, en 1909, écrivait déjà qu'elles recelaient d'énormes ressources minérales. Il était d'ailleurs loin en deçà de la réalité. Il a été tellement peu pris au sérieux, du moins sur ce point-là, que le gouvernement du Québec s'est contenté de décréter en 1912 que tout cela était désormais de sa souveraineté. Il n'en a même pas informé les Inuit, et s'est totalement désintéressé de ses nouvelles possessions.

Il a fallu attendre plus d'un demi-siècle pour qu'il se réveille. Mais alors là, quand il a commencé à prendre la mesure du pactole, au début des années soixante, c'est peu dire qu'il a entrepris d'affirmer sa présence ! Plus de dix ans ont tout de même été nécessaires pour qu'il commence à admettre qu'il ne pouvait pas avoir les richesses minières sans les Inuit en sus. Et il a fallu tout ce temps pour que ceux-ci prennent la mesure du bénéfice qu'ils pouvaient tirer de la situation.

Au fond, c'est simple ! « Vous voulez nos richesses minérales ? » ont demandé les Inuit. « Fort bien », ont-ils repris lorsqu'on leur eut répondu par l'affirmative. « Eh bien, venez les chercher si vous le pouvez, mais payez-nous des royalties. Après tout, on est chez nous ! » J'expose là une vue tout à fait résumée, et qui n'engage que moi, de négociations qui durèrent des lustres et se prolongent encore. Elle résume pourtant assez bien, je pense, ce qui, en quelques années, a permis à ce petit peuple littéralement clochardisé et réduit à la plus noire des misères par les avatars d'un siècle de colonisation, de retrouver en lui assez de force pour reprendre son destin en main. On en est ainsi arrivé à la situation actuelle où, tout n'étant pas rose, loin de là, il peut tout de même proclamer : « Laissez-nous tranquilles. Laissez-nous nous gérer nous-mêmes. Nous sommes bien assez grands pour ça ! » Et il le démontre avec suffisamment de clarté pour qu'on le prenne au sérieux.

Le père de Josepi était du temps des affres de la colonisation. Josepi, lui, même s'il a pu avoir des doutes à certains moments, est de ceux qui ont pu relever la tête. Pour ceux-là, l'aventure est vite devenue assez passionnante pour qu'ils s'y jettent en balayant définitivement leurs dernières hésitations.

Nous nous sommes rencontrés alors que cette affaire était déjà bien engagée. Elle nous a laissé le temps de nous connaître et de sympathiser avant de nous séparer. Le temps des aventuriers des chantiers impossibles de La Grande était révolu. Venait pour Josepi celui de s'en retourner vers sa communauté et de participer à sa nouvelle organisation en mettant à son service tout ce qu'il avait appris au contact des Blancs.

Pour moi, venait surtout le temps de l'indécision. Depuis longtemps le plus ancien des pilotes de brousse, je fus aussi l'un des derniers. On n'avait plus besoin de nous. On nous le fit savoir avec autant de désinvolture qu'on avait su nous entretenir, durant des années, dans l'illusion de notre importance.

C'était prévisible. Ce n'en fut pas moins, pour moi, une terrible période de doute. Retourner vers le sud ? Je crois que l'idée ne m'a même pas effleuré. Qu'y aurais-je fait ? Chercher d'autres aventures à travers le monde, auxquelles mes antécédents de pilote auraient pu me faire postuler ? Ça devait se trouver. C'était d'ailleurs dans cette direction qu'avait disparu bon nombre de mes anciens collègues dont le Grand Jacques. Je pense qu'il m'aurait été possible de le localiser, de reprendre contact avec lui. Peut-être m'aurait-il aidé à reprendre une activité similaire à l'autre bout du monde. Je n'en ai pas eu la tentation. Je n'ai pas plus eu celle de regarder vers la France et le Morvan de mes origines. Là aussi, je crois bien ne même pas y avoir songé. La page était tournée... Du moins le croyais-je.

Mon seul désir était de rester dans le Grand Nord. Ce pays m'avait conquis. Je m'y sentais bien, presque chez moi. C'est le genre de chose qui ne se réfléchit ni ne se discute. Le tout, bien sûr, était de trouver quoi y faire. Or, que savais-je faire, hormis piloter un hydravion dont, apparemment, plus personne n'avait besoin dans la région ?

Comment ce projet rocambolesque a-t-il pris forme ? Je ne sais plus. Je ne l'ai pourtant pas inventé tout seul. Je me souviens simplement que lorsque j'ai appris que l'on commençait à parler de tourisme, j'ai tout de suite tendu l'oreille. Pas question, bien sûr, d'autocars de Japonais débarquant dans un pays qui, d'ailleurs, ne possède pas la moindre route. Il s'agissait déjà, à l'époque, de groupes d'Américains, de Canadiens ou même d'Anglais qui découvraient à peine les charmes de la chasse aux caribous en pleine toundra, ou de la pêche plus ou moins sportive le long de ses splendides rivières et dans ses innombrables lacs.

Je suis arrivé un tout petit peu trop tard. Je m'en suis longtemps voulu de ne pas avoir été le premier à y penser. Ces braves gens qui avaient les moyens de se payer de telles expéditions, il fallait bien les amener sur le lieu de leur chasse ou de leur pêche. Et quel meilleur moyen que l'hydravion ? En fait, j'ai voulu faire comme quelques autres qui, apparemment, ne s'en sortaient pas trop mal. Je n'avais simplement pas calculé qu'ils occupaient déjà toutes les places disponibles.

Quand ma société m'a licencié, j'ai proposé de racheter mon hydravion. On m'a regardé avec des yeux ronds, mais on n'a pas dit non. J'ai insisté. On a négocié. Ça a pris un certain temps, et puis on a fini par me proposer un autre appareil. Je le connaissais et savais bien que, sans être au bout du rouleau, il nécessitait une sérieuse remise en état. Après tout, je m'en sentais capable. Ce fut mon tour de ne pas dire non, mais de continuer à négocier. Je savais qu'ils possédaient un autre appareil du même type qui, lui, n'était plus en état de voler. J'étais allé l'ausculter en douce et j'avais acquis la conviction que, des deux, je pouvais en faire un tout à fait présentable.

Ce fut dur ! Mes états de service ne pesèrent d'aucun poids dans la balance pour leur en faire rabattre. Je ne m'en obstinai pas moins, en même temps que je raclais tous les fonds de tiroir des économies que j'avais réalisées en près de quinze ans. Compte tenu de nos salaires plutôt confortables et du peu d'occasions que j'avais eues de les dépenser, la somme était rondelette. Mais elle ne suffisait pas. Il me fallut en passer par un emprunt, certes relativement limité, mais qui, bien entendu, n'arrangeait pas trop mes plans, au moins pour les débuts de mon entreprise. Je finis tout de même par me retrouver propriétaire de deux hydravions, l'un pouvant encore voler à la rigueur, l'autre ayant abdiqué depuis longtemps toute prétention en la matière...

Je n'en ouvris pas moins un bureau à Radisson que je m'empressai de bombarder « agence de tourisme ». J'embauchai une secrétaire, l'installai au coin du téléphone, avec mission de prospecter à tout va, et je filai jouer les mécanos sur mes deux carcasses.

Les temps de vaches maigres commençaient. Bien sûr, mes collègues en « agences de tourisme » ne me firent pas de cadeau. C'était à prévoir. Je ne suis toujours pas convaincu que ma secrétaire, par ailleurs charmante, plutôt mignonne et ne sachant que faire pour m'être agréable, était bien la personne idoine pour mener une campagne de prospection. Toujours est-il que, l'autre n'étant plus qu'un amas de ferraille abandonné à la rouille, mon hydravion, le premier, celui donné pour être encore capable de prendre l'air, était comme neuf, repeint de façon magnifique aux couleurs de ma « compagnie » sans que j'ai pu toucher le premier de mes clients...

Cela dura assez pour que je commence à m'inquiéter. L'aventure aurait d'ailleurs pu s'arrêter là si je n'avais pas eu la chance de rencontrer un de ces types extraordinaires que j'avais transportés à Kuujjuaq, des années plus tôt, en plein hiver, alors que je ne savais même pas ce qu'était le Grand Nord. Il était dit que nous devions nous rencontrer à la mauvaise saison. Nous n'étions qu'en novembre, mais il faisait un temps de chien. Le vent, surtout, ne lâchait pas et accumulait de prodigieuses congères derrière le moindre obstacle s'opposant à sa course. Parce que je voulais continuer à y croire, j'avais consciencieusement démonté les flotteurs de mon appareil et les avais remplacés par le train mixte, skis et roues, pour le cas extraordinaire où se seraient présentés des amateurs d'expédition hivernale.

En attendant, m'en remettant à ma fidèle secrétaire qui n'aurait pas manqué de savoir où me trouver en cas de besoin, je tuais le temps avec quelques compères à l'auberge de Radisson. J'étais accoudé au bar quand, par le plus grand des hasards, je me suis retourné au moment où il traversait la salle en coup de vent. Il avait l'air pressé. Nous nous sommes pourtant reconnus presque instantanément. Il est venu me serrer la main. Je lui ai proposé de lui payer une bière. Il a refusé en me posant une main aimable sur le bras.

– Désolé, s'est-il excusé, mais vraiment je n'ai pas le temps. Ça aurait pourtant été avec plaisir.

Et il a filé. Dommage ! Je les aimais bien, ces quelques Blancs, fonctionnaires du Québec, qui ne s'en dévouaient pas moins corps et âmes pour les Inuit qu'ils aidaient avec une rare constance à émerger de leur temps de misère, à s'organiser et à se créer de vraies structures modernes. S'ils ont eu à se battre, ce fut bien plus souvent contre leurs propres administrations que contre les Inuit avec lesquels, au contraire, ils avaient établi une véritable complicité. Ils en parlaient avec une sorte de jubilation de bon aloi qui m'a toujours empli d'admiration. Au cours des nombreuses soirées d'escales que j'ai partagées avec eux, j'ai passé des heures à écouter leurs conversations et les récits passionnés qu'ils relataient de leurs entreprises et de la façon avec laquelle les uns et les autres s'étaient fait comme une religion de ne jamais rien considérer de ce qu'ils entreprenaient comme impossible.

J'aurais aimé retrouver, le temps d'une bière, cette étonnante atmosphère du Grand Nord en plein réveil qu'il m'avait été si facile d'observer lorsque je n'avais d'autre préoccupation que de transporter ces gens-là. Je commençais à mesurer ce que le souci des fins de mois allait parasiter dans la relation trop facile que j'entretenais jusque-là avec ce monde qui me captivait, loin, très loin de la rudesse des réalités matérielles. C'était là une sorte de brutal retour sur terre qui n'allait pas manquer de changer ma perception tout cela.

Cette rencontre trop fugace aurait pu être reléguée au rang des anecdotes vite oubliées, puisque sans suite. Le lendemain matin, pourtant, j'en étais encore à secouer la neige qui collait à la toile de ma parka, quand la sonnerie du téléphone de mon « agence de tourisme » a retenti. L'événement était rare. Je me serais bien précipité. J'affectai au contraire, par pure bravade, de n'y attacher aucune importance.

– C'est pour vous !

Cette enfant avait décidément une voix charmante. Le combiné dans une main, l'autre sur le micro censée empêcher qu'on entendît ma réponse dont, bien sûr, elle redoutait le pire, elle se tenait penchée au-dessus de son bureau. N'eût été son air désespéré, elle aurait offert un tableau des plus charmants !

– C'est qui ?

Elle eut une moue qui frisait la panique.

– J'sais pas...

– Demandez.

Mignonne mais vraiment trop godiche. La pauvre commençait tout de même à m'énerver, comme si c'était de sa faute si les chasseurs et les pêcheurs bourrés de fric de tout le monde anglo-saxon s'obstinaient à ignorer notre numéro de téléphone ! J'avais parfaitement conscience d'être ignoble, mais je savais aussi que, compte tenu de l'échec patent de la mission pour laquelle

elle avait été embauchée, de deux choses l'une : ou bien j'établissais entre elle et moi un tel barrage de rancœur qu'il y aurait répulsion définitive, ou bien... je ne répondais plus de mes actes ! A-t-on idée d'être si attirante quand on n'a plus rien d'autre à faire ?

– Alors ?

– Il dit que vous ne connaissez pas son nom, mais que c'est très, très important et très urgent. Il dit que vous vous êtes rencontrés hier soir au bar de la taverne...

– J'arrive.

Que me voulait-il ? Bizarrement, j'avais plutôt tendance à être méfiant. Peut-être la façon qu'avait ma secrétaire de me présenter tout ça. Il y avait trop de « très » dans ce qu'elle m'en avait dit.

Je pris tout mon temps pour suspendre ma parka au-dessus du film plastique que nous avions étendu sur la moquette de l'entrée. Je n'avais pas envie d'avoir à la payer lorsque je rendrais le bureau. Je me déchaussai, rangeai soigneusement mes bottes sur le même film plastique, mais hors de portée des gouttes qui s'échappaient déjà de ma parka, et me dirigeai vers mon bureau.

– Allô ?

J'avais assez bien réussi à donner à cette simple interjection le ton à la fois détaché et vaguement pressé que j'estimais nécessaire.

– Bonjour. Gérard Morinot à l'appareil. Vous ne connaissez pas mon nom, du moins je ne pense pas, mais nous nous sommes croisés hier soir à la taverne...

– Oui, bien sûr. Comment ça va, ce matin ?

Il ne releva même pas ma question.

– J'ai juste une question à vous poser. Je cherche à joindre votre société. Ils n'ont plus de bureau ici ?

Au diable mon ancien employeur et son bureau fermé depuis belle lurette. Je lui expliquai. Je le sentis très ennuyé.

– Un problème ?

– Oui, bien sûr. Pour tout vous dire, quand je vous ai croisé hier soir, j'étais persuadé que nous n'allions pas tarder à nous retrouver. J'ai même pensé que c'était une chance que vous soyez là.

– Ah bon ?

– Ma crainte était qu'ils n'aient pas d'avion disponible. Mais s'ils ne sont plus là...

– Vous cherchez un avion ?

Mon intérêt, évidemment, commençait à s'éveiller, même si, tout en lui parlant, je contemplais, au-delà de la fenêtre du bureau, un déchaînement d'éléments tel que je ne voyais pas bien pourquoi il continuait à paraître si pressé.

– C'est tout de même formidable ! s'emporta-t-il soudain. Avant, du temps des travaux de La Grande, il suffisait de lever le petit doigt, on avait tout de suite tout ce qu'on voulait. Maintenant, plus moyen de trouver quoi que ce soit !

– Attendez. C'est pour quoi faire ? Je peux peut-être vous dépanner.

Il ne devait pas être trop au courant de l'actualité locale. Il parut tomber des nues.

– Me dépanner ? Vous... Ne me dites pas que vous volez encore !

J'éclatais de rire avec beaucoup de suffisance. Est-ce qu'il avait besoin de savoir que cela faisait des mois que je cherchais de bonnes raisons de voler ?

– Si, bien sûr... quand le temps le permet.

– Vous travaillez pour qui ?

– Pour moi. J'ai mon propre appareil. Ça dépend ce que vous avez à faire. On peut en discuter, si vous voulez. Si ça rentre dans mon planning...

J'osais un regard rapide vers ma secrétaire et même un clin d'œil. Elle en piqua un fard à ma place ! L'autre, au bout du fil, était devenu fébrile.

– C'est quoi, comme avion ?

– Un hydravion. Exactement le même que celui dans lequel je vous ai transporté plusieurs fois. Il est monté sur skis.

– Combien de temps pour décoller ?

Là, il allait peut-être un peu vite en besogne.

– Aujourd'hui, ça m'étonnerait. Vous avez vu le temps ? Bien peu de chance que ça se calme avant demain. C'est pour aller où ?

Il y eut un silence. Ça devait cogiter vite et ferme, à l'autre bout du fil.

– Bon, j'arrive. Il est où votre bureau ?

Un peu surpris, je lui expliquai. Ce fut à peine si j'eus le temps d'une mise en scène suffisante pour suggérer, sur mon bureau, le grouillement d'affaires aussi nombreuses qu'importantes. Il était déjà là et j'eus bien du mal à le contenir sur notre film en plastique tant qu'il ne se fût pas débarrassé d'un manteau qui, pour être épais, ne m'en parut pas moins mieux adapté aux trottoirs de Québec-City qu'aux espaces battus de blizzard de la taïga.

– Un café ?

Il ne releva même pas.

– Il faut faire vite, très vite.

Il avait eu raison de venir. Par téléphone, je n'aurais jamais compris à quel point il était tendu, obsédé par un problème dont je n'avais absolument pas pris la mesure.

– Expliquez-moi.

– J'étais en mission hier à Kuujjuaq. Juste avant de repartir, j'ai appris qu'une gamine de quelques jours avait de gros problèmes cardiaques. Une malformation, à ce qu'on m'a dit. Ne m'en demandez pas plus. On m'a vaguement expliqué. Je ne sais rien de plus et ça n'a pas la moindre importance. Tout ce qui importe, c'est qu'elle doit être évacuée sans délai sur Montréal où on a de quoi l'opérer.

– Elle est où ?

– George River. J'ai tout essayé. Pas moyen de trouver un avion. J'ai prévenu Montréal et c'est pour ça que je me suis arrêté ici. Là-bas, ils sont assez grands pour se débrouiller. Je me suis dit que s'il existait un avion disponible, un seul, c'était ici, à Radisson que j'avais une chance de le trouver.

– On en est où ?

– A Montréal, bien sûr, ils n'ont rien trouvé. Et puis, de toute façon, faire monter un appareil capable de joindre George River, ça prendra trop de temps.

J'allais jusqu'à la carte du Québec que j'avais épinglée au mur du bureau. Ce qu'il persistait à appeler George River, en vieux routier du pays, c'était en fait Kangiqsualujjuaq, sur la rive est de la baie d'Ungava, un des points les plus difficiles à joindre. Un pays, par-dessus le marché, encaissé entre de hautes collines où il n'était pas toujours commode de se poser.

– Alors ? dit-il.

Pour la forme, je tordais le nez.

– Vous auriez pu trouver plus facile.

– On n'a pas choisi.

Je savais déjà, évidemment, que j'allais accepter. Il y avait bien toutes ces complications qui, dans le temps, n'étaient pas mon affaire. Il fallait que je les aborde, mais je ne savais pas par quel bout m'y prendre. Parle-t-on de contrat, d'assurance, d'argent, en pareille circonstance ? Lâchement, j'en conviens, je me tournai vers ma secrétaire.

– Préparez un contrat.

Et j'ajoutai obséquieusement à l'intention de Gérard Morinot :

– Vous m'excuserez, mais c'est indispensable.

Il eut l'honnêteté de ne pas me laisser m'enferrer plus avant.

– Je n'ai pas la compétence pour vous signer un contrat.

Ah ! On fait quoi, dans ces cas-là ? J'étais complètement désarmé et ça devait se lire sur mon visage. L'idée ne me vint même pas de l'importance de l'engagement qu'il me demandait sur la seule foi de sa bonne mine. Qui me disait, après tout, qu'il n'inventait pas toute cette histoire dans un autre but qu'il me cachait soigneusement ? Bien d'autres se serraient alarmés du fait qu'il ne pouvait même pas apposer sa signature au bas d'un tel document. J'étais si peu rompu à ce genre de négociations, je ne réalisai même pas que, en somme, j'allais tout jouer sur sa seule parole. En fin de compte, ce fut ma secrétaire qui nous sortit d'embarras. Elle prit la décision pour moi, repoussant ainsi de quelques blizzards la perspective de son licenciement !

– Peut-être, osa-t-elle, vous pourriez joindre à Montréal ou à Québec quelqu'un qui peut nous donner son accord ? Tout de même, on peut faire confiance !

Nous parvînmes à décoller en fin de matinée. Nous savions que la nuit nous aurait rattrapés bien avant que nous atteignions Kangiqsualujjuaq. Là-bas, ils étaient prévenus et avaient promis d'illuminer un bout de terrain sur lequel, à ce qu'il paraissait, nous pourrions nous poser. J'avais fait le plein des réservoirs. Je savais que nous n'avions pas de quoi revenir jusqu'à Radisson si la tempête nous empêchait de nous poser. Si tel devait être le cas, il nous resterait à espérer qu'à Kuujjuaq il fasse un peu moins mauvais, ce qui était loin d'être acquis...

24

Se jeter comme nous l'avons fait dans ce voyage était de la pure folie. Les conditions météorologiques, bien que conformes aux normales saisonnières, étaient épouvantables sur tout l'ensemble du Grand Nord. Je crois pouvoir affirmer que mon petit coucou fut, durant toute cette aventure, le seul à tenir l'air sur des milliers et des milliers de kilomètres.

Or, que savais-je de la fiabilité des réparations que je lui avait fait subir quelques semaines auparavant ? Le moindre petit pépin, qui n'aurait eu que valeur anecdotique à la belle saison où il est toujours possible de se poser sur le premier plan d'eau venu, aurait pris des proportions de catastrophe. Nous n'avions quasiment aucune chance d'en sortir vivants.

J'ai avoué tout cela à Gérard Morinot alors qu'il me fallait à tout prix parler, dire quelque chose, parler sans cesse pour ne pas m'endormir alors que nous revenions sur Radisson sans même être sûrs de pouvoir nous y poser. Il n'a pas bronché. Son casque sur les oreilles, le col de son manteau remonté, les mains au fond des poches, sur le siège du copilote, à ma droite, je le devinais qui faisait les mêmes efforts que moi pour ne pas céder à l'énorme fatigue qui nous écrasait. Il eut simplement un sourire en coin.

– Je n'en ai jamais douté, dit-il simplement.

– De quoi ?

– Que c'était de la folie. Votre coucou, dès le premier coup d'œil, j'ai bien vu qu'il était trop rutilant pour être tout à fait honnête !

Nous en avons bien ri et ça nous a aidés à nous détendre un peu. Je me suis retourné. Dans la lueur jaunâtre d'une veilleuse, l'infirmière qui veillait sur la minuscule couveuse et tout l'appareillage qui l'environnait, m'a adressé un pâle sourire. Elle ne savait pas pourquoi nous riions et ça valait mieux ainsi. Simplement, ça lui avait fait du bien d'entendre que nous en étions encore capables. Elle ne valait guère mieux que nous, mais je crois qu'elle était encore plus acharnée à tenir bon. La mère de l'enfant avait craqué. Elle dormait, roulée en boule sur une banquette, sous une couverture dont l'avait couverte l'infirmière.

La pauvre femme ! Son regard, quand je l'ai croisé pour la première fois, a été pour moi comme un véritable coup de fouet en même temps qu'un choc terrible. On y lisait toute son angoisse et son désespoir alors que commençait à peine à s'y rallumer une faible lueur d'espoir à laquelle il était évident qu'elle n'osait encore croire vraiment. Comme les autres, elle avait guetté dans la nuit arctique le bruit de l'avion se distinguant peu à peu des hurlements du vent. Comme les autres, elle l'avait entendu tourner au-dessus du village. A cet instant précis, la vie de son enfant ne tenait plus qu'à ce ronronnement obstiné qu'effaçait parfois l'injure d'une bourrasque plus violente.

La petite fille n'avait que quelques mois. J'ai su après que cela faisait des jours et des nuits que cette toute jeune femme, presque une enfant, veillait sans relâche à son chevet. Jusqu'à ce que l'infirmier du dispensaire de Kangiqsualujjuaq, enfin consulté, ait pressenti une malformation cardiaque grave qui ne laissait que bien peu d'espoir à l'enfant si une intervention chirurgicale n'était pas tentée dans les plus brefs délais.

Jadis, avant que n'existent ces villages et leurs équipements tout neufs, il n'y aurait pas eu d'autre alternative que le renoncement. La vie d'un enfant, alors, ne valait pas bien cher. On se serait résigné et l'affaire aurait été entendue. Maintenant, il y avait l'espoir. Une formidable énergie en naissait. Simplement parce que le hasard nous avait assigné un rôle parfaitement inattendu, dans cette cause qui n'était pas la nôtre, nous étions prêts à en dépasser les limites pour que ne s'éteigne pas cette petite flamme de vie.

Quelle épreuve ce dut être, pour cette jeune femme, que de nous entendre tourner en rond au-dessus d'eux sans jamais nous approcher. Atteindre la baie d'Ungava n'avait pas été chose facile. A plusieurs reprises, ballotté par les bourrasques, aveuglé par les paquets de neige qu'elles projetaient sur le pare-brise et que les essuie-glaces ne parvenaient pas à évacuer assez vite, j'avais totalement perdu le sens de notre position. Montions-nous ? Descendions-nous ? Les instruments eux-mêmes s'affolaient et comme je ne pouvais pas prendre trop d'altitude tellement le vent s'y déchaînait, je craignais toujours que nous nous écrasions sur la première colline un peu élevée.

La chance tourna un peu en notre faveur lorsque, dans une brève trouée, je pus entrevoir les lumières de Kuujjuaq. Au moins, je savais où nous étions. Je pris le risque de m'engager un peu au large où je trouvai, comme je l'avais espéré, des conditions moins chaotiques qui me permirent de m'orienter. Je parvins ainsi à atteindre l'embouchure de la George River parfaitement repérable lorsque la lune, entre deux nuages, faisait scintiller le paysage enneigé de toute sa lumière blanche. Mais dès que nous eûmes dépassé le littoral, la tempête reprit toute sa vigueur. Je savais Kangiqsualujjuaq là, tout près, au fond d'une anse. Il ne me fallait pas la manquer.

Ce fut du sol que me vint le secours. Quelqu'un veillait. Dans le silence d'un bureau, un Inuk tendait l'oreille, imaginant notre souci, tentant de faire le tri, dans la fureur des éléments déchaînés, des hurlements du vent et du vrombissement d'un moteur. Dès qu'il nous eut entendus, il nous appela. Le crépitement de la radio m'alerta. Fébrilement, me reprochant de ne pas y avoir pensé plus tôt, je la réglai sur la fréquence de Kangiqsualujjuaq. Légèrement brouillée par les parasites, la voix de cet homme, en faisant irruption dans nos casques, nous fit l'effet d'un miracle. Nous poussâmes tous les deux un hurlement de joie.

– George River, disait-il. Ici George River. Répondez-moi. Je vous entends. J'entends le moteur de votre avion. Je peux vous guider. Répondez-moi.

Il ne nous lâcha plus. A plusieurs reprises, nous pûmes entrevoir fugitivement les lumières du village et même celles, à proximité, qu'ils avaient disposées autour de ce qui devait être notre aire d'atterrissage. Mais je n'osais pas perdre trop d'altitude. Je savais le pays entouré de hautes collines sur lesquelles je craignais que le vent nous jette si, par malheur, une bourrasque un peu plus violente nous attrapait au moment où il serait trop tard pour que je puisse remettre les gaz.

Nous avons tourné en rond pendant plus d'une demi-heure. C'est long, terriblement long, une demi-heure dans de pareilles conditions. Puis l'homme en dessous de nous, à sa radio, nous a affirmé qu'on avait une petite chance d'accalmie. A quoi l'a-t-il devinée ? Je n'en sais fichtre rien, mais il est un fait qu'il avait raison. Alors que je n'y croyais plus, j'ai eu l'impression que mon avion rétablissait soudainement son équilibre normal. Il avait fini de nous secouer et glissait tranquillement droit devant lui. Je ne lui laissai guère le loisir de s'y reposer. La visibilité ne s'était pas améliorée pour autant, mais, toujours guidé par radio, je me dépêchai de venir prendre l'axe de ce qui devait être une piste et osai réduire les gaz en poussant légèrement le manche en avant. Ce furent là quelques secondes qui nous parurent une éternité. Nous plongions vers le sol sans rien savoir de ce qu'il y avait à quelques mètres en dessous de nous. Les lumières ne nous apparurent qu'au dernier moment. Nous allions encore un peu vite, mais je n'hésitai plus. L'atterrissage fut rude, mais sans casse.

Au moment où j'ouvris la porte du cockpit, une nouvelles bourrasque me l'arracha des mains. L'accalmie était déjà finie.

– Je reste aux commandes. Vous embarquez la gamine. Vous faites le plein et on repart.

La réponse de Gérard Morinot se perdit dans les hurlements du vent. Je ne sais pas comment ils ont fait pour réaliser tout cela en un temps qui me sembla étonnamment court. Rompus à ces conditions peu communes, des hommes s'étaient précipités vers l'avion et dès que je l'eus mis face au vent, ils parvinrent à passer des cordes au-dessus des ailes pour m'aider à éviter qu'il ne capote.

– On y va. Tout est bon ! me cria Morinot en claquant sa porte.

Je ne pus m'empêcher de m'étonner.

– Vous êtes sûr qu'ils ont fait le plein ?

– Sûr. C'est bon.

Il n'était plus temps de discuter. J'ai mis les gaz à fond et j'ai tiré sur le manche autant que j'ai pu. J'eus l'impression que c'était le vent à lui tout seul qui soulevait l'appareil et recommençait aussitôt à le secouer au point d'en faire craquer les jointures.

Nous avons retrouvé les mêmes conditions, un peu moins sauvages, au-dessus de la baie d'Ungava. C'est alors seulement que je me suis retourné et que j'ai vu ces deux femmes penchées sur une minuscule cage de verre. Une couveuse, je pense, ou quelque chose de similaire. Je n'ai jamais rien su de plus que ce que j'ai entrevu depuis mon poste de pilotage que je n'ai pas quitté pendant plus de quatorze heures.

Dans notre logorrhée, quand l'épuisement s'est abattu sur nous, j'ai tenté de renouer, avec Gérard Morinot, une de ces conversations que j'avais tant aimées, à l'époque où je les transportais, lui ou ses collègues, et où ils me faisaient rêver en me parlant des Inuit. S'est-il plié à mon désir ? Je serais incapable de le dire. Je n'ai rien retenu de tout ce que nous avons pu dire cette nuit-là, hormis son appréciation sur l'état de mon avion et l'aveu qu'il me fit des raisons qu'il aurait pu avoir de ne pas être là.

– Je rentrais sur Montréal, me dit-il quand je m'étonnai de l'avoir vu apparaître en manteau de ville à mon bureau.

– Vous rentriez ? Vous n'habitez donc plus là-haut ?

– Non, pour l'instant en tout cas. Vous savez, les fonctions évoluent, dans l'administration. Ils ont décidé que j'étais plus utile à Montréal qu'auprès des Inuit. Il a bien fallu que j'accepte.

– Ça vous manque ?

Il eut la pudeur de ne pas l'admettre. Il se contenta d'un hochement de tête et d'une moue qui voulaient tout dire.

– Vous y retournerez ?

– Sûrement, un jour, avec une autre fonction.

– Pour un toubib, il doit y avoir du boulot.

Il tourna vers moi un regard stupéfait.

– Toubib ? Moi ? Où avez-vous vu ça ?

C'était pourtant vrai. Je n'en savais rien, mais l'aventure dans laquelle il m'avait entraîné... Je m'étais dit... Au fond, qu'est-ce que je m'étais dit ? Rien du tout. Parce qu'il s'agissait d'un problème de santé, je m'étais simplement mis dans la tête qu'il était toubib.

– Mais alors, qu'est-ce que vous avez à faire avec tout ça ?

Il eut un petit rire de gorge amusé.

– Vous savez, là-haut, on fait tout. Moi, mon job, c'est de m'occuper de leurs villages, d'y faire construire les maisons, les bâtiments, les structures dont ils ont besoin. Croyez-moi, il y a de quoi faire !

Je n'en doutais pas, mais cela ne me disait toujours pas comment c'était lui qui avait dû se décarcasser comme il l'avait fait pour sauver cette gamine.

– C'est tout simple, m'expliqua-t-il. J'en étais tranquillement à mon petit déjeuner, hier matin, à l'hôtel, quand j'ai reçu un coup de téléphone paniqué d'un toubib, un vrai celui-là, de l'hôpital de Kuujjuaq. Il m'a raconté l'affaire en trois mots et il m'a dit : « Fais quelque chose. Tu as de l'influence. Toi seul peux la sauver. C'est une question d'heures. » Que vouliez-vous que je fasse ? Je vous l'ai dit. J'ai remué ciel et terre. J'ai averti tout le monde. Le méchant hasard a voulu qu'il n'y ait aucun avion disponible... sans parler des conditions météo. Heureusement que vous étiez là.

– Vous auriez pu me laisser y aller seul. A l'heure qu'il est, vous seriez dans vos pantoufles, à Montréal.

Il ne m'a pas répondu. Il y a juste eu ce sourire étonnant qui a inondé son visage crispé de fatigue. Nous n'étions pas encore à Radisson. Tout n'était pas encore joué, mais il était tellement évident que cet homme, quoi qu'il puisse encore advenir, était simplement heureux d'être allé au bout du possible.

Quand je me suis effondré sur mon lit, dans l'unique chambre de la petite maison que je louais à Radisson, ma dernière pensée, avant de sombrer dans le sommeil, a été qu'il devait lui-même dormir dans l'avion qui le transportait ainsi que la petite malade, sa mère et l'infirmière vers Montréal. Notre atterrissage s'était passé moins mal que je l'avais craint. Je ne me voyais pas recommencer à tourner en rond au-dessus des pistes de l'aéroport de La Grande comme je l'avais fait dans les bourrasques de Kangiqsualujjuaq. Nous eûmes simplement la chance de pouvoir nous glisser entre deux grains dont la violence était tout de même moindre que sur la baie d'Ungava.

Si j'avais été moins fatigué, j'aurais certainement apprécié à sa juste valeur l'honneur d'être piloté par la tour de contrôle jusqu'à la proximité immédiate d'un avion de ligne qui attendait moteurs en marche. Une ambulance vint se ranger contre mon appareil. Bien qu'il ne fût que de quelques mètres, le transfert se fit ainsi. L'infirmière m'adressa un signe de la main accompagné d'un beau sourire. La mère n'eut pour moi qu'un regard de bête traquée qu'elle parvint tout de même à éclairer d'une lueur que je pris pour le plus beau remerciement qu'elle ait pu m'adresser. Morinot me serra simplement la main. Il n'y avait plus rien à dire. Tout était dans son regard.

Nous ne savions pas encore, ni l'un ni l'autre, que l'estime qui venait de se forger entre nous n'allait pas être de trop, guère plus d'un an après cette affaire, pour nous aider à traverser des orages d'un tout autre genre.

J'ai dormi douze heures d'affilée et me suis réveillé dans l'obscurité la plus complète avec à l'esprit deux idées très nettes. La première, très matérielle, était la certitude qu'une véritable faim de loup me tenaillait l'estomac. La seconde était en fait une interrogation : comment diable un petit Morvandiau parfaitement identique à tant d'autres petits Morvandiaux avait-il bien pu se retrouver dans la peau de l'aventurier un peu fou que je me sentais devenir ?

25

Dans le microcosme de Radisson, isolé par l'hiver et travaillé par le désœuvrement, l'aventure rocambolesque que nous venions de vivre fut pendant un bon moment au centre des conversations. La vitesse avec laquelle circulent les nouvelles dans ce pays, même quand la tempête semble tout dominer, m'a toujours sidéré. Je n'avais rien dit de tout cela à quiconque, mais il a suffi que je me pointe au bar de l'auberge, le lendemain de notre retour, pour me retrouver l'objet d'un groupe d'acharnés questionneurs.

Ils ne durent pas me trouver très loquace. Ce que nous avions vécu, ces deux femmes, Gérard Morinot et moi, me semblait nous appartenir et, en tout état de cause, ne pas être de nature à servir nos petits ego. Plutôt que de discourir à n'en plus finir sur les dangers que nous avions courus, j'aurais préféré avoir des nouvelles de la petite fille pour laquelle nous avions entrepris tout cela. Je n'en eus que très longtemps après. Elles furent bonnes, mais j'ai appris récemment que cette pauvre gamine reste affligée à vie d'un lourd handicap.

C'est curieux. Je ne l'ai même pas vue, cette enfant, mais à être resté si longtemps dans l'ignorance de ce qui était advenu d'elle, j'ai réalisé qu'un véritable lien s'était noué entre elle et moi. Elle en sera toujours ignorante. Je ne me vois évidemment pas aller lui expliquer que c'est moi qui lui ai sauvé la vie. Je n'en reste pas moins avec, tout au fond de moi, le sentiment que quelque chose existe entre nous. C'est à la fois très chaud et malheureusement comme égratigné par l'impression de n'avoir réussi que partiellement, puisqu'elle en portera les séquelles toute sa vie.

Après tout cela, les commentaires de bar, à Radisson, n'avaient que bien peu d'importance. Ils me valurent à peu près autant de solides amitiés que d'impérissables inimitiés ! Il en est encore plus d'un pour ne m'avoir toujours pas pardonné le beau rôle que m'a attribué cette aventure rocambolesque. A peu de choses près, ce sont ceux à qui ne déplaisait pas de compter les jours restant à vivre à ma petite entreprise. La bouffée d'oxygène que lui donna cette affaire me permit au moins, sans trop d'illusions, de retarder l'échéance.

Honnêtement, toujours aussi fâché avec les problèmes de gestion, ce ne fut pas ce qui retint le plus mon attention. Mon plaisir, dans les mois qui ont suivi, fut moins de compter ce qui restait dans la caisse que d'avoir établi, grâce à tout cela, d'excellents contacts avec la Direction générale du Nord-Québec, la DGNQ dont dépendait Gérard Morinot et dans les services de laquelle il eut la gentillesse de chanter mes louanges. Bien plus efficace que ma pauvre secrétaire, à qui je continuais de mener la vie dure, il sut ainsi faire pencher la balance en ma faveur à plusieurs occasions, lorsqu'il s'agissait pour eux de « noliser » un avion pour une des destinations du Grand Nord.

Bien sûr, ces missions étaient payées à des tarifs relativement modestes, bien moins élevés que ce que mes collègues soutiraient à leurs clients en mal de chasse au caribou. Vaille que vaille, elles ne m'en ont pas moins permis de survivre à l'hiver et de continuer à rêver !

Lesdits caribous étaient à peine passés, en hardes de plusieurs milliers de têtes chacune, dans leur migration printanière vers le nord, lorsque, arrivant à mon bureau un matin, j'eus la surprise de ma vie.

– Il a insisté. Je n'ai pas pu l'empêcher, se dépêcha de se justifier ma secrétaire.

Le nez contre le vestiaire, j'en étais encore à ôter ma parka et à me déchausser. Je devais avoir l'air d'un ours mal léché quand je me suis retourné, prêt à mordre.

– Josepi ! Qu'est-ce que tu fous là ? Si je m'attendais !

Les jambes allongées, les bras bien plantés sur les accoudoirs, il était confortablement installé dans le fauteuil qui faisait face à mon bureau et se fichait visiblement de moi. Il avait certainement eu le temps de juger de l'air rogue que j'avais en me retournant et il n'était pas qu'un peu satisfait du changement obtenu !

– C'est toi que je venais voir, m'annonça-t-il.

Comme si j'en doutais !

– Eh bien, tu vois. Je suis là. Qu'est-ce que tu deviens ?

Il eut un geste d'impatience. Mes questions arrivaient visiblement trop vite.

– Toi d'abord. Tu as un avion à toi, maintenant ?

C'était à peine une question.

– Tu sais, ajouta-t-il sans me laisser le temps de confirmer ce dont il était informé depuis longtemps, l'affaire de la gamine de George River, on a appris ça. Bien. C'est beau ce que tu as fait. On te remercie, tu sais.

Ce « on », bien sûr, c'était sa communauté inuit. Une façon comme une autre de me faire savoir qu'il était là en son nom, très probablement chargé de mission. J'évitai de commenter et j'attendis. Le reste n'allait pas manquer de venir.

– Tu n'as pas du café, dans ton bureau ? J'en boirais bien un.

Que ma secrétaire se précipite et se charge de ce cérémonial auquel j'aurais dû penser plus tôt, ne sembla pas l'arranger. « Le bougre a quelque chose de sérieux à me demander, pensai-je. Il cherche à gagner du temps parce qu'il ne sait pas par quel bout commencer. » Il attendit que les tasses soient posées devant nous et que ma secrétaire ait rejoint son bureau.

– Tu as beaucoup de travail en ce moment ?

Je hochai la tête d'un air entendu.

– Encore assez.

– Des touristes, déjà ?

– Plutôt la DGNQ.

Il eut une expression presque admirative.

– Ah, tu travailles pour la DGNQ. C'est le bon plan, ça.

– Ça permet de vivre. S'ils payaient mieux...

Je vis dans ses yeux que je venais de lui tendre la perche qu'il attendait depuis le début de notre conversation.

– Et si je t'en donnais, du travail, moi ?

Un certain scepticisme dut se lire dans mon regard.

– Oui, moi, insista-t-il. Mais je te préviens : c'est encore moins bien payé que la DGNQ.

Il avait évidemment compris que je n'étais pas en état de faire la fine bouche. Et puis, pouvais-je refuser quelque chose à Josepi ?

– Dis toujours.

Il me lança un étonnant regard, mi-rigolard, mi-penaud, comme s'il allait m'avouer la pire des gamineries à laquelle il s'était livré, et, au lieu de me répondre, il choisit de se délecter de son café. Bien calé au fond des coussins de son fauteuil, il le buvait à toutes petites gorgées sans me quitter des yeux et sans cesser de rire à la seule idée de la monstruosité qu'il allait proférer. Je commençais à être vraiment curieux d'apprendre de quoi il s'agissait. Je crois que j'étais prêt à tout... sauf à ça ! Il me fit lanterner autant qu'il le put, reposa précautionneusement la tasse sur sa soucoupe, essuya du doigt une tâche imaginaire sur le bord de mon bureau.

– On a le droit de fumer, ici ? Mademoiselle, ça ne vous dérangera pas ?

Je l'aurais étripé. Je lui jetai tout de même ma blague à tabac qui traînait sur mon bureau.

– Tu bourres ta pipe autant que tu veux. Mademoiselle ne sera pas dérangée. Elle a l'habitude. Mais ça t'empêche pas de me vider ton sac.

Il était heureux, Josepi ! Il riait à gorge déployée comme seuls les Inuit sont capables de le faire. Il m'avait emmené exactement où il voulait que j'aille et rien ne pouvait lui faire plus plaisir que ma feinte colère.

– Attends, dit-il en redevenant tout à coup sérieux. Il faut que je t'explique et pour ça, il faut d'abord que tu me jures que tout ce que vais te dire restera strictement entre nous.

Je jurai. Il eut un geste du menton vers ma secrétaire.

– Tu n'as rien à craindre. Elle ne dira rien.

Il n'en démordit pas : il fallut qu'elle jure. Elle s'exécuta de bonne grâce, sans trop saisir le pourquoi de cette étonnante demande.

– Bon, voilà l'affaire. Pour que tu comprennes bien, il faut que je commence par le début.

Restait encore à allumer la pipe. Je me calai à mon tour au fond des coussins de mon fauteuil. Ça risquait d'être long. Quand il eut bien enfumé tout le bureau, il reposa soigneusement ma blague à tabac, parut se concentrer très fort et attaqua enfin.

– Port-la-Baleine, tu connais ?

Cette question ! Je me contentai d'opiner du chef.

– Tu sais qu'il y a presque autant d'Indiens Cris que d'Inuit, là-bas ?

Allait-il me faire réviser ainsi, question après question, l'histoire de tout son pays ? Résolu à faire preuve de la plus grande patience, je confirmai de la même façon.

– On a eu beau créer deux agglomérations, Kuujjuarapiq pour les Inuit, Whapmagoostui pour les Cris, ça fait tout de même qu'on n'est pas totalement chez nous, là-haut, tu le sais bien.

Je le savais, comme je savais pertinemment que la cohabitation entre Indiens et Inuit n'avait jamais été trop évidente.

– Bon, continua-t-il. Ça c'est une chose. Mais il y en a une autre. Tu es au courant des projets de complexe hydroélectrique sur la rivière de la Grande-Baleine ?

J'étais au courant. Je laissai mon menton confirmer.

– Ils veulent nous recommencer le coup de La Grande. Toute une vallée inondée. Des milliers de kilomètres carrés. Pas besoin de te faire un dessin : tu sais ce que j'en pense. Seulement, depuis La Grande, on a tout de même un peu appris, nous, les Inuit. On a surtout appris à nous défendre. Maintenant, il y a une convention signée entre le gouvernement du Québec et nous. Et qu'est-ce qu'elle dit, cette convention ? Elle dit tout bonnement qu'ils doivent nous indemniser s'ils portent atteinte à nos zones de chasse ou de pêche et à nos sanctuaires. Elle dit aussi qu'en cas de besoin, ils doivent nous reloger. Tu le sais, tout ça ?

Là, j'étais tout de même un peu moins informé, mais enfin, si Josepi le disait...

– Je pourrais te dire les articles de la convention, tint-il à me préciser. Mais ça ne nous avancerait pas. Tout ce qui compte, c'est que leur nouveau projet de barrage, nous, on n'en veut pas. On leur a dit. Ils ont répondu qu'ils voulaient l'avis de toute la communauté Inuit de Port-la-Baleine. On a voté. Grosse majorité, bien sûr, pour le déménagement. S'il ne veulent toujours pas nous écouter, leur beau projet, nous, on le bloque ! On a les moyens.

Et le pire, c'est qu'ils en étaient bien capables ! C'était à mon tour de jubiler. J'ai toujours admiré cette étonnante détermination des Inuit à faire respecter leurs droits en usant des seuls moyens légaux. Plus procédurier qu'eux, tu meurs ! Ils excellent dans l'art d'utiliser les textes et d'en obtenir le respect. Peut-être cela leur vient-il de la malheureuse expérience qu'ils ont acquise de tous les traités, règlements, et contrats que leurs interlocuteurs blancs d'une époque pas très ancienne s'empressaient de trahir sitôt signés.

– En fait, vous avez trouvé là un bon moyen de vous éloigner des Cris.

Je faisais un peu de provocation, mais il y avait assez de vrai dans ce que je disais pour qu'il ne relève pas autrement que par un large sourire. Pourquoi sans cela, d'ailleurs, aurait-il commencé son beau discours par l'exposé de leurs difficultés à cohabiter ?

– Donc, reprit-il en ignorant superbement ma réflexion, on va déménager.

– Pour aller où ?

– Tu connais pas. Il n'y a rien, là-haut.

– A peu près ? Tiens, il y a une carte dans ton dos. Montre-moi.

Il lui fallut s'exécuter, visiblement à regret. C'était, selon lui, se dévoiler trop vite. Il m'indiqua vaguement un point à la hauteur du lac Guillaume Delisle, à environ deux cents kilomètres au nord de Kuujjuarapiq. A ma connaissance, c'était effectivement le désert le plus complet. J'étais à mille lieues d'imaginer ce qu'ils avaient comploté pour parvenir à leurs fins.

– Et la DGNQ accepte de vous bâtir un village là où ça vous arrange ?

Il vint se réinstaller dans son fauteuil.

– Attends, la DGNQ, elle fait ce que le gouvernement du Québec lui dit de faire. Et le gouvernement du Québec, il doit respecter ses engagements. D'accord ?

– Je vois ! En résumé, la DGNQ fait ce que vous mettez le gouvernement en demeure de vous accorder. C'est bien ça ?

– Une façon de voir les choses... Si ça t'arrange.

– Bon. Et alors ? On en est où ?

Il eut un large sourire satisfait. Ainsi calé au fond du fauteuil, il ne lui manquait que le gros cigare pour figurer parfaitement le *self-made-man* à qui rien ni personne ne résiste !

– On en est que nous, on est prêts. A eux de bâtir le village.

– Et moi, là-dedans, je fais quoi ?

– Tu nous transportes !

– Quoi ?

Bêtement, je n'avais absolument pas vu venir le coup. Tout cela me semblait si gros que je n'en avais pas projeté le centième. J'en restais naïvement à ma conviction que leur village, ils n'étaient pas près de l'avoir. Ce n'était évidemment pas son point de vue.

– Bon, attends, voulut-il temporiser. Tu ne transportes pas tout. Ton coucou, il n'y suffira évidemment pas. Nous, les hommes, on fait le voyage avec nos canots. On transporte tout ce qu'on peut. Ça fait déjà pas mal. Il y a quelques femmes et même des gamins qui veulent venir avec nous. Fin juin, début juillet, ça doit pouvoir se faire. Toi, tu transportes les autres et un peu de matériel qu'on préfère ne pas prendre dans les bateaux. Qu'est-ce que tu en dis ? Ça doit pouvoir se faire, non ?

J'étais peut-être obtus, mais je ne comprenais toujours pas.

– Attends voir. Qu'est-ce que tu me racontes là ? La décision de bâtir votre village n'est pas encore prise et vous voulez déjà déménager... Vers quoi, puisqu'il n'y a rien là-haut ? Tu me l'as dit toi-même.

Dans son sourire, il y avait autant de condescendance pour mon incapacité à comprendre que de jubilation à l'idée de ce qu'ils allaient entreprendre. Il me l'expliqua avec un contentement qui m'aurait fait plaisir à voir si j'en avais eu le loisir. Je dois reconnaître que c'était plutôt la stupeur qui m'habitait.

– Leur village, commença-t-il, si on se contente de l'attendre, dans dix ou vingt ans on en discutera encore sans que ça ait beaucoup dérangé les phoques de Richmond Gulf. Alors, comme on est dans notre droit, comme on a voté, comme on a tout fait dans les règles, eh bien, c'est simple : on part s'y installer. Il faudra bien qu'ils bougent !

– Vous installer ? Et comment, vous installer, puisqu'il n'y a rien ?

– Oh, Clément, tu prétends nous connaître, oui ou non ? La tente et l'igloo au besoin, tu crois que ça nous fait peur ?

J'en restai sans voix. On a tellement pris l'habitude de les voir emménager dans des maisons en dur et s'y plaire qu'on a fini par oublier que ces gens-là étaient encore totalement nomades dans les années cinquante. Ils ont ça dans le sang et il n'est qu'à voir l'impatience avec laquelle ils attendent la neige pour leurs expéditions hivernales, ou la débâcle, au printemps, afin d'aller installer leurs campements sur des rivages d'eux seuls connus, pour comprendre que, malgré les apparences, ils ne seront jamais complètement sédentarisés.

Sans un mot, je retournai devant la carte épinglée au mur de mon bureau. Richmond Gulf, ça me disait quelque chose. Il me fallut tout de même quelques instants pour localiser ce point minuscule coincé entre le rivage de la baie d'Hudson et le lac Guillaume Delisle, à proximité du goulet qui relie ce dernier à la mer.

– Richmond Gulf, ce n'était pas un comptoir, ça ?

– Si, et même un comptoir de tes amis les Français.

– Revillon ?

– Juste. Un de ces comptoirs qu'ils ont fermés dans les années trente sans même nous en avertir. C'est depuis ce jour-là qu'on vous appelle les « oui-oui » !

Et toc ! Mieux valait ne pas réagir. Je savais depuis longtemps cette rancune très particulière que réservent les Inuit aux Français qu'ils accusent, non sans quelques raisons, d'avoir encore moins tenu leurs promesses que les autres Blancs. Et ce n'est pas peu dire. Bien sûr, on aurait pu argumenter, expliquer que les comptoirs Revillon n'appartenaient déjà plus à la grande société française de pelleterie ; que c'est la compagnie de la Baie d'Hudson qui les avait rachetés ; qu'elle les a ainsi fermés sans prévenir pour mieux préserver son propre monopole... Mais à quoi bon ? J'aurais pu aussi bien lui raconter qu'il avait fallu que je découvre le Grand Nord pour apprendre qu'il existait en France une société qui portait ce nom de Revillon. J'aurais pu protester du peu de responsabilité que pouvait se reconnaître, en toute honnêteté, un petit paysan morvandiau à l'égard de cette grosse entreprise parisienne de produits de luxe.

Mais quel intérêt pour lui ? A l'exception des plus jeunes qui découvrent la géographie à l'école, la France, pour les Inuit, qu'est-ce que ça peu bien représenter ? L'un d'eux, un jour, m'a maintenu que si je parlais français, j'étais Canadien du Québec, tout simplement. De façon tout à fait symétrique, d'ailleurs, pour lui, tout ce qui s'exprime en anglais est bien sûr Canadien de l'ouest !

Comment, avec quels mots, leur expliquer la complexité d'un pays de soixante millions d'habitants, dont le moindre dépliant touristique expose des édifices qui peuvent être millénaires et dont il se trouve que le sol n'est pas gelé à longueur d'année ? Depuis moins d'un demi-siècle, ils ont pour seule préoccupation de sauver ce qui peut l'être de leur culture. Avec opiniâtreté, ils s'appliquent à en faire les références d'une organisation sociale et économique dont le rapport avec ce qu'ils vivaient jusque dans les années cinquante est à peu près celui qu'il y a entre les Celtes et nous. Tout cela en moins de cinquante ans, pour un peuple de treize mille âmes éparpillées sur un territoire plus grand que la France et que ne parcourt aucune route...

Un jour, peut-être, quand ils seront bien installés dans leur nouvelle peau, ressentiront-ils la curiosité de porter le regard sur ce qui se passe ailleurs. Mieux vaut, je crois, que ce soit le plus tard possible, lorsqu'ils auront acquis assez de confiance dans leur nouvel Etat pour que, une fois de plus, l'exemple des Blancs ne vienne pas les polluer.

Et puis, d'ailleurs, où en étais-je, moi-même, dans tout cela ? Où devais-je me situer ? On ne m'avait pas appris, à l'école de mon village, que j'étais un « oui-oui ». Et il restait si peu de chose en moi qui puisse faire vibrer la plus infime des solidarités. Jamais je ne serais un Inuit, bien sûr, mais là, debout devant ma carte, il me parut que ce tout petit point auprès duquel était écrit, en plus petit encore, « Richmond Gulf » avait quelque chose d'un but.

26

Pardon, Pasha ! Dans toute cette affaire, je t'ai un peu oubliée, je dois bien en convenir. Aussi, c'est de ta faute ! Tu m'as lancé dans une telle aventure qu'il fallait bien qu'à un moment ou à un autre elle dépasse son objet initial. J'ai d'ailleurs le regret de te dire que, pour l'instant, ce n'est pas tant ta pensée qui m'occupe que celle de ta mère.

Alasi ! Elle en était, bien sûr, de ce premier voyage. Elle n'avait alors que dix-huit ans. J'aurais pu être son père. Je l'ai tout de suite remarquée. Elle faisait partie de ceux qui avait décidé de faire le voyage par la mer. Sur une plage un peu à l'écart du village, ils étaient une bonne trentaine à s'activer autour des canots qu'ils chargeaient d'un invraisemblable bric-à-brac de bagages plus ou moins bien ficelés, d'outils et de matériaux qu'ils destinaient à la construction d'abris, dans leur désert.

A côté de tout ce déballage, mon hydravion, échoué sur le sable à quelques mètres de là, faisait figure d'anachronisme. Nous étions arrivés la veille au soir, Josepi et moi, accompagnés de ses cinq chiens qui, attachés à la paroi de l'appareil, n'avait pas arrêté de brailler pendant tout le voyage. Ils m'avaient mis une tête comme une courge ! Et je n'avais même pas pu me plaindre. C'était moi qui avais insisté pour les embarquer. Cet animal de

Josepi, qui était venu à pied, son bagage réparti dans les bâts des chiens, avait tranquillement décidé qu'il rentrerait chez lui par le même chemin. Ce n'était peut-être qu'une façon de m'inviter à lui offrir ce qu'il n'aurait jamais consenti à me demander lui-même. Il n'en avait pas moins fallu que j'insiste pour qu'il accepte d'embarquer avec moi.

Je ne suis pas loin de penser que la démonstration à laquelle, ce matin-là, ils se livraient sur la plage, avait exactement la même finalité : me démontrer que c'était pure folie que d'embarquer tout leur attirail, en plus d'eux-mêmes et de leurs chiens, dans leurs canots et me suggérer ainsi ce que leur fierté répugnait à m'exprimer. Ils n'eurent évidemment aucun mal à parvenir à leurs fins !

Quand je leur proposai de laisser sur place leurs matériaux que je viendrais rechercher, ils commencèrent par se récrier avec une véhémence très convaincante. Ça faisait partie du jeu, mais il suffit que j'insiste un peu pour que planches, poutres, chevrons, tôles, sacs de ciment et autres impedimenta rejoignent le tas, jusque-là modeste, de ce qui était destiné à la carlingue de mon appareil. Il devint rapidement conséquent et justiciable, à mon point de vue, d'au moins deux allers et retours supplémentaires.

– Tu as des sous pour payer ? demandai-je à Josepi.

Il eut le culot de ne pas relever autrement que par un large sourire entendu.

– Et vous ? dis-je, pour changer de sujet, à la jeune Inuit qui se trouvait alors près de nous. Vous ne préférez pas l'avion, plutôt que vos canots ?

Pour la première fois, nos regards s'affrontèrent. Eh oui, Alasi – car c'était elle, bien sûr –, à plus de vingt ans de là, j'en garde un souvenir très fort. Plutôt petite, mais étonnamment active, on ne pouvait pas ignorer sa silhouette presque gracile qui allait et venait au milieu des bagages. Elle était belle, mon Alasi, et la rudesse des tâches, auxquelles elle s'appliquait avec une inépuisable énergie, ne faisait que mettre en valeur ses traits à la fois forts et harmonieux propres aux visages des femmes inuit, auxquels elle ajoutait quelque chose comme une lumière d'autant plus difficile à définir pour moi que, bien sûr, j'étais tout de suite tombé sous son charme.

– En avion ? s'exclama-t-elle. Certainement pas. J'ai envie d'arriver, moi !

Plus de vingt ans se sont écoulés et Alasi manifeste toujours la même réticence à l'égard de ma machine volante !

Evidemment, Josepi, à qui il ne faut pas en remontrer, a tout de suite repéré ce qui, dès cet instant-là, passa dans le regard que nous avons échangé.

– Fais gaffe, me dit-il sans ménagement dès que nous fûmes seuls. Tu n'es qu'un Qallunaaq. Tu dois te tenir à la place d'un Qallunaaq, rien de plus. Tu n'es pas à l'auberge de Radisson, ici.

J'eus beau hausser les épaules, lui maintenir qu'il me prêtait des intentions que je n'avais pas, il n'en démordit pas. Il nous arrive encore d'en rire quand nous sommes entre nous !

Le hasard voulut pourtant qu'Alasi fît le voyage en avion. Les canots étaient décidément trop chargés et il fut décidé que les jeunes filles seraient mes passagères. Comme elle était déjà venue à Richmond Gulf avec son père, ce fut elle qui fut chargée de m'indiquer le lieu précis où me poser, pour le cas où j'arriverais avant les canots. Elle fit donc le voyage à ma droite, sur le siège du copilote et le casque sur les oreilles. Elle m'avoua longtemps après qu'elle en avait été à la fois très fière et très effrayée !

Nous survolâmes les canots quelques heures avant qu'ils nous rejoignent. Il lui fallut donc mener sa mission jusqu'à la fin et m'indiquer le bout de plage en face duquel je devais amerrir. A ma plus grande surprise, je découvris qu'il y avait là un grand bâtiment en bois apparemment en bon état. Je lui demandai ce qu'était ce truc.

– Le comptoir, se contenta-t-elle de répondre.

Alasi n'a jamais été très loquace, mais ce jour-là, elle avait en plus bien trop peur que lui échappe un mot que cet espèce de grand Qallunaaq, à côté d'elle, aurait pu interpréter de travers ! A basse altitude, je fis une grande boucle au-dessus de ce bout de toundra sur lequel tout ces Inuit un peu fous voulaient créer un village. Il formait une étroite plaine côtière qui me parut assez régulière mais plutôt marécageuse, puis, assez rapidement, il se relevait en un rude coteau qui grimpait d'un jet jusqu'au sommet de longues barres rocheuses retombant en immenses falaises sur l'autre versant.

Sur des centaines de kilomètres, le littoral de la côte est de la baie d'Hudson est ainsi constitué de deux ou trois vagues parallèles de collines escarpées. Ce sont comme les écailles de la terre que la péninsule d'Ungava a relevées lorsque, en se retirant, les glaces de la dernière glaciation, voici plus de huit mille ans, en la soulageant de leur poids énorme, lui ont permis d'entreprendre un énergique exhaussement qu'elle poursuit encore de nos jours. Les îles aux formes allongées du nord au sud, qui bordent toute la côte, sont la première rangée de ces « cuestas » dont la seconde vague forme le littoral et qui se répètent parfois en plusieurs chaînes successives à l'intérieur des terres.

Le lac Guillaume Deslisle occupe ainsi tout le fond de la profonde vallée s'ouvrant juste à l'ouest des sommets dominant Richmond Gulf. Sans beaucoup m'éloigner de ce grand bâtiment en bois qui me servait de point de repère, je pus atteindre l'étroite faille que l'érosion a ouverte entre eux et par laquelle le fameux goulet met les eaux du lac en communication avec celles de la mer. Alasi, à côté de moi, ne put retenir un petit cri d'effroi lorsque, cédant à la tentation, je virai sur l'aile et glissai mon appareil entre les hautes parois ombreuses du goulet. A quelques dizaines de mètres sous nos pieds, les eaux pastel du lac enchâssé dans les nuances de vert de ses berges et dans le rude gris-bleu des parois rocheuses qui le dominent lui arrachèrent cette fois un « oh ! » d'émerveillement qui me fit sourire.

– Souvenez-vous bien de ce que vous voyez là, lui dis-je lorsque nous eûmes regagné la côte. Plus jamais vous ne verrez ça tel que c'est là.

Les rares fois où Alasi a embarqué avec moi, à chacun de nos retours elle m'a demandé de refaire ce long passage en boucle au-dessus de ce qui est devenu notre village. Elle n'a jamais commenté, mais je sais, pour l'avoir lu dans ces yeux, combien elle a été heureuse, à chaque fois, de constater les progrès de ses installations.

– Tu ne m'avais pas dit que le bâtiment du comptoir existait encore, ai-je presque reproché à Josepi quand les canots nous eurent rejoints.

Il eut un geste vague de la main.

– Il y en a, des choses que je ne t'ai pas encore dites !

Il faisait beau. Les grandes tentes blanches furent vite installées et le bâtiment en bois du comptoir ne servit guère, dans un premier temps, que d'entrepôt. Les Inuit ne semblaient absolument pas envisager les conditions radicalement différentes qu'ils allaient devoir affronter d'ici quelques mois si leur détermination ne fléchissait pas. Evidemment, moi je ne pensais qu'à ça ! C'est là, d'ailleurs, toute la différence entre eux et nous. Il y a dans leur comportement un étonnant mélange de résolution et de fatalisme que notre prétention à tout raisonner et à tout prévoir ne peut pas assimiler. Pour eux, une décision prise, quelle que soit sa portée, doit être exécutée sur-le-champ. Que nous ergotions, que nous pesions indéfiniment le pour et le contre, les fait doucement sourire et leur fait prétendre, pas toujours à tort, que nous ne réussissons qu'à tourner en rond.

Josepi se moquait de mes inquiétudes. Par contre, il se hérissait quand je mettais en doute leur volonté de passer là l'hiver, lorsque que je suggérais qu'il y avait peut-être bien là-dessous une manœuvre dont on ne m'avait pas tout dit.

– De toute façon, me répliqua-t-il, ce ne sont pas tes affaires. Toi, tu transportes nos bagages et notre matériel, un point, c'est tout.

Ce qui dénotait de sa part un certain toupet compte tenu du fait qu'il était évident que je ne serais jamais payé de ce surcroît de temps de vol. Ils avaient si bien su faire en sorte que je paraisse le leur avoir offert !

Comme c'était à prévoir, malgré leur aide, je ne vins à bout du dernier voyage que le lendemain après-midi. Nous revenions sans hâte, satisfaits d'en avoir fini avec tout ce déménagement, lorsque, approchant de la plage sur laquelle s'entassaient pêle-mêle d'invraisemblables quantités d'objets les plus divers, je clignai des yeux pour bien m'assurer que je n'étais pas l'objet de quelque hallucination. Non, pourtant, je ne rêvais pas : un hydravion était bien là, échoué sur le sable, presque au même endroit que le mien ! Il y avait beaucoup de monde à proximité et tout cela semblait gesticuler très fort.

Circonspect, bien que, après tout, je ne voie pas en quoi je pouvais être directement concerné, je fis un tour complet au-dessus de cette scène étonnante avant d'aller m'aligner sur l'axe de la baie pour amerrir.

– C'est qui? me demanda un des hommes qui m'accompagnaient.

Je n'en savais fichtre rien. Je n'avais jamais vu cet appareil et il y avait bien trop de gens sur la plage pour espérer identifier l'un ou l'autre des visiteurs. Nous étions tout de même très attentifs pendant que, aussi lentement que je le pouvais, j'amenais mon hydravion jusqu'au sable sur lequel je l'échouai. Il y avait là deux ou trois Blancs qui m'étaient totalement inconnus. M'appliquant à paraître le plus décontracté possible, je les ignorai superbement et m'affairai à aider tous les bras qui se tendaient déjà vers les matériaux que nous apportions. Josepi était là, à trois pas de moi, parfaitement impénétrable, mais l'œil assez pétillant pour que je ne doute pas qu'il se passait quelque chose d'important.

Enfin, il me fallut bien sauter à terre. Dérouler les cordes et arrimer l'avion aux pieux que nous avions plantés dans le sol à cet effet me donna encore une contenance quelque temps. Le brouhaha des voix ne s'apaisant pas et personne, pas même Josepi, semblant se soucier de m'apporter quelque explication que ce soit, le dernier nœud serré, je finis par me résoudre à me redresser et à marcher vers nos visiteurs.

Il n'attendait que ça pour m'apostropher.

– Il y a un coup fourré quelque part dans le Grand Nord. Comme par hasard, on y trouve Clément Simare!

Gérard Morinot! Il se tenait debout devant moi, un étrange feutre passablement cabossé rabattu sur l'œil qu'il n'avait pas aimable, et les mains au fond des poches.

– Je pouvais toujours chercher à vous joindre à votre bureau... Une tombe que votre secrétaire. Rien à faire pour lui tirer les vers du nez. Après tout, tant pis pour vous. C'était pour nous amener ici que je vous cherchais. L'affaire aura été pour un autre. J'ai fini par dégoter ce coucou au lac Saint-Jean. Parlez d'une expédition. Mais je peux savoir ce que vous fabriquez ici ?

De tout autre, je serais resté indifférent au ton cassant de son discours. De la part de Morinot, ça me titillait.

– Mon boulot !

Ma répartie ne parut pas de nature à le calmer. Jamais je ne l'avais vu avec cette tête de bouledogue prêt à mordre. J'insistai.

– Je fais mon boulot, rien de plus. Que voulez-vous que je fasse d'autre ?

– Tiens donc !

Il ne me croyait pas, c'était évident, mais après tout, ça le regardait que je sois payé ou non ?

– C'est gens-là m'ont demandé de les transporter avec leur matériel. Je le fais, un point, c'est tout.

– Et vous vous faites payer comment, à quel tarif ? Celui de l'administration ?

– Ça vous intéresse ?

J'avais répondu assez sèchement pour qu'il comprenne que nous étions, l'un comme l'autre, en train de faire fausse route. Je vis avec plaisir qu'il faisait un gros effort sur lui-même pour reprendre son calme. Idiot ! Nous devions avoir l'air de deux coqs prêts à se voler dans les plumes. Il me prit par le coude et m'entraîna à l'écart.

– J'aurais préféré ne pas vous trouver là, me dit-il plus posément lorsque nous fûmes hors de portée des oreilles indiscrètes.

– Et pourquoi donc ? Josepi est un vieil ami. Il m'a demandé ça comme un service. Je n'avais aucune raison de refuser.

Ce n'était pas tout à fait son avis.

– De refuser, je ne dis pas. Simplement, avant d'accepter, vous auriez peut-être dû me passer un coup de fil. Ça aurait pu aider à éviter un fameux sac de nœuds.

– C'est vous, Morinot, qui me reprochez de ne pas avoir fait de délation ?

Il eut de la tête un geste exaspéré.

– Arrêtez, Simare, vous voulez bien ? Qui parle de délation ? Ça aboutira à quoi de nous chicailler comme ça ? Il faut simplement que vous compreniez qu'en déménageant si vite, en nous prenant de court, ils nous mettent dans une situation intenable.

– Rappelez-moi : ça fait combien de temps qu'on le leur a promis, leur village ? Deux ans, c'est bien ça ?

– Bon Dieu, Simare, vous voilà plus obstiné qu'eux à défendre leur cause ! Oui, bien sûr, on le leur a promis, leur fichu village. Mais vous croyez que ça se fait comme ça, du jour au lendemain, par un claquement de doigts ? Un village complet, je vous rappelle. Il n'y a rien ici, rien du tout. Tout est à faire. Et je vous signale simplement qu'un logement social, toutes choses étant égales par ailleurs, revient sous ces charmantes latitudes quatre fois plus cher qu'à Montréal. Est-ce que ça vous donne une toute petite idée des difficultés que je rencontre simplement pour me faire entendre ? Savez-vous ce que je faisais, quand j'ai appris leur petite escapade ? Je travaillais sur ce dossier. Et j'y travaillais d'arrache-pied, vous pouvez me croire. Le dossier, il est sur mon bureau. Il lui faudra bien attendre que je sois rentré de cette fichue balade dont je vous assure que je me serais bien passé.

Que pouvais-je répondre à ça ? Bien sûr, ce vieux roublard de Josepi m'avait utilisé pour que leur déménagement soit si vite opéré que personne n'ait le temps de réagir. Maintenant que c'était fait, au fond, il allait bien falloir assumer. Ça ne pouvait que venir en appui de tout ce que Morinot prétendait faire. Il ne parut qu'à moitié convaincu par ma théorie.

– Croyez-moi, ce n'est pas si simple que ça.

Je n'en doutais pas, mais, après tout, puisque je me retrouvais dans la situation de devoir choisir, il n'y avait aucune raison pour que je change de ligne de conduite. Si ça pouvait les aider à avoir leur village un peu plus vite...

– Qu'est-ce que vous allez faire ?

Il haussa sèchement les épaules.

– Qu'est-ce que vous voulez que je fasse ? On est en juillet. Dans trois mois, c'est l'hiver. Comment ils vont tenir ? Vous ne semblez pas réaliser, mais je vous assure qu'on est assis sur une bombe. Le moindre drame, la moindre peccadille, c'est la presse qui fourre son nez là-dedans. On cherche à nous avoir, à Québec. Croyez-moi, le parti de ceux qui nous trouvent un petit peu trop boy-scouts à l'égard des autochtones, ceux qui estiment qu'on ne leur doit rien, ils ne nous louperont pas. Et vous savez qu'ils sont nombreux. Une affaire comme celle-là, c'est un coup à tout foutre en l'air, à replonger les Inuit dans la misère des années cinquante. Vous le comprenez, ça ?

Bien sûr, que je le comprenais, mais ça changeait quoi ? Maintenant, il fallait y aller, se serrer les coudes et foncer, faire tout le nécessaire pour que tout se passe bien. Il allait le faire, je le savais bien. Au fond, après nous être ainsi accrochés, nous nous retrouvions objectivement alliés et il n'y avait rien qui puisse nous faire plus plaisir.

– Je vais me débrouiller pour leur faire obtenir quelques match boxes, m'expliqua-t-il. Il ne faut pas rêver : il n'y en aura pas assez pour tout le monde. C'est ça, le problème. Ils se serreront un peu. Ça tient chaud ! Et puis, il y a l'ancien bâtiment Revillon. Vous avez remarqué comme il est en bon état ? Pardi ! Des années qu'ils le retapent et qu'ils l'entretiennent. C'est qu'ils l'avaient prévu, leur coup !

Ça ne me déplaisait évidemment pas. Avant de les quitter, j'annonçai tout de même à Josepi sous le sceau du secret qu'ils allaient recevoir quelques match boxes. Je vis à son sourire que je ne m'étais pas trompé. Il avait beau être celui qui se montrait le plus sûr de lui, le plus déterminé, il lui fallait tout de même de temps en temps quelques nouvelles comme celle-là pour retremper sa résolution.

27

Durant cet été-là, j'eus plusieurs fois l'occasion de revenir à Richmond Gulf. Déployant une activité prodigieuse, Gérard Morinot parvint à fournir une énorme quantité de matériel. Comment se débrouilla-t-il ? Comment s'y prit-il pour dépasser les lourdeurs administratives et même l'obstruction de certains ? Lui seul pourrait le dire et il n'est pas certain, si on le lui demandait, qu'il y consente.

Au prix d'un très long détour par le détroit d'Hudson, les cargos n'ont accès à cette côte que durant deux à trois mois de l'année. En juillet, bien entendu, les affrètements étaient bouclés depuis longtemps et la plupart des bateaux avaient déjà pris la mer, peu soucieux qu'ils étaient de se faire prendre par les glaces. Morinot réussit tout de même à en trouver un qui accepta d'attendre à quai que soient ajoutés à son chargement les panneaux préfabriqués de sept match boxes et divers matériaux trop volumineux pour être transportés par les airs.

Quant à la quantité faramineuse de petit matériel qui allait avec, quelques soutes d'avions s'en délestèrent sur le tarmac de l'aéroport de Radisson d'où je fus chargé de l'acheminer jusqu'à Richmond Gulf. Morinot ne m'en voulait donc pas trop de l'aide que j'avais apportée aux Inuit. Peut-être était-ce aussi une façon de se faire pardonner le mouvement de colère auquel il avait cédé sur la plage. C'était du Morinot tout craché, soupe au lait, s'enflammant au quart de tour, mais bien trop humain, trop soucieux des autres et d'équité pour ne pas regretter aussitôt.

Au moins cela me valut-il de garder le contact avec Josepi et les siens. Je pus voir les progrès de leur installation. Je n'en revins jamais très rassuré quant aux conditions de leur hibernation, mais je dus me rendre à l'évidence : j'étais le seul à m'inquiéter. Eux vivaient dans l'euphorie permanente. Ces gens-là étaient heureux d'être là. Ne pas l'admettre aurait été de la mauvaise foi pure et simple. Ils étaient tout de même bien placés pour savoir ce qui les attendait au plus tard dans la seconde quinzaine d'octobre. Puisqu'ils ne semblaient pas s'en soucier particulièrement, je gardais mes préventions pour moi.

Je ne les exprimai qu'une seule fois, à bon escient je pense, à l'intention de l'étonnant personnage que Gérard Morinot me recommanda lorsque je fus chargé de le transporter jusqu'à Richmond Gulf en même temps qu'une pleine cargaison de matériaux divers. Bernard Devert était chef de chantier. Quand une telle fonction s'exerçait dans le Grand Nord, son climat assez particulier et son pergélisol, elle distinguait déjà l'homme du commun des mortels ; mais avant même d'être informé de cette particularité, on ne pouvait ignorer ce petit homme tout sec, au teint brûlé d'avoir trop affronté les blizzards et à l'œil si pétillant, si malicieux, sous son éternelle casquette de chantier, qu'il semblait toujours sur le point de vous en jouer une bonne ! Il ne s'en privait d'ailleurs pas, j'eus le loisir de le constater durant tout le temps qu'il consacra à faire naître un village du néant.

Plus sérieusement, cet homme, bien que Blanc natif des Laurentides, m'a toujours sidéré par l'aisance de ses rapports avec les Inuit et par l'estime que ceux-ci lui accordaient presque spontanément. Non seulement il les avait compris comme peu de Blancs ont su le faire, mais il avait surtout le don de s'adapter avec une bluffante facilité à leurs façons de faire et d'être.

A la demande de Gérard Morinot, il vint s'installer sous la tente, comme tout le monde, parmi les Inuit de Richmond Gulf, et prit en main les travaux d'installation du village. Dès le premier instant, ce fut évident pour tous et je vis rarement chantiers aussi efficaces. C'était d'autant plus remarquable qu'aujourd'hui encore il est peu d'entreprises venant du sud du Québec qui acceptent de faire travailler les Inuit, tant la réputation qu'on leur a construite en la matière est mauvaise. Certes, un Inuk ne sait pas ce qu'est un horaire rigoureux. Et d'où voulez-vous qu'il le sache ? Certes, un Inuk supporte difficilement – pour ne pas dire plus – d'avoir à travailler sous les ordres et le contrôle permanent d'un chef. C'est là, tout simplement, une façon de faire contraire à leur culture dont une des bases essentielles est la responsabilisation de chacun dès le plus jeune âge. Bernard Devert n'avait pas seulement compris cela. Il l'avait pris en compte et je me suis toujours émerveillé de le voir laisser la bride sur le cou aux Inuit travaillant avec lui. Moyennant quoi, il en obtenait des résultats étonnants, qui épataient tous les autres chefs de chantier. Pourtant, aucun n'eut l'idée de les analyser d'assez près pour apprendre à en faire autant !

Ce n'était pas ce qui le chagrinait. Qu'on le jalouse, qu'on fasse courir les bruits les plus invraisemblables sur ce qui se passait sur ses chantiers le laissait indifférent. Il savait avoir la confiance aveugle de Gérard Morinot et s'en contentait. Ces deux-là, l'un dans les bureaux, l'autre sur le terrain, formaient une équipe rare. D'avoir été leur ami, à l'un comme à l'autre, n'a pas été de peu de poids dans le complexe ensemble de ce qui m'a attaché à ce pays.

Casque sur les oreilles, nous faisions connaissance alors que nous volions vers Richmond Gulf, quand je lui fis part de mes inquiétudes. Il éclata de rire.

– Laissez donc ! s'exclama-t-il. On voit que vous ne les connaissez pas encore. S'ils ont décidé de s'installer là, vous pourrez faire tout ce que vous voudrez, vous ne les ferez pas changer d'avis. Et s'ils s'entêtent, c'est tout simplement parce qu'ils savent qu'ils s'en sortiront. Ils comptent sur nous, bien sûr. Au fond, ils nous ont eus ! Ils nous ont mis devant le fait accompli et maintenant, ils savent très bien qu'on ne les laissera pas tomber. Vous comme les autres, vous faites partie de leur marchandage. Plus roublard qu'eux, tu ne trouves pas !

Ce tutoiement, je crois, lui avait échappé, mais il n'en revint jamais, ce qui me donna le plaisir d'en faire autant. Cela ne m'empêchait pas de me sentir un peu vexé. Ramener l'amitié qui me liait à Josepi et – pourquoi le nier ? – l'intérêt que nous nous portions déjà, Alasi et moi, à une simple manœuvre riche d'arrière-pensées, me chiffonnait. Il n'avait pourtant pas tout à fait tort, même si la sincérité des sentiments n'était pas en cause. Il se trouvait simplement qu'elle avait le bon goût de converger avec leurs calculs et ils l'y incluaient sans vergogne !

Et après tout, pourquoi pas ? Pour se formaliser, il n'y a que les gens nantis, ceux qui peuvent s'imaginer qu'ils ont le choix. Cela me faisait penser aux petites gens de chez moi, à ces petits paysans du Morvan ou d'ailleurs – il n'y a pas de vraie différence – qui n'avaient rien ou si peu qu'il n'était pas un geste, pas une entreprise, aussi modeste fût-elle, que ne précédait cette espèce de collecte minutieuse du moindre détail susceptible de faire pencher la balance du bon côté.

L'image de ce cousinage entre gens de peu me plut. Que des milliers de kilomètres et tant de choses les séparent n'était d'aucune importance. J'étais conquis par l'idée que c'était leur intelligence, leur infinie habileté à savoir faire leur profit des détails les plus insignifiants, qui constituait à la fois leur plus précieux capital et leur parenté. Après toutes ces années au cours desquelles j'avais laissé s'estomper en moi le souvenir de mes origines, ce constat eut le double effet de m'attacher plus encore aux Inuit tout en réveillant un autre sentiment d'appartenance, bien plus lointain, et pourtant complémentaire.

Au-delà de mon travail, j'aurais pu me désintéresser de ce qui allait advenir de ce village. Certes, il y avait l'amitié qui me liait à Josepi, et puis cette petite Alasi dont j'aimais tant croiser le regard... Mais après tout, j'en avais lié d'autres, des amitiés, et même des tendresses, au cours de mes pérégrinations. Ce n'était pas ce qui m'avait enraciné à leurs pieds ! Il a fallu que cela tombe à une époque de ma vie où, au fond, j'étais un peu comme l'oiseau sur la branche, pas sûr du tout de l'avenir de mon entreprise et peut-être un peu lassé, même si je ne me l'avouais pas, de la vie d'errance que je menais depuis tant d'années.

En fait, comme en bien d'autres occurrences, ce fut un concours de circonstances. Il y eut bien sûr la façon qu'eut Josepi de jouer sur la corde de notre amitié et de la sympathie que je portais aux Inuit pour obtenir de moi bien plus que d'un simple prestataire de services ; il y eut aussi Morinot et notre rude rencontre sur la plage ; enfin, il y avait maintenant ce Bernard Devert et l'invraisemblable dégaine qu'il traînait sur tous les chantiers ; et puis, et même surtout, il y avait Alasi, bien qu'il me fallût longtemps pour le comprendre !

Tout au long de cet été où il ne se passa guère de semaine sans que j'aie à poser mon hydravion en face du grand bâtiment en bois de l'ancien comptoir Revillon, je ne me suis pas caché l'envie que j'avais de la revoir. Elle me plaisait, cette gamine, avec sa façon d'accrocher en permanence un lumineux sourire à son activité débordante et à sa détermination à afficher sa volonté de mener sa vie comme elle l'entendait. Il n'en restait pas moins que vingt ans nous séparaient. Je crois pouvoir dire en toute honnêteté que, longtemps, ce fut ainsi que je la vis : comme un homme d'âge mûr appréciant à sa juste valeur une jeunesse qui aurait pu être sa fille.

Ce fut à l'occasion d'un incident idiot, dans les rues de Kuujjuarapiq, que je commençai à réaliser que tout le monde ne voyait pas notre amitié sous le même angle. Je ne sais plus pourquoi je me trouvais là. Si je me souviens bien, cela devait se passer vers la fin septembre. Nous portions déjà des vêtements plus chauds et je crois que c'était ce matin-là qu'on avait dû m'aider à casser la glace, au bord du lac sur lequel je m'étais posé, pour que je puisse atteindre le rivage.

Un jeune Inuk d'une vingtaine d'années m'a brutalement abordé. Il m'a attrapé le bras et forcé à lui faire face. S'il n'était pas à franchement parler ivre, il avait une haleine qui trahissait une consommation tout de même conséquente d'autre chose que de petit lait.

– C'est toi, le pilote de brousse ? me demanda-t-il.

Je me dégageai sèchement et, sans chercher à m'éloigner, je confirmai.

– Alors, il faut que je te prévienne. Alasi, elle est à moi. C'est ma promise. Un jour ou l'autre, il faudra bien qu'elle revienne par ici. Et toi, t'arrêtes de lui tourner autour. Sinon...

Et il disparut aussi vite qu'il s'était jeté sur moi.

Si l'alcool fut longtemps un terrible fléau pour les Inuit, on ne peut pas dire, hélas, que le problème soit totalement résolu. Il a changé de nature, voilà tout. Courageusement, dans les années soixante-dix, les tout nouveaux responsables des structures communautaires qu'ils commençaient à mettre en place, ont pris la décision d'interdire la commercialisation de la moindre goutte d'alcool dans les lieux publics. L'initiative serait venue du gouvernement de Québec, elle avait toutes les chances d'être ignorée ou, à tout le moins, aussitôt contournée. Emanant de leurs représentants, elle est encore aujourd'hui scrupuleusement respectée, ce qui, soit dit en passant, ne m'arrange pas tous les jours ! Il se trouve pourtant que le Nunavik appartient à la province du Québec et à la fédération du Canada dont ne le sépare aucune frontière. Il n'est donc pas difficile de se procurer de l'alcool en l'achetant simplement par correspondance à Montréal ou à Ottawa.

Il reste que voir un homme soûl dans la rue est aujourd'hui exceptionnel. Des effroyables beuveries collectives de jadis, on est passé à une consommation domestique, plus isolée mais tout aussi ravageuse.

Je pense que ce jeune Inuk qui m'a ainsi accroché avait bu pour se donner le courage de son acte. Il ne m'en a pas moins laissé stupéfait, on s'en doute. Tous les Inuit de Kuujjuarapiq n'avaient pas choisi de s'exiler à Richmond Gulf. La minorité restée sur place s'est trouvée quelque peu marginalisée et peut-être un peu culpabilisée de n'avoir pas osé l'aventure. Beaucoup, d'ailleurs, ont fini par rejoindre le bataillon des premiers partis. Celui-là avait donc connu Alasi et sa famille.

Ainsi, si j'en croyais ce qu'il m'avait dit, on les avait promis en mariage. Cela se fait de moins en moins, mais c'était jadis une pratique courante.

Qu'est-ce que je venais faire là-dedans ? Jusque-là, l'idée d'épouser Alasi ne m'avais jamais effleuré. On jasait pourtant à notre sujet à Richmond Gulf. J'y étais tout le temps fourré et je n'en savais rien. L'exacte symétrique de l'histoire du mari cocu qui est seul à ne pas être au courant !

Furieux, à la première occasion j'attrapai Josepi par le bras et l'entraînai à l'écart.

– Qu'est-ce que c'est que cette histoire ? Il paraît que le bruit court par ici que je vais épouser la petite Alasi ?

Comme je m'y attendais, il commença par éclater d'un rire si discret qu'il y avait de quoi ameuter tout le pays.

– C'est maintenant que tu t'en aperçois ? finit-il par glousser. Mais, dis donc, à qui la faute ? Si tu arrêtais de lui tourner autour, on parlerait peut-être moins !

Ce jour-là, peut-être pour cacher à quel point j'étais penaud, je l'ai agoni de toutes les injures qui me sont tombées sur la langue. Lui et son peuple, je les ai accusés de toutes les vilenies possibles et imaginables, d'être d'affreux concupiscents, de voir le mal partout, d'être des insensibles, des lubriques... Plus j'en disais et plus il riait. Ça n'a pas manqué, ça a attiré quelques compères qui passaient par-là et qui, en bons Inuit, ne voulaient pas rater une occasion de partager le rire des autres. J'ai bien dû me taire.

– Souviens-toi, me dit-il en reprenant soudain son sérieux. Je t'avais prévenu. Tu ne te souviens pas ? Sur la plage, à Kuujjuarapiq, le premier jour. On chargeait les canots... Ah, bon, tu te souviens, maintenant. Tu ne m'as pas écouté. Tu as voulu n'en faire qu'à ta tête. On n'écoute jamais Josepi !

J'aurais peut-être dû le plaindre. Il fallut bien que nous en restions là. D'ailleurs, l'affaire ne le concernait pas. C'était à moi et à moi seul de gérer et je me trouvais, en somme, bien embêté. Que pouvais-je faire d'autre que d'éviter Alasi ? Probablement aussi peu informée que moi des intentions qu'on nous prêtait, elle ne comprit pas et souffrit de ma soudaine indifférence.

L'hiver qui approchait coupa court à cette romance inattendue. Bernard Devert interrompit le chantier et reprit le chemin de Montréal, promettant de revenir au printemps. Il fut mon passager lors de mon dernier voyage. Cela ne semblait pas le tracasser, mais je fis tout de même deux fois le tour du site avant de me résoudre à mettre le cap sur Radisson.

– Les voilà bien seuls, n'ai-je pu m'empêcher de commenter.

Il haussa les épaules.

– Parce que tu crois que ça les dérange !

Il me considéra longuement en silence, puis laissa tomber :

– Toi, si tu continues comme ça, tu y finiras, dans ce bled !

28

Et le temps parut s'enrayer...

Que la neige, le froid et le vent plongent chaque année Radisson dans la douce léthargie de l'hibernation n'était pourtant pas pour moi une nouveauté. Grâce à Josepi et à sa bande de joyeux provocateurs, la furieuse activité générée par leur initiative m'avait procuré suffisamment de travail pendant tout l'été pour que je n'aie pas trop à me soucier des finances de ma petite affaire.

J'aurais pu me contenter de cette paisible certitude de passer l'hiver sans préoccupation d'argent et m'abandonner à la facilité de vivre en triangle, entre mon appartement, mon bureau et surtout le bar de l'auberge. Cela aurait été trop simple. Je crois que je n'ai jamais su me résoudre aux solutions les plus simples. Je n'étais pas revenu depuis trois jours que je commençai à tourner en rond. J'avais beau faire, je me sentais inutile, je m'exaspérais de cette inaction et ne parvenais pas à me défaire de l'idée lancinante que je perdais mon temps à rester là à ronger mon frein.

Faire quoi ? Je n'en savais fichtre rien, même s'il était évident que c'était en rapport direct avec l'incapacité totale dans laquelle je me trouvais de penser à autre chose qu'à tous ces hommes, ces femmes et ces enfants isolés, là-haut, en plein désert de neige et de glace, dans la précarité de leur embryon de village. C'était absurde, je le sais. Devert avait mille fois raison quand il affirmait qu'ils étaient bien assez grands pour savoir ce qu'ils faisaient et qu'ils étaient tout à fait capables de s'en sortir sans nous. Mais son froid réalisme n'avait pourtant plus aucune prise sur moi. Nous n'en étions qu'à la mi-novembre et je savais déjà qu'il serait au-dessus de mes forces de rester sans nouvelles d'eux durant des mois encore.

Une fois de plus, je me retrouvais face à moi-même. Pourtant, je n'avais d'autre préoccupation que de me détourner de l'occasion ainsi donnée de me poser les questions que j'avais laissées en suspens tout au long de mon existence. C'est tout de même terrible d'être obligé d'arriver à la soixantaine pour prendre la mesure d'une telle faiblesse. Je crois même que cette sensation pénible de temps quasi immobile, d'heures se refusant à passer, m'est surtout venue des efforts épuisants que je faisais, en parfaite inconscience, pour éviter d'aborder l'essentiel.

J'étais comme un enfant qui jette toute son énergie dans sa volonté d'atteindre son rêve pour mieux échapper à la réalité qui l'ennuie. Je focalisais toute mon attention sur l'inaccessible désir de Richmond Gulf pour mieux me détourner de ce qui était à portée de ma main, ou tout au moins de ma réflexion, et que je préférais ne pas évoquer.

Me revient tout de même le souvenir de longues heures passées seul dans la pénombre de mon minuscule salon. Pourquoi l'idée m'était-elle revenue, ce jour-là, de cet étrange cousinage entrevu entre petites gens, qu'ils vivent en Morvan ou au plus profond de la toundra du Grand Nord américain ? J'étais alors aux commandes de mon hydravion. Je faisais connaissance avec Bernard Devert. Ce lien entre les deux communautés humaines qui avaient toutes les raisons de m'être les plus chères m'avait plu, mais j'avais alors d'autres chats à fouetter. Je n'avais pu m'y arrêter bien longtemps.

Ce n'était pas un hasard si cette idée resurgissait ainsi à un moment de grande disponibilité et si, pour une fois, je ne cherchai pas de prétexte pour l'évacuer. Il y avait en somme un grand confort à pouvoir se rassurer d'une sorte de grand « tous les paysans du monde, même combat » ! Ainsi, à l'égard de mes braves éleveurs du Morvan, je n'étais plus un traître. Facile ! A me rapprocher des pêcheurs et chasseurs inuit, je ne faisais que prolonger, au-delà des distances physiques et culturelles, la solidarité des gens de la terre... Que c'était bon de déculpabiliser à si bon compte ! Un minimum d'honnêteté avait beau souligner de rouge toutes les lacunes du raisonnement, j'y trouvai un tel confort que je m'y complaisais sans vergogne.

Il finit tout de même par m'apparaître que s'il existait une unique similitude entre eux, c'était celle, sinon de leur pauvreté actuelle, du moins de celle dont ils étaient issus. Chez les uns et chez les autres, elle avait laissé la marque indélébile de cette espèce de roublardise, de sens devenu inné de l'économie et de la capitalisation minuscule des moindres petites choses dont eux seuls savent voir l'usage essentiel qu'ils pourront en faire. Cela nous paraît dérisoire, voire à l'occasion sordide, à nous, gens nantis qui ne nous abaissons plus à nous arrêter à de tels détails. Eux, les petites gens de la terre du monde entier, n'en finissent pas de grappiller, de collecter et, ainsi, ils ont survécu.

C'est notre survie à nous qu'ils ont acquise à ce prix puisque nous ne sommes rien d'autre, en définitive, que leurs descendants. Abandonné à la pente de ma réflexion un peu somnolente, je finis par me persuader que ce dénuement, et surtout cette capacité à le gérer, devenait une sorte de dénominateur commun à toutes nos cultures. Nous venions de là. C'était notre source commune. Il me parut alors évident que, à trop nous obstiner à nous en éloigner, nous courions les plus grands risques de nous perdre.

Etait-ce le sens qu'il fallait donner à la démarche de Josepi et des siens ? Y avait-il là une volonté plus ou moins délibérée d'une sorte de retour au désert ? Je crois qu'il m'aurait plu de m'en convaincre. En quelque sorte, l'idée me rassurait. A lui donner une portée presque mystique, je trouvais à leur entreprise un sens qui, sans rien lui ôter de son côté aventureux, lui procurait un semblant de justification.

Et moi, là-dedans ? Etait-ce, là aussi, le sens que je devais donner à cette irrépressible attirance qui, depuis des années maintenant, m'entraînait toujours plus au nord, vers les communautés inuit ? Etais-je, sans trop m'en rendre compte, à la recherche de mon propre désert ?

Tu vois, Pasha, il m'arrivait tout de même de me poser des questions. Pas celles auxquelles tu attends que je te réponde, bien sûr. Jamais, je crois, depuis que j'avais retrouvé une raison d'exister et que s'était estompée, dans le bouillonnement de mes activités, la lancinante question de cette lettre jamais écrite à mes parents, je ne me suis interrogé sur ce qui pouvait rester en moi de mes choix de jeunesse. Cette terre du Morvan, ce pays, sa façon de vivre dont je m'étais juré jadis de ne jamais m'éloigner, je ne savais plus ce qui pouvait encore m'y rattacher et, au fond, je ne m'en souciais plus.

Je te concède tout de même qu'il n'était peut-être pas tout à fait innocent que l'idée m'en revienne au moment où, depuis le fond de mon canapé, j'en étais à me demander si ma démarche, depuis tant de temps, ne m'entraînait pas vers une surprenante forme d'érémitisme. Il n'en reste pas moins que je m'absolvais à bon compte en associant au passage mes vieilles attaches paysannes abandonnées à celles que j'étais en train de me créer ici. C'étaient celles-ci, bien sûr, qui captaient toute mon attention.

Au fond, sans vouloir me l'avouer, je passais mon temps à chercher fébrilement la bonne raison que j'aurais pu me donner d'aller les rejoindre. Comme si c'était nécessaire ! Comme s'il n'aurait pas suffi que j'annonce simplement que j'allais y faire un saut. Entre la mi-novembre et la mi-décembre, comme il est courant durant cette période, on eut beaucoup de blizzards, mais il y eut aussi assez de belles journées pour que le voyage n'ait rien d'une aventure. Je suis pourtant ainsi fait qu'il me faut un prétexte, une raison inébranlable pour que je parvienne à me sortir de certaines indécisions.

Faute de mission à accomplir sur ordre de l'une ou l'autre des administrations qui avaient pris l'habitude de faire appel à mes services, j'étais incapable de me débarrasser d'une sorte d'inquiétude, de vague mauvaise conscience, comme si mon geste aurait pu être mal interprété, peut-être soupçonné d'arrière-pensées... C'était absurde. Je m'en rendais malheureux et sans doute assez insupportable à mes amis qui finissaient par ne plus trop rechercher ma compagnie. Le temps ne m'en paraissait que plus long et mon obsession invivable.

Comme il est courant chez les faibles, l'incohérence de mon comportement m'apparut brutalement. C'était un jour d'optimisme aussi peu justifié que ceux d'hésitations et de scrupules que je venais de vivre. Elle m'apparut avec une telle évidence que je basculai à l'instant dans l'enthousiasme le plus total. Pour un peu, sans la moindre préparation, je sautais dans mon avion et mettais le cap au nord ! Par chance, une idée faramineuse me passa par l'esprit.

Radisson se couvrait déjà des décorations de Noël. On est d'autant plus généreux en guirlandes, lampions et illuminations en tous genres dans ces tristes cités du bout du monde, qui n'existent que par et pour quelque industrie mise en sommeil par l'hiver, qu'ils donnent, l'espace de quelques jours, l'illusion d'un peu d'animation. Ce fut en découvrant l'étonnant entrelacs d'innombrables loupiotes multicolores, dont on venait de couvrir la petite église du pays, que je bondis de joie. Cette fois, je la tenais, mon incontournable mission ! Projetant mes préoccupations sur le nouveau spectacle qu'offraient les rues de Radisson, je sus sur l'instant qu'il me fallait, toutes affaires cessantes, établir la liste exhaustive de tout ce dont on peut avoir besoin, quand on est une bonne quarantaine d'Inuit perdus au plus profond de la nuit arctique, pour passer un Noël d'anthologie.

Autant j'avais tergiversé et tourné en rond, autant ma résolution était ferme et définitive. Plus rien ni personne ne pourrait m'en faire varier : je serais leur Père Noël. J'allais leur apporter, dans le ventre de mon avion, de quoi vivre un réveillon comme jamais ils n'en avaient eu. Je me ruai à mon bureau, stupéfiai ma secrétaire en déployant une activité fébrile dont je conçois qu'elle pouvait la surprendre après les semaines d'apathie que je venais de traverser. Je la sommai de m'évaluer au plus près le coût d'étonnantes quantités de tas de choses dont, en les énumérant, elle ne put douter de la destination. L'aspect gargantuesque de la chose la laissa tout de même perplexe.

– Vous ne trouverez jamais assez de monde à Radisson, le soir de Noël, pour un tel gueuleton, prétendit-elle.

– Qui vous parle de Radisson ? J'emporte tout ça à Richmond Gulf. Il faudra aussi me prévoir quelques fûts de fuel domestique. Peut-être bien que ça leur sera utile. Et puis, trouvez-moi donc quelqu'un qui soit fichu de me fournir une bonne quinzaine de petites épinettes pas trop maigrichonnes. Des sapins de Noël ! Savent-ils seulement ce que c'est ?

J'aurais dû prêter un peu plus d'attention au regard qu'elle laissa longtemps peser sur moi. Cette pauvre fille que j'avais honteusement martyrisée, à qui, avec la plus parfaite mauvaise foi, j'avais fait porter durant des mois la responsabilité de mes piètres affaires, puis à qui je m'étais aveuglément remis pour la gestion de mon entreprise pendant que je vagabondais à travers le Grand Nord, s'était prise d'une affection quasi maternelle pour l'infâme patron que j'étais. Elle ne doutait plus de mon irresponsabilité et s'était assigné pour sacerdoce de veiller à ce qu'elle ne me soit pas fatale. J'ignorais tout, bien sûr, de ses dispositions à mon égard et ne prêtai aucune attention à la grave désapprobation que j'aurais pu lire dans ses yeux.

Mieux valait qu'il en soit ainsi. Elle n'avait aucune chance de me faire revenir sur ma décision et je lui aurais fait encore plus mal si nous nous étions affrontés. Sans me préoccuper le moins du monde de ses états d'âme, je la laissai à ses commandes de fuel et à sa recherche d'épinettes et filai dévaliser le supermarché voisin.

Il me restait deux semaines à tuer avant d'entreprendre ce voyage. A quelques mois de là, je disais en plaisantant que mon avion le connaissait si bien qu'il se pilotait tout seul. J'en faisais, cette fois, une affaire monumentale, dont je me gardais bien de parler autour de moi, mais qui me faisait dépenser une telle énergie et m'excitait tellement que tout le monde en fut vite averti.

– Tu es complètement fou ! me disaient mes amis au bar de l'auberge, à l'heure de l'apéritif. Qu'est-ce que tu vas aller te perdre là-haut pour Noël ? Savent-ils seulement que ça existe, Noël, tes esquimaux ? Reste donc avec nous. On passera un bon moment ensemble.

Contrairement à ma secrétaire, ils n'avaient pas encore compris. Moi non plus, d'ailleurs ! On m'aurait bien surpris si on avait voulu me démontrer que j'étais simplement en train de couper les derniers ponts me reliant au monde des Blancs.

29

Pas un seul instant je n'ai douté qu'il ferait beau. La chance souriant aux inconscients, s'il faisait un froid de loup, ce matin-là, le ciel était d'une pureté parfaite au-dessus de Radisson quand je sortis mon appareil du hangar. La veille, tard le soir, on avait eu droit aux somptueuses draperies mouvantes des aurores boréales et à leurs jeux de couleurs. J'avais tout de même pris mes précautions. J'étais allé vérifier la météo. Elle était excellente et sans le moindre risque pour les prochaines quarante-huit heures.

– Tu voles ? s'était étonné le préposé.

J'avais confirmé sans autre précision. Il n'avait pas eu besoin d'être très perspicace pour se douter que je n'allais pas faire route au sud.

– Tu feras gaffe tout de même, crut-il bon d'ajouter. Il n'y aura pas grand monde pour aller te rechercher là-haut en cas de besoin.

Et pour cause ! Je le savais bien que j'allais être seul, parfaitement seul dans l'immensité du Grand Nord durant ces quelques heures de vol. Ce n'était pas la première fois. Le souvenir me revint de ces heures passées avec Gérard Morinot dans la tourmente quand il s'agissait d'aller sauver la petite fille de Kangiqsualujjuaq. Cette fois, en comparaison, c'était une promenade de santé. Je préférai tout de même garder mes observations pour moi et laissai le brave factionnaire avec la conviction qu'il avait à faire à un fou ! Que m'importait ?

Le vol fut effectivement magnifique. Il faisait encore nuit à Radisson quand je décollai, mais la lumière froide de la lune, en se réverbérant sur la neige, éclairait un paysage à la fois d'une netteté étonnante et complètement fantasmagorique. Au-delà du gigantesque réservoir du complexe hydroélectrique, les vastes pans sombres de la forêt d'épinettes eurent tôt fait de se raréfier, puis de disparaître. J'avais dépassé la ligne des arbres. Sous mes ailes, c'était l'infini de la toundra qui s'étendait, droit devant moi, jusqu'à l'océan Arctique. Un vertige de grandeur sauvage totalement figé par le gel, enseveli sous la neige et qui offrait à mon regard ébloui les variations sans fin d'un paysage somptueux. Mis à nu par un blizzard récent, les innombrables lacs pris d'un bloc par la glace formaient un étonnant camaïeu d'un bleu très léger tranchant pourtant avec netteté sur le blanc plus ou moins ombré des coteaux environnants. Quelques sombres barres rocheuses ou quelques crêtes trop battues de vent dessinaient à grands traits de fusain l'architecture rustique de ces étendues poignantes de solitude.

La nuit commençait à peine à pâlir quand je survolai Kuujjuarapiq dont les lumières éparpillèrent brièvement sur la neige un délicat semis d'étincelles d'or. Le ronronnement de mon moteur dut faire lever plus d'un nez. Je ne m'attardai pas et m'engageai le long du littoral. Sur ma gauche, de la gigantesque baie d'Hudson, aussi loin que pouvait porter la vue, montait une lueur laiteuse d'une mélancolie infinie. Je préférai concentrer mon attention sur le rivage qui se découpait sous mes ailes avec une netteté de scalpel. Je perdais un peu d'altitude et me promenai ainsi tout au long de la côte dans la féerie du jour naissant.

Quand l'île Bélanger apparut, je sus que j'arrivais. Cette fois, je descendis jusqu'à raser les congères. Je franchis en trombe le goulet et déboulai sur le village avant qu'ils aient pu comprendre d'où pouvait bien surgir ce bruit fracassant le silence absolu de l'hiver arctique. Sitôt que je l'eus dépassé, je virai à pleine vitesse sur l'aile et me repayai, pour le plaisir, un nouveau passage au plus près des quelques bicoques d'où j'eus le temps de voir jaillir un flot pressé de silhouettes agitant les bras à qui mieux mieux.

Plus calmement, j'opérai encore deux boucles complètes au-dessus d'eux en battant consciencieusement des ailes. A voir la frénésie avec laquelle ils jouaient tous, là-dessous, au moulin à vent, j'eus chaud au cœur. J'avais été tout de suite reconnu et je n'étais certainement pas le mal venu.

Après quelques tâtonnements, grâce à Josepi et à trois ou quatre de ses compères qui, comprenant tout de suite mon problème, surent me l'indiquer depuis le sol, je parvins à trouver le champ de neige assez plat et dépourvu d'obstacles sur lequel poser mon appareil sans dommage. J'avais à peine mis pied à terre qu'ils m'avaient rejoint, essoufflés. Trébuchant dans la neige, ils étaient environnés des petits nuages de vapeur de leur respiration et que l'effort de leur course levait de leurs épaisses parkas aux capuches bordées de fourrure dont n'émergeaient que le minimum de leurs visages comme toujours hilares.

Les Inuit ne sont pas des gens à effusions, mais il y a, dans les grandes occasions, comme un cérémonial de la poignée de main dont la fermeté ne trompe pas. J'y eus droit, ce jour-là. Rester main nue si longtemps par une température qui devait avoisiner les quarante degrés sous zéro finit par me faire craindre de voir mes cinq doigts se détacher de ma main l'un après l'autre ! Josepi se tenait un peu à l'écart, surveillant étroitement la scène. Il veilla bien à être le dernier à s'avancer vers moi. Nos regards se rencontrèrent avec une intensité que je ne suis pas près d'oublier. Il me prit la main, la couvrit de sa mitaine et me la secoua longuement.

– Pourquoi es-tu venu ? me provoqua-t-il.

S'il y en avait un qui savait ce qui m'avait poussé à entreprendre ce voyage, c'était bien lui. Peut-être d'ailleurs se promettait-il déjà de ne pas me laisser repartir !

Une fois de plus, je dus reconnaître que Bernard Devert avait raison. Ils n'étaient certes pas au large dans leurs quelques match boxes, mais ils semblaient y vivre parfaitement heureux. Sur le terre-plein autour duquel on les avait bâties, ils avaient construit un grand igloo. Quatre autres, de taille plus modeste, étaient reliés entre eux par des passages en forme de tunnels. Ce n'était ni pour le simple plaisir, ni pour la seule utilité qu'ils s'étaient donné la peine d'ériger ces igloos. Certes, ils n'étaient pas peu fiers d'avoir su retrouver les gestes et les techniques de leurs anciens pour mettre leurs réserves à l'abri des chiens et des intempéries. Mais il y avait aussi une sorte de symbolisme très fort dans ce geste. Ils me les firent visiter avec un plaisir évident et je découvris ainsi avec stupéfaction que quelques-uns d'entre eux y vivaient nuit et jour. Ils riaient à gorge déployée de mes effarements et je devinai l'immense satisfaction qu'ils ressentaient à pouvoir me démontrer l'espèce de continuité qu'ils se plaisaient à établir entre leur capacité à gérer leur nouvelle vie.

Ce village, les Blancs le leur devaient, mais personne ne leur dicterait la façon d'y vivre. Un de leurs plus grands bonheurs était d'avoir pu recréer quelques attelages de chiens. Pas plus que pour les igloos, il ne s'agissait d'une quelconque régression. Il n'existait encore que deux motoneiges dans le pays, mais ils savaient bien qu'une de leurs premières préoccupations, dès qu'ils le pourraient, serait d'en équiper le plus grand nombre possible. Les attelages de chiens, c'était comme un juste retour des choses. Aucun d'eux n'avait oublié ce temps pas très éloigné, dont Josepi m'avait parlé, où quelques policiers canadiens avaient abattu tous les chiens d'attelage sous prétexte de sédentarisation plus ou moins forcée. Atteler à nouveau, c'était bien sûr le bonheur de retrouver des sensations et des gestes anciens, mais c'était aussi, au moins avec autant de force, l'affirmation du droit reconquis à vivre comme ils l'entendaient.

On insista pour me faire faire la visite détaillée et commentée de toutes leurs installations. Ils avaient déjà transformé l'entrepôt de l'ancien comptoir en rustique salle de réunion, préfiguration de la salle du Café de Paris auquel j'étais alors loin de penser. Ils préféraient se tasser un peu plus dans les match boxes et se garder un espace assez vaste pour tous se rassembler au moindre prétexte. S'ils avaient su s'organiser parfaitement sur le plan matériel, ils n'avaient pas omis pour autant de veiller à l'ambiance et à la convivialité. Cela ne me surprenait pas et je pus vite constater par moi-même qu'ils avaient parfaitement atteint leurs objectifs !

La soirée qu'ils improvisèrent sous le seul prétexte de mon arrivée fut un modèle du genre ! Il est vrai qu'entretemps, Josepi et moi étions retournés jusqu'à mon avion et je lui avais révélé ce que contenait sa carlingue. Aussitôt réquisitionnées, les deux motoneiges, attelées de traîneaux, avaient transporté tout ça dans les igloos pour ce qui ne craignait pas le froid, dans des resserres plus tempérées pour le reste. Et le grand souci avait tout de suite été l'organisation de ce réveillon de Noël qu'il m'avait pris l'idée de leur apporter.

Honnêtement, leurs propositions de menu ne m'enthousiasmaient que très modérément. Certes, durant quelque chose comme quatre millénaires, leurs conditions d'existence leur avaient laissé fort peu le loisir de s'essayer à la gastronomie. Se nourrir, durant tout ce temps, était bien moins un plaisir qu'une nécessité. Ça tournait même parfois à l'angoisse. En prenant la mesure de la terrible préoccupation que pouvait représenter pour eux la dépendance dans laquelle ils se trouvaient des errances de leurs gibiers, on réalise à quel point la nature est injuste et combien nous sommes, nous les natifs des climats tempérés, ses enfants gâtés.

Cela étant, le caribou bouilli et le phoque à peine dégelé, une fois passé l'attrait de l'exotisme, ça lasse vite ! Au risque de titiller gravement leur susceptibilité, je décidai de jouer le jeu du maître de cérémonie jusqu'au bout et de leur proposer mon propre menu.

– Ton caribou, déclarai-je à Josepi interloqué, c'est moi-même qui vais le cuisiner. A ma façon. Et tu verras que vous m'en redemanderez. Et puis aussi, il me faut de l'huile, beaucoup d'huile. Vous en avez ?

Cette question ! Bien sûr qu'ils avaient de l'huile, autant d'huile que je voulais, ou presque. Je poussai naïvement un soupir de soulagement. J'avais apporté un bon stock de pommes de terre, fermement décidé à leur faire découvrir les charmes inégalables des frites bien de chez nous, mais je n'avais pas pensé à l'huile.

Rassuré sur ce point essentiel et sur celui de leur adhésion à mes projets culinaires, auxquels mes interlocuteurs masculins n'avaient pas semblé vouloir opposer d'objections sérieuses, je pus m'abandonner à tout le plaisir de cette première soirée au cœur de l'hiver arctique. Il ne faisait certes pas très chaud dans leur salle de réunion à peine séparée du grand froid extérieur par sa charpente et son toit de tôles. Pourtant, avec l'aide de deux énormes poêles à fuel, de nos parkas et de quelques bouteilles de whisky, nous n'eûmes pas l'idée de nous séparer avant une heure très avancée de la nuit.

Ce fut au cours de ces soirées de mon premier séjour chez eux que j'eus à assister au triste spectacle de l'ivresse totale à laquelle finissaient par s'abandonner quelques-uns d'entre eux. Vieilles réminiscences du temps où les Blancs, sans le moindre scrupule, avaient introduit ce poison d'autant plus violent pour les Inuit qu'ils en ignoraient les effets, et que leurs organismes n'y étaient absolument pas préparés. Déjà, à l'époque, les mesures drastiques prises par les nouveaux responsables qu'ils venaient de se donner faisaient que ces excès, dont beaucoup s'étaient glorifiés durant un temps, qui avaient été considérés comme inévitables ensuite, prenaient des allures de fautes.

– Suis-moi, finit par me dire Josepi quand vint le moment de nous séparer. Je vais te montrer où on t'a installé.

Je ne m'étais pas soucié un instant de cet aspect du problème ! Il fallut que Josepi m'en parle pour que je réalise qu'il était évidemment hors de question que j'aille dormir dans l'une ou l'autre de leurs match boxes déjà passablement surpeuplées et où la promiscuité ne devait pas être facile à vivre tous les jours. Ils avaient pourtant trouvé une solution. J'étais alors loin de me douter que, comme la salle installée dans l'ancien entrepôt, elle était appelée à un certain avenir ! Ils avaient débarrassé la minuscule chambre du commis de jadis de tous les matériaux qu'ils y avaient entreposés. Ils y avaient installé un poêle à fuel et m'avait même préparé une couche que recouvrait une superbe peau d'ours polaire ! Rien de plus chaud et de plus confortable.

– Tu seras bien, là ? s'inquiéta-t-il.

Je me récriai.

– Comme un roi ! Et puis, tu sais, après une pareille journée...

La suivante, la seconde de mon séjour à Richmond Gulf, restera certainement pour moi la plus mémorable. Les premières difficultés naquirent bien avant le jour. Certes, en ces latitudes et à cette époque de l'année, celui-ci ne pointe guère sa lumière blafarde qu'aux alentours de 10 heures du matin pour s'empresser de l'éteindre entre 14 et 15 heures. Comment s'étonner, dans ces conditions, que tous les prétextes soient bons pour s'administrer la preuve qu'on existe encore, malgré tout ? Et en existe-t-il de meilleure que le plaisir d'être ensemble pour préparer la fête ou pour la faire ?

Nous avions pris la précaution, Josepi et moi, de sortir des igloos les deux carcasses de caribous, qui ne me semblaient pas de trop pour régaler tout le monde, pour les mettre à décongeler. Le village s'éveillait à peine lorsque, depuis ma petite chambre où je n'en étais, pour ma part, qu'à entrouvrir un œil, j'entendis s'élever un cri strident. Ça venait de là, tout près de moi, au fond de l'entrepôt. Je me précipitai et trouvai Alasi, l'air complètement affolé.

– Qu'est-ce qui se passe ? Qu'est-ce qui vous arrive ? m'inquiétai-je.

Ce ne fut certes pas mon intrusion en pyjama, sur lequel je finissais à peine d'enfiler ma parka, qui put l'apaiser !

– Sortez ! Sortez d'ici, commença-t-elle par me crier en se réfugiant derrière quelques tables.

Puis, se ravisant, elle n'attendit même pas que j'esquisse le geste de battre en retraite pour passer à l'attaque.

– C'est *vous* qui avez fait *ça* ? C'est vous, n'est-ce pas ? C'est vous, j'en suis sûre !

D'un doigt accusateur, elle me désignait les deux carcasses de caribous que nous avions suspendues, Josepi et moi, juste avant d'aller nous coucher, à proximité de l'un des chauffages pour nous assurer qu'elles seraient bien dégelées à notre réveil. Ne voyant pas où était le mal et quelque peu désolé de me retrouver l'objet de l'ire de la douce et mignonne Alasi, je ne pus que confirmer. Oui, c'était moi qui avais fait ça. Même que j'étais plutôt satisfait du résultat et me réjouissais à l'avance du plaisir que je lui ferais, pour oublier cet émoi, en lui servant personnellement le meilleur morceau du somptueux rôti que j'allais préparer.

Sur le coup, sa colère disparut. Lui succéda aussitôt la sévérité d'une condamnation sans appel.

– Je vais le dire à Josepi, trancha-t-elle sèchement. Vous ne pouvez pas rester ici. Reprenez donc votre maudit avion et repartez d'où vous venez. Vous, faire un rôti de ces caribous ! Vous n'y pensez pas ?

Et, oublieuse de ce qui l'avait amenée là, elle se retira, l'air pincé et profondément ulcérée. Ma douce Alasi ! Fallait-il que je sois maladroit pour que telle fut notre première rencontre depuis qu'on m'avait contraint de me tenir à distance ! Sûr que j'arrangeais mon cas, avec une affaire pareille ! Pourtant, alors que je me préparais en cherchant désespérément à comprendre la vraie raison de son courroux, je me posai pour la première fois la double question de ce qu'elle représentait pour moi et de ce que je pouvais représenter pour elle.

Jusque-là, au fond, nous n'avions eu que bien peu de rapports. Toutefois, il était évident qu'ils étaient d'une nature particulière, bien différente, en tout cas, de ceux que je partageais avec le reste de la communauté. Je n'en étais pas encore à concevoir que je puisse aller jusqu'à la demander en mariage. Il y avait toujours cette différence d'âge et, peut-être plus encore, le fait que j'avais renoncé depuis belle lurette à envisager l'éventualité de la sédentarisation requise par la création d'un foyer.

Je n'eus guère le loisir, ce matin-là, d'aller plus loin dans ma réflexion. Je dois pourtant à la vérité de dire qu'elle me revint plusieurs fois à l'esprit en même temps que je jetais un regard étonné autour de moi. Je cherchais à discerner ce qui me donnait cette solide et réconfortante impression : dans ce cadre et dans cette ambiance, je me trouvais mieux que partout ailleurs.

Restait juste à établir le rapport de cause à effet. Ni les uns ni les autres ne m'en laissèrent le temps.

30

Tout cela commençait plutôt mal ! Josepi me maintint qu'il avait rassuré et calmé Alasi lorsque celle-ci, mettant ses actes en accord avec ses paroles, était venue lui révéler ce qu'elle estimait être ma trahison. Pourtant, il semble bien qu'elle n'ait pas trouvé auprès de lui l'oreille attentive espérée. Du coup, elle était allée alerter le chœur complet des femmes.

Nul doute qu'elles étaient donc sérieusement prévenues contre moi quand leur parvint, à l'heure où elles se mettaient à leurs tâches domestiques quotidiennes, la nouvelle la plus invraisemblable et intolérable qui se pût imaginer : cette espèce de grand Qallunaaq qui, déjà, selon elles, poussait un peu trop leurs hommes à faire la fête, s'était mis dans la tête de faire la cuisine lui-même !

Avait-on idée ? Et puis quoi encore ? De quoi se mêlait-il, celui-là ? Leur cuisine à elles, les femmes du village, n'était-elle donc pas assez bonne pour lui ? Mais c'était qu'on n'allait pas se laisser faire ! On allait voir ce qu'on allait voir ! Le fait qu'une première ambassade auprès de Josepi n'ait pas été prise au sérieux ne fut pas de nature à calmer le jeu ! Je venais de lui demander toute une série d'ustensiles et d'ingrédients dont je pensais avoir besoin. Je le vis revenir en courant, les bras chargés et poursuivi par un bataillon de femmes en colère.

Il me fallut m'expliquer. Nombre d'entre elles, comme beaucoup d'hommes parmi les plus âgés, ne parlaient que l'inuktitut. J'étais encore peu habile à l'usage de leur langue maternelle. Josepi dut faire l'interprète. La séance dura plus d'une demi-heure. Je ne les convainquis pas, mais j'éveillai chez elles une curiosité suffisante pour qu'elles consentent à me laisser faire, rien que pour le plaisir de pouvoir se moquer de moi.

Cela d'ailleurs ne tarda pas. J'avais demandé à Josepi de me fournir l'huile demandée. Il m'en apportait une bonbonne. J'eus devant elles le geste de l'ouvrir et de mettre mon nez sur le goulot. C'était de l'huile de phoque ! La grimace que je fis déclencha une tempête de rires à rendre jaloux plus d'un humoriste. L'ennui était que, pour ma part, je n'avais aucune envie de rire.

– Ce n'est pas ça que je t'ai demandé. De l'huile ! De l'huile pour faire la cuisine, quoi ; de l'huile à friture.

Ce pauvre Josepi, pris entre deux feux, était tout penaud.

– Mais... mais... bredouillait-il, qu'est-ce que tu veux que je te donne, moi ? L'huile pour la cuisine... Est-ce que je sais s'il y a autre chose que ça, moi ?

Tout cela, en fin de compte, n'était que de ma faute. J'aurais dû prévoir. On en était, fort heureusement, en un temps où le hamburger et le ketchup n'avaient pas encore colonisé ces latitudes. Si la gastronomie, du moins telle que nous la concevons, n'était pas leur fort, retrouver leurs traditions culinaires faisait partie de ce soin qu'ils mettaient à réhabiliter leur mode de vie et leur culture. Avec mes frites et mon rôti, je ne faisais que perturber, une fois de plus, leurs habitudes.

La nouvelle de notre embarras avait fait le tour des cuisines du village à l'allure d'une traînée de poudre. A l'indignation soulevée par l'idée qu'un Qallunaaq puisse se mettre aux fourneaux avaient spontanément succédé une immense curiosité et une envie folle, il faut bien le dire, de le voir échouer. Ma bonne volonté était prise au piège. Je n'avais plus le choix : sous peine de me déconsidérer une fois pour toutes, je devais réussir.

Pour me donner une contenance et me laisser le temps de la réflexion, je me mis à éplucher mes pommes de terre. Josepi, sans hésiter, s'y colla avec moi. Il me regarda faire, puis, sans un mot, sans craindre les quolibets de ces dames, il prit un couteau et s'attela à la tâche. Le sens de la dérision ne perdant jamais ses droits, il s'amusait à comparer les épluchures que nous obtenions et riait de bon cœur de l'épaisseur des siennes.

C'était, entre les maisons et l'entrepôt, un va-et-vient incessant de curieuses hilares et jacassantes qui accouraient se régaler du spectacle de ces deux hommes occupés à la corvée de pluches. Il fallut bien sûr que vînt le tour d'Alasi. L'œil brillant, mais l'air tout de même grave, presque méfiant, elle s'approcha de notre table et contempla longuement ce que nous faisions. Je pense qu'elle dut être un peu déçue. Après tout, éplucher des pommes de terre, il n'y a rien là que de très banal, même pour des Inuit perdus dans un village en devenir, au fond de l'hiver arctique. Que ce soit des hommes qui opèrent était évidemment plus original, encore que moins choquant pour une jeunesse comme elle que pour ses aînées. On avait dû lui raconter l'anecdote de l'huile et je suis persuadé qu'elle entendait bien être là quand l'affaire se dénouerait.

– Regarde donc, lui dit Josepi. Il y a des couteaux, là, derrière. Tu en prends un et tu viens nous aider !

A ma grande surprise, elle ne se le fit pas répéter deux fois et j'eus même droit au passage au plus charmeur des sourires ! Il y eut un léger mouvement de repli chez les autres femmes présentes. Alasi venait de les trahir, elles avaient subi une défaite. Quelques-unes tournèrent casaques et s'empressèrent d'aller répandre le bruit de cette forfaiture ; d'autres hésitèrent. Puis l'une d'elles, sans un commentaire, se saisit d'un couteau et vint nous rejoindre. Il y en eut une seconde, puis une troisième... Le tas de pommes de terre ne fit pas long feu !

Cela ne réglait pourtant pas mon problème de friture. Il me tracassa longtemps, bien sûr, jusqu'à ce qu'il m'apparaisse que, après tout, ils ignoraient ce qu'étaient des frites cuites dans de l'huile végétale. Que risquais-je alors à essayer dans une friture d'huile de phoque ? S'il y en avait un que le résultat pouvait surprendre, c'était moi. Mais les autres ?

Ainsi naquit la recette qui devait faire florès du rôti de caribou, frites à l'huile de phoque. Ils s'en régalèrent et en redemandèrent jusqu'à épuisement complet du stock de pommes de terre ! Mon soulagement fut à la mesure du triomphe qu'ils me firent. Bonnes joueuses, les femmes ne furent pas en reste, d'autant que, si j'avais réussi à me procurer quelques bouteilles d'anisette que les hommes apprécièrent beaucoup à l'apéritif, je m'étais aussi débrouillé pour rationner raisonnablement la consommation de vin. Ce soir-là, pas un seul des convives ne fût pas en état de rentrer chez lui sur ses deux jambes, même un peu flageolantes ! J'y gagnai une estime féminine inversement proportionnelle à la méfiance du matin, et certainement plus durable.

Pourtant, lorsque tout le monde fut parti et que, pour la première fois, en rangeant ce qui devait l'être et en éteignant les bougies dont nous avions décoré les épinettes promues au rang de sapins de Noël, j'eus la sensation d'avoir reçu chez moi, je ne pouvais pas m'empêcher de me réjouir d'une image, une seule : celle de tous ceux qui m'avaient aidé. Alasi avait été de loin la plus active et la plus efficace. Elle avait le don de se trouver toujours là où elle pouvait se rendre utile et l'art du geste efficace.

Et puis, surtout, quand nous avions enfin pu nous mettre à table à notre tour, elle était venue s'asseoir à côté de moi, ostensiblement, avec un large sourire, comme si ça allait de soi. Comme pour me signifier, en même temps qu'à tous les autres, que, convaincue de mes bonnes intentions, elle faisait amende honorable et tournait la page de notre petite brouille.

Bien sûr, en regagnant ma chambrette, je pensais à tout ça. Je pensais à mon propre comportement, au milieu de tous ces gens dont je désirais tellement gagner l'estime. Fatigué, tombant de sommeil, je ne cherchais pas à comprendre. Je constatais simplement que je me trouvais bien là. Mieux qu'en aucun autre lieu où ma vie d'errant m'avait jusque-là conduit.

Le lendemain matin, Josepi vint m'aider à ranger. Sous prétexte de jour férié, le village prenait tout son temps pour s'éveiller. Sans nous presser, il nous plaisait de nous activer tous les deux dans cette grande salle rustique à laquelle étaient déjà attachés quelques-uns de nos bons souvenirs dans ce pays encore à peine dessiné.

Il m'avait d'ailleurs apporté les plans définitifs de l'agglomération, que Bernard Devert lui avait confiés avant de partir. Quand nous eûmes fini de nettoyer la salle, il les déroula avec précaution sur une table en utilisant des salières comme presse-papier.

– Ce ne sera pas beau, quand ce sera fini ? se réjouissait-il déjà. Là, c'est la mairie ; là, l'infirmerie ; là, le garage ; là, la centrale électrique...

Il énumérait toutes ces merveilles en s'en délectant. Il m'aurait suffi de lire, c'était écrit sur les plans. Je le laissai faire, heureux pour lui.

– Et là, annonça-t-il fièrement, pointant d'un doigt énergique l'une des vingt-sept maisons qui devaient être bâties, ce sera chez moi !

Nous nous partageâmes le café restant d'un plein pot que nous nous étions préparé avant de nous mettre au travail. Nous nous installâmes autour des plans et nous laissâmes passer le temps en rêvant de ce village à naître.

– Le tout, disait Josepi qui ne perdait jamais son sens pratique, ce sera de trouver du travail pour les jeunes. Nous, les vieux, on a la pêche et la chasse. Mais qu'est-ce que tu veux, tant que ce n'est pas considéré comme des professions, qui peut en vivre ? Les jeunes, il leur faut autre chose. Je le comprends bien. C'est moins une question d'argent que de s'occuper. Avec ce qu'ils nous versent des redevances d'Hydro-Québec ou des mines, on peut encore s'en sortir. Mais est-ce que ça tient, pour un jeune, de se tourner les pouces à longueur de journée en attendant les allocations ? Attends voir, prophétisait-il très justement, les dégâts de la drogue si on ne fait rien. Et puis la télé... J'ai vu ça chez vous, à Radisson ou ailleurs. Rien à faire, elle nous rejoindra. Et alors là, notre culture, j'en donne pas cher quand ils n'auront rien d'autre à faire qu'à passer leur temps devant les bêtises de la télé américaine...

Le bon sens de Josepi ! Il me réjouissait presque autant que m'affolaient les perspectives qu'il brossait.

– Du boulot, tu es drôle. Tu en trouveras où, du boulot, dans vos villages ?

Il eut de la main un geste qui récusait déjà mon objection.

– Il y a de quoi faire, affirma-t-il. Seulement, il faut le vouloir. Il faut s'y mettre. Tiens, simplement, ici, bien sûr, ce n'est pas encore le cas, mais tu es allé à Kuujjuaq, à Kangiqsualujjuaq, à Salluit, à Inukjuak, à Kangiqsujuaq. Tu as vu les voitures, les motoneiges. Et encore, ça ne fait que commencer. Combien il y en aura, dans dix ans ? Il faudra bien les entretenir, tous ces engins-là. Qui c'est qui le fera ? Il nous faut des mécaniciens. Et puis le commerce, l'artisanat... Non, je te dis, si on veut, il y a de quoi faire. Même la chasse. Sais-tu qu'il y a près d'un million de têtes de caribous rien qu'au Nunavik ? Si on n'agit pas très vite, bientôt il n'y aura plus assez de lichen pour les nourrir. Et là, comme toujours, le troupeau va fondre pour retomber peut-être en dessous des cinq cent mille têtes. Ce n'est pas nouveau, cette histoire-là. Ça a toujours existé. C'est même ce qui explique les famines effroyables qui revenaient régulièrement, dans le passé. On pourrait les chasser, ces animaux-là, en réduire le nombre pour que ceux qu'on laissera continuent de trouver à manger. On sait bien que la viande de caribou, il y a un marché dans le sud. Notre problème, c'est l'éloignement. Elle arrive trop chère là-bas. Tout ce qu'on demande, c'est que cet argent qui vient d'Hydro-Québec ou des mines, il serve à payer le transport. Pour le reste, nous, si on peut vivre de la vente de notre chasse, on préfère ça aux allocations.

Le chasseur, quoi qu'il fasse, reprenait le dessus. C'était son affaire, cette histoire-là. Il souffrait de ne pas pouvoir revendiquer son métier de chasseur.

– Et pourquoi vous ne le faites pas ?

Il eut un rictus amer.

– Dans le sud, reprit-il, il y a des éleveurs de vaches. Ils sont subventionnés à mort pour produire leur viande bourrée de cochonneries. Alors, tu comprends, si on arrive avec notre viande de caribou à des tarifs normaux, on leur fait de la concurrence, à ces messieurs-là. Et comme ce sont eux qui décident de la répartition des aides...

Il se tut. Je respectai son silence. Je voyais bien qu'il continuait à remâcher inlassablement ces vieilles insatisfactions et les inquiétudes qui allaient avec. Assis en biais sur son banc, il avait ce regard éteint et triste que je lui avais déjà vu un soir, plusieurs années auparavant, dans un des derniers camps de techniciens, tout en haut du bassin de la Caniapiscau. Nous apprenions à nous connaître et j'avais été profondément touché par la façon qu'il avait eue de me parler de son père. « Des fois, m'avait-il dit, je me demande s'il n'aurait pas mieux valu qu'il ait raison... » Il parlait de la tradition des nomades dont le vieux ne voulait pas démordre ; il parlait de ce modernisme qu'il leur fallait assumer sans qu'ils en aient fait le choix.

Etonnant Josepi sachant passer sans transition de cette conscience très fine qu'il avait de la précarité de leur situation, à tout l'enthousiasme qu'il était capable de mettre dans le moindre de ses projets et, surtout, dans ceux de sa communauté. Il ne bougea pas. Son regard resta perdu au fond de ses cogitations, mais je vis bien que celles-ci changeaient de nature. Une étincelle s'était allumée au fond de ses yeux, qui ne tarda pas à devenir l'illumination du sourire le plus triomphant qu'il sût arborer.

– Mais moi, j'ai mon idée ! dit-il.

Je laissai venir. Peut-être un peu surpris que ma question ne suive pas, il se tourna lentement vers moi. Cette fois, il était franchement goguenard, au point que je fus vite sur mes gardes. Il y avait fort à parier que j'allais me retrouver concerné !

– Le tourisme, se contenta-t-il de laisser tomber.

Prudent, je m'obstinai à attendre.

– Ça aussi, le tourisme, c'est du boulot qu'on peut trouver.

D'expérience, j'étais plutôt réservé. Ma moue dubitative ne lui échappa pas.

– Bien sûr que si ! s'exclama-t-il. Tu veux que je te la dise, mon idée ? Je vais m'installer une petite pourvoirie sur le lac à l'Eau-Claire. Je sais où. Il y a longtemps que j'ai repéré le coin. La chasse, la pêche ! Il y en aura pour tout le monde. Et, nous, on aura un fameux plus. C'est ici qu'on les recevra, les Amerlos et les Anglais qui voudront y mettre le prix. Avoue que ça aura une autre gueule qu'à l'auberge de Radisson !

Pouvais-je me douter, lorsqu'il ponctua son propos d'une grande claque sur la table, que c'était bien là, dans ce vieil entrepôt un peu décrépit, qu'il logeait son projet et que j'en étais la pierre angulaire ? Comme je persistais à me montrer pour le moins réservé, il dut juger prudent d'en rester là.

– Tu verras ! conclut-il.

Ce que je n'ai évidemment pas traduit, comme j'aurais dû le faire, par ce qu'il pensait, à savoir que l'idée allait évidemment faire son chemin dans ma petite tête de Qallunaaq et qu'il n'aurait qu'à me cueillir quand je serais mûr !

31

Le regard scrutateur d'Alasi se fait de plus en plus insistant. Je sais que je ne pourrai plus tenir longtemps. Il faudra bien qu'un jour ou l'autre, je lui explique. D'ailleurs, si la distance me protège du tien, je sais bien que toi aussi, Pasha, tu t'impatientes. Année universitaire finie, tu seras bientôt là. Je n'aurai plus de sursis à espérer. Je commence à entrevoir ce que sera ma réponse, mais il me faut aller au bout de moi-même. Les mots que je prononcerai, au fond, tu les devines déjà. Ce n'est pas ça l'essentiel. Ce qui compte, pour moi, c'est de savoir comment je serai capable de gérer leurs inévitables conséquences. Mon angoisse est de me trouver sans voix lorsque me seront adressés certains « pourquoi ? »

Alors, ce matin, en me levant, j'ai proclamé qu'il faisait trop beau pour se priver d'une partie de pêche. Alasi était encore couchée. C'est fou ce qu'elle est câline, Alasi, en ce moment ! Chatterie pour me pousser à parler ? Vague inquiétude de me perdre ? Je suis ignoble de supputer le calcul qu'il pourrait y avoir derrière ses élans de tendresse. Il y a toujours eu beaucoup de tendresse entre Alasi et moi, et le temps qui passe ne change rien.

Nous étions encore tous les deux sous le charme de la longue passion que nous venions de partager. J'ai laissé retomber le rideau que j'avais écarté pour scruter le ciel et je me suis retourné vers elle. Comment dire l'étonnant regard que j'ai rencontré ? Dans ses yeux, il y avait le doux égarement de l'amour, mais il y avait aussi, curieux mélange, l'intensité de cette question qui la brûle, je le sais bien, depuis que, certaines heures, elle me sent lui échapper.

Ce fut bref. Elle a brusquement rejeté les couvertures et bondi du lit.

– C'est ça, a-t-elle dit. File à la pêche. Par un temps pareil...

En trois pas, elle était dans mes bras et se lovait contre moi avec une force telle que j'en fus d'abord surpris. Je réagis vite, bien sûr, et il s'en fallut de peu que nous basculions à nouveau sur le lit. Quant à moi, j'y étais tout disposé ! Je ne manœuvrai pourtant pas assez vite. Avec détermination, mais aussi beaucoup de douceur, elle se dégagea de mon étreinte. A deux pas de moi, elle resta un instant immobile, avec quelque chose comme un grand remerciement très souriant au fond des yeux. Puis elle me prit par la main.

– Viens ! Je vais te préparer ton petit déjeuner.

J'ai arrimé mon matériel de pêche sur le porte-bagages de mon quad. Ici, on appelle ça des « quatre-roues ». C'est bien plus qu'une mode, c'est une furie, ces engins-là. Tout le monde en est équipé. Ça fonce partout et c'est horriblement dangereux. Ça transporte des familles entières, accrochées par grappes à la moindre prise. Ça permet surtout, il faut bien le reconnaître, de retrouver une certaine liberté de déplacement dans ce pays dont les rues des villages ne sont que de vagues allées sommairement empierrées qui butent sur la toundra à trois encablures des dernières maisons.

Pas une seule route sur l'ensemble de ce pays plus grand que la France. La nature du terrain, tour à tour rocailleux puis gorgé d'une eau à laquelle le sous-sol perpétuellement gelé ne permet pas de s'infiltrer, ne plaide guère en faveur de la création d'un réseau routier dont on voit mal ce qu'en feraient les Inuit. Ils ne l'appellent d'ailleurs pas de leurs vœux. Réalistes, ils savent très bien que l'avantage qu'ils tireraient à pouvoir circuler ainsi serait largement contrebalancé par les inconvénients que ne manquerait pas de susciter un accès trop facile à leurs communautés. Maîtres chez eux ils sont, maîtres chez eux ils entendent bien rester !

La liberté que leur procureraient ces routes éventuelles n'est pas celle à laquelle ils aspirent le plus. Aller d'un village à l'autre, c'est bien, mais ce n'est pas ce qu'ils recherchent. Eux, ce qu'ils veulent, c'est pouvoir circuler librement partout dans la toundra. L'hiver, c'est fantastique ! Tout est gelé. Plus de fondrières, plus de marécages, plus de lacs pour leur barrer le passage. La motoneige, le skidoo qui leur permet d'aller où bon leur semble est pour eux la plus belle invention qui soit. L'été, le problème se complique. Le terrain est tellement dur, tellement âpre qu'il n'est pas un seul véhicule tout-terrain qui puisse l'affronter. En la matière, le quad constitue un progrès certain bien que limité et, surtout, d'un inconfort assez spectaculaire ! Vaille que vaille et avec quelques limites, ils lui trouvent tout de même l'avantage de leur donner une liberté de déplacement estivale à laquelle ne pouvaient accéder, auparavant, que ceux, comme Josepi qui s'y obstine et m'assure y trouver du charme, sachant trotter des jours entiers à travers la toundra accompagnés de chiens bâtés.

Pour ma part, je préfère encore me faire secouer comme un prunier par cet engin du diable et atteindre mes lieux de pêche dans un temps raisonnable. Indélébile empreinte du monde moderne trop pressé, diront certains. Possible, mais le moyen de faire autrement ?

J'ai choisi d'aller lancer ma cuillère en aval d'un rapide, sur un de ces petits torrents côtiers qui dévalent des cuestas. Sans me faire trop d'illusions, j'aime à laisser mon leurre filer au ras des grosses pierres qui encombrent le lit du cours d'eau et sous lesquelles somnolent souvent de grosses prises. Le tout est qu'elles se réveillent. Le contraste entre l'ombre dans laquelle elles se tiennent tapies et la lumière, trop forte, ne s'y prête pas plus que l'heure, mais peu m'importe. Tous les pêcheurs le savent, rien de mieux qu'un fil jouant dans l'eau vive pour éveiller l'esprit et l'ouvrir à toutes les méditations.

Noël passé, j'aurais dû remonter dans mon avion et reprendre le chemin de Radisson où il se trouvait tout de même que m'attendaient un bureau et une secrétaire ! Je n'en ai rien fait. Je n'ai pas pris clairement la décision de rester, et personne ne m'a suggéré de prolonger mon séjour. Pourtant, je crois que ce fut évident pour tout le monde. Si surprise il y aurait dû avoir, elle serait venue de l'annonce de mon départ.

Ce vieux drôle de Josepi a tout de suite vu le parti qu'il pouvait tirer de la situation. L'animal savait très bien où il allait et, surtout, où il voulait m'entraîner. Sans manifester le moindre étonnement à me voir m'installer dans la petite chambre qu'il m'avait affectée, il souleva très vite le problème, bien réel, de la sécurité de mon avion.

– Tu ne peux pas le laisser comme ça, décréta-t-il comme s'il allait de soi que mon séjour à Richmond Gulf allait se prolonger. Planté comme il est là, la première tempête te l'embarque. Avec un peu de chance, on le retrouve sur une match box. Tu imagines le travail ?

Il prit donc des dispositions. Sur ses indications, on bâtit un mur de neige contre lequel on vint appuyer le nez de l'appareil. On tassa assez de neige sous ses ailes pour que celle que ne manquerait pas d'accumuler une éventuelle tempête sur cet obstacle ne vienne pas à les rompre, et pour réduire la prise du vent. On l'arrima solidement au sol et je réalisai alors que, tout comme eux, j'étais bel et bien isolé du reste du monde jusqu'à ce que le dégel me rende le moyen de le rejoindre ! Je le lui dis. Il prit un air effaré.

– C'est maintenant que tu t'en aperçois ! s'exclama-t-il. C'était bien la peine qu'on se défonce. Bon, ben, si tu y tiens, demain, on le dégage...

On ne le dégagea évidemment pas et, comme par hasard, Josepi trouva mille raisons de faire appel à mes compétences qui entretinrent, pour les autres comme pour moi, l'illusion de mon utilité à la vie de la communauté. C'est fou ce que j'appris d'eux durant cette période. J'y fus complètement oublieux de tout ce qui n'était pas lié à ce noyau de vie intense, perdu au milieu du plus inhumain désert qui soit.

Longtemps après, j'apprendrais que ma secrétaire, quelque peu affolée de voir se prolonger mon absence, avait donné l'alerte. On avait entrepris des recherches. J'avais pourtant dit où j'allais. Les habitants de Kuujjuarapiq confirmèrent qu'ils avaient entendu le ronronnement normal d'un avion à l'heure où je devais survoler le bourg. Il paraît qu'on tenta de joindre ma radio de bord, mais il y avait belle lurette qu'elle était coupée ! On tenta d'établir la liaison par ondes courtes avec Richmond Gulf. Encore eût-il fallu qu'il y ait quelqu'un à l'écoute. C'était évidemment le dernier de leurs soucis. On finit par se lasser. De deux choses l'une : ou bien il m'était effectivement arrivé quelque chose et, depuis le temps, j'étais bel et bien mort ; ou bien, plus vraisemblablement, j'avais atteint le village sans encombre et, pour une raison ou pour une autre, j'y prolongeais mon séjour.

Ainsi, tout convergeait. Pour les uns et les autres autant que pour moi, il devenait normal et comme allant de soi que se prolonge mon séjour à Richmond Gulf. La question perdit toute pertinence avant même de s'être vraiment posée. Seule ma secrétaire ne trouva naturellement pas la chose à son goût, mais je dois dire qu'elle assuma cette étrange situation avec un parfait loyalisme. La pauvre ne se faisait aucune illusion lorsque, plusieurs mois plus tard, je réapparus pour lui annoncer que « l'agence de tourisme » dont le patron l'avait tellement fait souffrir, avait vécu...

Pendant ce temps, Josepi continuait imperturbablement à pousser ses pions. Je n'en pris conscience que bien plus tard, mais, quand je fis mine de le lui reprocher, il se récria avec une telle énergie que nous ne pûmes qu'en rire. Je n'étais pas là depuis une semaine que le fin matois avait déjà remarqué le plaisir que prenaient quelques-uns de ses compères et lui-même à venir le soir, sous un prétexte ou sous un autre, passer un bon moment à l'entrepôt. Pour être tout à fait honnête, il faut dire qu'ils savaient qu'y subsistaient certains cartons, reliefs de nos agapes de Noël, dont je sortais une ou deux bouteilles sans me faire prier.

Cela n'aurait pu rester qu'occasions de bons moments passés ensemble, Josepi et moi, sans autres conséquences si, bien sûr, un plan machiavélique n'avait pas germé dans sa tête toute ronde d'Inuit. Il fit tant et si bien que ces rencontres vespérales informelles devinrent une habitude. Il n'y eut naturellement personne pour s'en offusquer ! Peut-être quelques femmes froncèrent-elles les sourcils, mais elles finirent par trouver plus d'avantages que d'inconvénients à ces réunions auxquelles, d'ailleurs, elles ne rechignaient pas de participer, et d'où, dès le départ, j'avais réussi à faire en sorte que personne ne reparte soûl.

C'est là que je leur ai appris à manger. C'est aussi comme ça que je suis devenu cuisinier ! Après le succès du steak de caribou-frites à la friture d'huile de phoque, cela fut une affaire entendue lorsque, un automne, à un an ou deux de là, en rentrant de la chasse, je vis avec effroi Alasi jeter dédaigneusement à Amaruk les abats d'une oie bernache. Au risque de m'aliéner définitivement l'animal, je me précipitai et je réussis *in extremis* à sauver de ses crocs un foie gras que n'aurait pas dédaigné un gaveur périgourdin ! C'était pourtant vrai, j'avais lu ça quelque part : les oiseaux migrateurs ont la faculté de se gaver naturellement, jusqu'à hypertrophier leur foie, histoire de n'avoir pas trop à se ravitailler au cours de leur long voyage.

Dès le lendemain matin, j'étais reparti à la chasse. J'en revins avec six oies bernaches. J'accommodai les foies du mieux que je le pus, un peu selon mon inspiration. J'ai goûté. Il y avait en prime un petit goût de sauvage que ne pourront jamais connaître les meilleures productions que l'on trouve sur le marché de Sarlat, de Gimont ou d'ailleurs ! C'était extraordinaire. Tout fier de moi, j'ai proposé une dégustation à Alasi et Josepi. Je n'ai d'abord récolté que deux grimaces méfiantes. Alasi a prétexté sa grossesse. Elle devait attendre l'aîné des gamins. L'excuse était valable ; je n'ai pu que m'incliner, mais je n'ai pas lâché Josepi. En faisant la fine bouche, il a fini par accepter de détacher un tout petit bout de *panik*, ce délicieux pain sans levain des Inuit, que j'avais tartiné. Il l'a mâché avec circonspection. L'étonnement, l'air ravi, puis la véritable extase qui ont successivement défilé dans son regard m'ont fait éclater de rire. Il m'en a redemandé. J'étais fier comme Artaban ! Il a tellement insisté qu'Alasi a osé. Elle aussi en a redemandé. J'étais aux anges !

Je n'ai pas eu besoin de rééditer cette petite cérémonie. L'un et l'autre ont été mes meilleurs agents de promotion. Le foie gras de bernache avec son coulis de bleuets de la toundra fut un vrai triomphe. Les bernaches avaient trop vite migré, cette année-là, pour que je puisse répondre à la demande. Depuis, comme leur arrivée correspondant à la débâcle annonce de grandes expéditions à la recherche de leurs œufs, l'imminence de leur départ signifie pour les pauvres bêtes de la région un risque accru de se trouver dans la ligne de mire d'un fusil !

Dès le printemps suivant, j'ai ajouté une bouillabaisse de l'Arctique à cette première liste de spécialités aménagées à la sauce locale. Elle manquait bien un peu de rouille, mais elle n'en a pas moins assis une fois pour toutes ma réputation. Comme il m'arrivait de glisser, entre les sacs de pommes de terre rapportés de Radisson, quelques bouteilles de côtes-du-rhône et même d'anisette que je prenais soin de me faire expédier de France, le grand entrepôt de Revillon a vite pris des allures de gargote ! Là non plus, mes compères inuit ne savaient évidemment pas de quoi il s'agissait, mais c'est fou ce qu'ils apprennent vite quand ils veulent !

Les premières maisons commençaient à se dresser de part et d'autre de vagues bourbiers dont on avait décrété que c'était des rues. On avait un peu plus de place dans l'entrepôt. J'ai alors eu l'idée de leur installer, le long d'un mur, un jeu de quilles. Allez donc savoir pourquoi le souvenir m'était revenu de celui autour duquel je rodais, des dimanches entiers, quand j'étais gamin, pendant que mon père disputait des parties enragées et copieusement arrosées de tournées de blanc limé. Nous nous disputions, avec les autres garnements de mon âge, l'honneur de ramasser les boules et de les renvoyer aux joueurs, le long de la glissière légèrement pentue prévue à cet effet. Avec mon souvenir pour seules normes, je me suis mis au travail. Déjà habitués à mes excentricités, ils m'ont regardé faire en se demandant tout de même si, cette fois, je ne déraisonnais pas totalement.

Le plus dur, bien sûr, fut de confectionner des boules et des quilles. Les gens de Revillon-frères avaient eu la bonne idée d'abandonner là quelques poutres de chêne qui, soigneusement remisées dans la charpente du bâtiment, avaient eu tout le temps de prendre la consistance de l'acier. Les Inuit sont des sculpteurs nés. Il a suffi que je leur dessine aussi précisément que possible ce que je voulais pour qu'ils se mettent à l'ouvrage. Mais ils sont plus habitués à la douceur et à la régularité de la stéatite qu'aux veines du chêne sec. Ils ne se sont pas découragés pour autant et, s'il m'a fallu me ruiner en achat de ciseaux à bois et de maillets, le résultat, en fin de compte, fut à la hauteur de mes espérances.

Pendant qu'ils n'en finissaient pas de rire de leurs difficultés comme de l'aspect totalement incongru pour eux de cette fantaisie du Qallunaaq, je ne pouvais m'empêcher de penser à l'étonnant destin de ces chênes probablement originaires d'Europe, peut-être même de mon Morvan natal, que nous transformions sans le moindre scrupule en boules et en quilles, sous des latitudes où jamais un arbre n'a dépassé, dans le meilleur des cas, deux ou trois mètres de haut ! Et moi qui, en somme, avais parcouru le même chemin, quelles transformations m'avait-il fait subir ? Une fois de plus, je me contentai de la question et m'empressai d'en détourner mon attention pour ne pas avoir à lui chercher de réponse.

Le succès dépassa largement ce que j'avais escompté. Oubliant totalement le dédain dans lequel ils avaient commencé par tenir mes travaux, mes amis inuit eurent tôt fait d'adopter le jeu de quilles et de s'y montrer d'une adresse redoutable. Et j'eus le plaisir de voir, dès les premières parties, des hordes de gamins se disputer, autour de nous, l'honneur d'être élus renvoyeurs de boules !

Je ne pouvais pas m'arrêter en si bon chemin. Mon jeu de quilles couvert avait l'inconvénient de ses qualités : s'il était très prisé durant les longs mois d'hiver, je m'attendais à ce qu'il soit déserté dès les premiers beaux jours. Je m'empressai donc de faire l'emplette en France d'une quantité suffisante de boules de pétanque. Le magasinier de Saint-Bonnet-le-Château, arrondissement de Montbrison, département de la Loire, où j'adressai ma commande, a dû vraisemblablement s'y prendre à deux fois pour déchiffrer l'adresse de ce client étonnant. Et il y a gros à parier que cet achat exotique doit encore être cité par le service promotion de l'entreprise comme la preuve irréfutable que la fabrication locale touche à l'universel ! Ce ne sont là que des supputations, mais je sais parfaitement, en revanche, qu'il ne fut nul besoin d'expliquer à mes nouveaux concitoyens ce que les Provençaux entendent par « pieds tanqués » pour en faire des inconditionnels du petit rond dessiné dans la poussière d'où l'on « pointe » et l'on « tire » !

L'idée de faire un restaurant de ma vieille baraque en bois ne pouvait venir que de Josepi. Il fallait que ça arrive, c'était évident. Ce n'était d'ailleurs qu'une façon de formaliser ce qui existait déjà par la simple juxtaposition de toutes les activités que nous y développions. Même s'il s'en fallut de peu, ce fut avant mon mariage qu'il m'entraîna dans cette aventure en se gardant bien, naturellement, de tout me dire. Il avait son idée derrière la tête et avançait tranquillement ses pions pour m'entraîner dans ses projets.

– Et pourquoi donc tu n'en ferais pas un restaurant, de ta bicoque ?

Pour bramer sa question de toute la puissance redoutable de son organe vocal, il avait choisi, bien sûr, un de ces moments de parfait bonheur et de grande euphorie que nous commencions à prendre l'habitude de partager dans ce qui n'était encore, pour l'essentiel, que l'entrepôt de l'ancien comptoir. Il y eut un très léger temps mort, imputable, je pense, à la surprise autant qu'à l'évidente logique que tous ces joyeux drilles trouvaient à la suggestion. Puis ce fut une telle ovation, un tel enthousiasme, que je ne me trouvai pas la force de les décevoir. Comme un ballot, aussi émoustillé qu'eux, je saisis au bond la balle piégée qu'il m'envoyait.

– Ce sera le Café de Paris ! crus-je malin de m'exclamer.

Ce fut et c'est toujours le Café de Paris !

Je n'avais pas pris clairement la décision de rester lorsque Josepi me prit ainsi dans les premières mailles du filet qu'il avait soigneusement préparé. Je n'attachai d'ailleurs pas plus d'importance à ces propos qu'ils ne semblaient en mériter et que je prenais plus pour une boutade qu'autre chose. Lui pas.

Il fallut pourtant un certain temps pour qu'il remette incidemment sur le tapis l'affaire des chasseurs et des pêcheurs canadiens, américains et anglais qu'il comptait recevoir dans sa future pourvoirie du lac à l'Eau-Claire. Je ne manifestais toujours pas l'intention de repartir, mais le plus dur de l'hiver était passé. Il dut juger que le moment était venu. L'idée avait dû faire son chemin et il ne fallait pas risquer que je m'envole avant qu'il ait pu me ferrer pour de bon.

– Regarde donc, me dit-il un jour que nous étions seuls dans ce qui n'était encore qu'un entrepôt. J'ai préparé un petit truc que j'aimerais proposer aux gens qui s'occupent du tourisme, à Kuujjuaq, pour qu'ils m'en fassent quelque chose comme... Attends voir, comment vous appelez ça ? Tu sais, ces petits papiers pliés en accordéon, avec des photos qu'on montre aux touristes ?

– Un prospectus ?

– C’est ça, un prospectus !

Pour être tout à fait honnête, malgré le soin qu’il y avait mis, son bout de texte ne pouvait pas porter bien loin. Mais là n’était pas le problème. Il voulait simplement qu’on en parle et en arriver, bien sûr, à ses fins.

– Parce que tu crois que les touristes, ils vont venir jusqu’ici ?

Il ne s’arrêta évidemment pas à mon incrédulité crasse.

– Bien sûr, qu’ils vont venir ! C’est ça, ma force : être loin de tout, en plein milieu des terrains où ils veulent se perdre. Radisson... Radisson, ça n’a rien à voir. C’est encore trop la ville, Radisson.

Il n’était décidément pas revenu de ses premières préventions à l’encontre de la cité des techniciens d’Hydro-Québec, et je devais bien admettre que son idée n’était pas si mauvaise que ça, à une réserve près, mais une réserve de taille.

– Tu peux me dire comment ils vont y venir, ici, tes touristes ? Et en admettant même qu’ils y arrivent, comment tu les emmèneras sur ta pourvoirie ? Tu crois qu’ils vont trotter comme toi, à l’allure de tes chiens bâtés ?

Comment n’avais-je pas senti que c’était là qu’il m’attendait ? Pendant que je parlais, un immense sourire plein de malice illumina sa bonne bouille ronde. Il attendit que j’en aie fini de mon petit discours, laissa traîner un silence, puis pointa un doigt vers ma poitrine.

– Toi ! dit-il.

– Moi ?

Fallait-il que je sois bête pour m’obstiner à ne pas comprendre.

– Toi, bien sûr, répéta-t-il. C’est toi qui les transporteras.

Ouf ! J’avais enfin compris, mais si je m’attendais à celle-là !

– Eh, oh ! Tu en as de bonnes, toi. De Radisson à ici, je veux bien. Mais d'ici à ta pourvoirie et retour, tu imagines le cirque ? Tu imagines le temps que je vais passer à vide, pour rentrer à Radisson, pour revenir les chercher ?

Il en aurait fallu bien plus pour ternir son sourire.

– Qui te parle d'être basé à Radisson ? C'est vrai, si tu restes là-bas, ce ne sera pas commode et ça fera des frais.

Cette fois, je commençais à le voir venir, mais je voulais qu'il aille jusqu'au bout.

– Et tu préconises ?

– Ben, c'est simple ! Tu n'es pas bien, ici ?

– Non mais, ça ne va plus la tête ?

Je faisais d'autant plus mine de me rebiffer que, au fond, l'idée commençait à me tenter sérieusement.

– Pour le coup, tu pourrais le faire, ton Café de Paris !

Il avait pensé à tout, le bougre. Il ne me laissa même pas le temps de réagir.

– Ce bâtiment, quand le village sera construit, qu'est-ce qu'on en fera, nous ? Devert, il voulait même le raser. Nous, on lui a dit que ce n'était pas la peine, qu'on en aurait toujours l'usage.

Tu parles ! Il l'avait déjà derrière la tête, sa petite idée !

– Il reste un problème, s'empressa-t-il de me devancer. C'est celui de ton coucou. Il lui faudra un hangar. Il ne peut pas rester dehors comme ça. Ça, c'est un vrai problème. Mais, t'inquiète, je vais m'en occuper. Attends seulement que le Devert revienne.

Je lui faisais confiance pour avoir un plan. Josepi a toujours en réserve le plan qui sauve ! Restait tout de même à assimiler tout ça et à me confronter à une décision que, cette fois, il allait bien me falloir prendre. Ce que Josepi ne sait pas, c'est que, en définitive, toutes ses manigances, toutes ses manœuvres n'ont pas été de grand poids dans le choix que je finis par faire. Celui de rester.

32

Mes rapports avec Alasi avaient beaucoup évolué depuis la soirée de Noël. Je devrais d'ailleurs dire, pour être tout à fait honnête, que c'était le comportement d'Alasi à mon égard qui avait changé. Elle ne se cachait plus d'être heureuse de me rencontrer. Sans la moindre gêne, elle venait souvent me voir dans la grande bicoque de bois dont il était de plus en plus couramment admis qu'elle était « la maison du Qallunaaq ». Nous avions de longues conversations auxquelles nous prenions tous les deux un immense plaisir sans que jamais, pour ma part en tout cas, ne s'élève entre nous l'ambiguïté d'autres suggestions.

Je m'étais pourtant déjà attaché à elle, mais je me répétais, assez bêtement, qu'il était dommage que tant d'années nous séparent. Sinon, peut-être... Au fond, l'idée de fonder une famille ne m'effleurait pas. J'avais trop longtemps vécu en ours solitaire. Je suis évidemment convaincu que tel n'était pas son cas. Ni plus ni moins que Josepi, elle avait son idée derrière la tête, la fine mouche ! Et elle attendait patiemment, avec beaucoup de constance, qu'elle me vienne aussi !

Josepi ne voyait pas nos rapports d'un bon œil.

– Laisse donc, me répétait-il. Elle n'est pas pour toi, cette gamine. Elle va t'attirer des ennuis.

Peine perdue, bien sûr, dont il s'horripilait un peu. Etait-ce parce qu'il avait lui-même une fille un peu plus âgée qu'Alasi et que le projet de faire de moi son gendre aurait pu faire partie de son plan ? Je ne suis qu'une mauvaise langue à prêter ainsi à ce brave Josepi des intentions qu'il n'eut peut-être jamais... Encore que ! Toujours est-il qu'il nous fallut longtemps, Alasi et moi, pour le convaincre qu'il avait eu tort.

Il n'avait pas quitté l'entrepôt depuis dix minutes, ce soir-là, qu'arrivait Alasi. Comme à son habitude, elle trouva sur-le-champ quelque chose à quoi s'occuper les mains. Je m'accoudai au bar rustique que je venais de bricoler, début prometteur des futures installations du Café de Paris. Sans hésiter, dans le droit fil de nos conversations libres de tabous, je lui racontai ce que Josepi venait de me proposer.

Ce fut certainement une des seules fois où je vis Alasi interrompre un geste sans l'achever. Elle posa sur une table la vaisselle qu'elle était en train d'essuyer ou de ranger, je ne sais plus très bien, et s'approcha de moi, apparemment captivée par ce que je lui expliquais.

– Maintenant, il va bien falloir que je me décide, conclus-je.

A ma plus grande surprise, elle vint jusqu'au bar et posa sa main sur la mienne.

– Accepte, dit-elle. Reste avec nous.

Elle parut hésiter un bref instant. Le rose lui vint aux joues.

– Je serais si heureuse, osa-t-elle ajouter.

On nous a mariés à la fin de l'hiver. Malgré un permis de séjour jadis accordé et que j'avais plus ou moins négligé d'actualiser, ma situation était toujours aussi peu éclaircie au regard de la loi. On se contenta donc, sur le plan cérémoniel, d'une très vague, et d'ailleurs très brève, liturgie dont on m'assura qu'elle trouvait ses origines au plus profond de la tradition inuit. J'en fus d'autant plus facilement convaincu que cet aspect célébration était pour moi tout à fait secondaire. La promesse que nous nous étions échangée, Alasi et moi, et l'annonce que nous en faisions à la communauté me paraissaient de bien plus grande importance.

Alasi partageait mon point de vue. Notre plus grand bonheur, ce jour-là, fut de pouvoir constater l'unanimité avec laquelle ladite communauté participa à ce dont nous avions voulu faire une fête avant tout autre chose. Le dire me semble déjà trop emphatique. J'ai l'impression de trahir la réalité. Ce fut bien plus simple que ça. Ce fut tout bonnement évident pour tout le monde, comme le sont toutes les choses autour desquelles les Inuit savent si bien se rassembler dans ce système de consensus. Ils s'en sont fait une règle depuis toujours ; il suscite notre admiration, mais nous serions bien incapables de l'appliquer à nos sociétés individualistes.

Quand tu es née, Pasha, un peu moins d'un an après cela, tu as été, je crois, ce qui a définitivement scellé l'état du nouveau Clément Simare. Bien peu de rapport avec l'éternel errant que j'avais été depuis ma désertion, en Algérie ; avec ce personnage que l'on disait facilement bourru et têtu comme une mule, mais qui était bien le seul à savoir ce que ces apparences recouvraient d'indécision et de certitude de n'avoir jamais su reprendre la barre de son existence. D'ailleurs, ai-je réellement décidé que tout cela suffisait et que, à quarante ans bien révolus, il n'était que temps de fonder une famille ? C'est ta mère, bien sûr, qui a décidé pour moi.

Cette gamine dont Josepi s'obstinait à me répéter qu'elle n'était pas faite pour moi et que je la ficherais dehors avant six mois, avait parfaitement compris le sens de mon arrivée impromptue chez eux, au moment de Noël. Le tout était de savoir si je resterais ou pas. Elle m'avoua plus tard m'avoir surveillé presque fébrilement mais sans le moindre parti pris. Pour elle, c'était simple : si je repartais, c'était que je ne valais pas la peine qu'on s'inquiète de moi ; si je restais, c'était la preuve que j'avais trouvé parmi eux l'équilibre qui me manquait ailleurs. Et là, je commençais à devenir digne d'intérêt !

Tout cela n'alla évidemment pas sans me poser quelques sérieux problèmes. Si je m'attaquais tout de suite et avec ardeur aux travaux qui devaient faire du magasin de l'ancien comptoir de traite le logement confortable où nous vivons encore, si je prenais vite l'habitude de participer comme les autres aux activités communes, qu'elles soient cynégétiques, halieutiques ou de simple intérêt général, il me fallut bien, dans le même temps ou presque, gérer la liquidation de mon existence antérieure !

En réapparaissant quelques jours avant notre mariage, Bernard Devert, sans marquer la moindre surprise de me trouver là, m'apporta une pile effarante de courrier que lui avait remis ma douce secrétaire, lors de l'escale qu'il avait faite à Radisson. La charmante enfant y avait ajouté une lettre de sa main qui me suppliait de revenir. Moins sensible à cette incantation qu'elle n'avait pu s'empêcher de rendre un peu larmoyante, qu'à l'évidente et urgente nécessité qu'il y avait à ne pas laisser s'éterniser l'agonie de mon « agence de tourisme », je dus me résoudre à envisager un voyage à Radisson.

C'est ainsi que j'ai abandonné ma pauvre Alasi au lendemain ou presque de nos épousailles ! Je lui ai bien proposé de venir avec moi. Une sorte de voyage de noces, le romantisme en moins ! Elle se récria et fut intraitable : pas question. Il fallut des années pour qu'elle finisse par consentir à monter auprès de moi, quand les circonstances l'y obligeaient, dans cet engin qui ne lui avait jamais inspiré confiance et qui, pour l'heure, dormait encore sous une bonne couche de neige. L'en dégager, le remettre en marche, s'assurer que tout allait bien ne fut pas une mince affaire. Tout le monde s'y mit. On y parvint sous l'œil amusé de Bernard Devert qui, pendant ce temps, préparait activement le chantier de construction du village.

Les travaux ne pourraient commencer que lorsque les conditions météorologiques le permettraient. On en était encore loin, mais c'était la grande affaire qui nourrissait toutes les conversations. Le Café de Paris en était le centre. Alors à peine ébauché, il n'en était pas moins déjà signalé par une enseigne bricolée que nous avions suspendue au-dessus de l'ancienne porte de l'entrepôt. Devert, en la découvrant et en se faisant raconter la genèse du projet, rigola bien. Il m'envoya une grande bourrade dans l'épaule.

– Sacré Simare ! On ne t'aurait pas, il faudrait t'inventer, toi ! Attends donc que je raconte tout ça à Morinot. Je ne donne pas cher de tes oreilles la prochaine fois qu'il se pointe par ici !

Il ne se fit pourtant pas prier pour inclure à ses plans cette installation non prévue par les auteurs du projet. Il en fut beaucoup question, ce soir-là, autant d'ailleurs que des activités touristiques que comptait développer Josepi.

Ce fut au moment où nous nous séparions, satisfaits et heureux de voir peu à peu prendre forme ce rêve de village qui nous hantait depuis si longtemps, que Josepi me prit à part.

– J'ai un service à te demander, me dit-il.

– Va toujours.

– Quand est-ce que tu vas à Radisson ?

– Je n'ai pas décidé, mais l'avion est prêt. Le plus tôt sera le mieux. Pourquoi ?

Je le sentais hésitant, presque intimidé.

– En revenant, ça t'ennuierait de t'arrêter à Kuujjuarapiq ?

– Je n'avais pas prévu, mais pourquoi pas ? Il y a quelque chose à prendre ?

– Ben...

C'était bien la première fois que je voyais mon Josepi si embarrassé.

– Vas y, dis toujours.

– Ben, ce sont mes parents, admit-il enfin.

– Tes parents ? Qu'est-ce qu'ils ont, tes parents ? Ils vont bien au moins ?

Je savais ses parents très âgés. Je savais aussi la vénération qu'il portait à son père dont il m'avait longuement parlé. Il m'avait raconté qu'il avait eu toutes les peines du monde à les dissuader d'être du premier voyage pour Richmond Gulf, alors qu'ils se lançaient passablement dans l'inconnu.

– Oui, oui, ils vont bien, voulut-il me rassurer. Mais justement, ils veulent absolument venir ici.

– Et tu veux que je les transporte !

A exprimer son souhait à sa place, je l'ai visiblement soulagé.

– Ben, oui... si ça t'est possible...

Et pourquoi cela ne m'aurait pas été possible ? J'avoue avoir été ému par cette espèce de pudeur à me demander une chose si personnelle, alors qu'il n'avait pas hésité à me mettre dans bien d'autres coups.

– Bien sûr que je vais passer les prendre, tes vieux ! Ils sont prévenus, au moins ?

– Ils m'ont fait donner un mot par Devert. Ça fait bientôt un an qu'ils attendent.

Décidément, Devert avait fait le facteur pour tout le Nunavik ! Cela me plut. Ça correspondait bien au personnage.

– Et pour les loger, tu pourras ? m'inquiétai-je tout de même.

– C'est justement. J'ai vu ça avec Devert. Il peut se débrouiller pour me faire affecter un logement un peu plus grand, mais mieux vaut tout de même qu'ils soient là.

Je ne pus m'empêcher de sourire à l'idée de l'effarement qui aurait pu saisir les techniciens de Montréal s'ils avaient su à quel point la dimension humaine que nous y ajoutions chamboulait les beaux plans qu'ils avaient conçus sur leurs planches à dessins !

Les lignes aériennes parfaitement organisées qui, tels des autocars, relient aujourd'hui les quatorze communautés du Nunavik, auraient fait du déplacement des parents de Josepi une chose banale. On n'en était pas encore là, voici guère plus de vingt ans. Pour ces deux vieux qui avaient nomadisé durant la plus grande partie de leur vie, qui avaient connu les drames des années quarante et cinquante et pour qui la sédentarisation forcée n'avait été qu'une épreuve de plus, ce voyage en avion représentait une aventure considérable. Quelle idée se faisaient-ils de ce nouveau village dont leur fils leur avait tant parlé et où il leur avait affirmé que les Inuit allaient se retrouver entre eux, en communauté sinon en clan, pour se gérer comme ils l'entendaient, sans avoir à en référer aux Qallunaat ?

Comme à Alasi, j'avais proposé à Josepi de venir avec moi. Lui non plus ne voulut pas. Il invoqua des raisons tout à fait différentes. Elles tenaient, à ce qu'il m'en dit, à des entreprises qu'il ne pouvait pas reporter, mais peut-être aussi, bien qu'il se gardât d'aborder le sujet, à une sorte de retenue, une timidité qui, jusqu'au bout, l'empêcherait d'exprimer ouvertement la joie que lui procurait la venue de ses parents.

Malgré les indications de Josepi, j'eus quelques difficultés à dénicher la petite maison décrépite et bricolée qu'habitaient les deux vieux. Ils commencèrent par me recevoir assez fraîchement, ne comprenant pas ce que ce Qallunaaq venait faire chez eux. Lui parlait quelques mots d'anglais. Elle ne s'exprimait qu'en inuktitut mais elle savait lire l'orthographe syllabique que leur avaient établi des missionnaires et qui leur a permis de pérenniser leur langue, jusque-là totalement orale.

– Tu donneras ça à ma mère, m'avait dit Josepi. Quand elle aura lu, ils accepteront de te suivre.

Il avait vu juste. La vieille, installée au plus près de la lampe à pétrole, prit tout son temps pour déchiffrer la lettre de son fils. Lorsqu'elle eut fini, elle leva sur moi un regard si lumineux et que fleurissait un tel sourire que je ne doutai plus de les ramener.

Le déménagement ne prit pas trop de temps. Ils ne possédaient pas grand-chose. D'ailleurs, tout était déjà plus ou moins emballé, dans l'attente, je pense, du jour où viendrait le signal promis par Josepi. Il était donc venu, mais restait tout de même l'épreuve de l'avion ! Les sourires, surtout celui de sa mère, eurent tendance à s'éteindre lorsqu'il s'agit de s'aventurer dans le ventre de cette drôle de machine. Si le vieux, que trahissait la nervosité de ses gestes, se serait fait couper en morceaux plutôt que d'admettre la trouille monumentale qui l'habitait, la pauvre femme tremblait comme une feuille pendant que je l'aidai à s'installer et lui imposai la ceinture de sécurité. Pourquoi l'attachait-on ? Comment aurait-elle pu comprendre ? Des années passèrent avant qu'elle ose m'avouer à quel point, ce jour-là, je lui avais fait peur, et tout le temps qui lui avait été nécessaire pour revenir de cette première prévention !

Comment ont-ils fait pour loger les deux vieux en surnombre dans leurs match boxes déjà passablement surpeuplées, je ne le sus évidemment jamais. Mais, de ce jour, il fut difficile de voir Josepi dans le village sans son père ! J'eus tôt fait d'apprendre à connaître et à apprécier ce vieux bonhomme. Etonnamment vigoureux pour son âge, bien qu'il fût presque totalement édenté et qu'il n'y vît plus bien clair, son visage fripé comme une vieille pomme exprimait en permanence une sorte de bienveillante attention portée à tout ce qui l'entourait. Il était évident qu'une bonne part de ce paisible bonheur dans lequel il semblait baigner trouvait son origine dans ses retrouvailles avec la communauté. A bien des égards, malgré la précarité des installations, et peut-être d'ailleurs à cause d'elle, il revivait quelque chose qui devait lui rappeler son clan de jadis. Il n'y avait pourtant aucune nostalgie dans son comportement et il trouva rapidement sa place dans le cercle de ceux qui, autour de Bernard Devert, discutaient des futurs aménagements du village.

Il ne m'avait évidemment pas déplu qu'il manifeste sa joie en retrouvant Alasi à qui il portait une grande amitié. Lorsque nous lui apprîmes que nous étions mariés, il s'immobilisa un instant, me considéra longuement, puis me mit une grande claque dans le dos.

– *All right* ! dit-il simplement avec son incomparable accent inuit.

Ce fut son seul commentaire. Mais, au sourire d'Alasi, je compris qu'il valait comme une sorte de précieuse bénédiction. Contrairement à son épouse qui continua longtemps à se défier de moi, il me porta toujours une amitié à l'égal de celle de son fils, et à laquelle j'essayai de répondre du mieux que je le pouvais.

33

Il me revient le souvenir d'une longue conversation que nous eûmes tous les quatre, Alasi, Josepi, son père et moi, un soir de mai. Nous rentrions de deux jours passés en bateau à marauder entre les îles et le littoral. La débâcle tant attendue ne s'était produite que la semaine précédente. Une fête que la débâcle pour tout Inuk normalement constitué ! La liberté retrouvée après cette période où la neige se fait trop rare pour permettre les grandes expéditions à skidoo mais où la glace interdit encore de sortir le bateau. Et puis, un jour, ça craque ! En quelques heures, l'immensité gelée se fissure, se morcelle en d'innombrables blocs de glace qui commencent à dériver lentement. Un spectacle prodigieux !

Il faut encore prendre patience quelque temps pour que s'ouvrent des passages en eaux libres. Alors, il n'est plus rien ni personne qui puisse empêcher un Inuk d'embarquer ! Le prétexte ordinaire est la collecte des œufs d'eiders ou de bernaches fraîchement pondus que l'on va chaparder dans les nids. A tout hasard, on emmène tout de même la carabine, des fois qu'on rencontrerait un phoque ! C'est en fait, bien sûr, la vraie raison d'être de ces expéditions avec, en prime, l'étonnant bonheur que ressentent ces hommes et ces femmes à vivre au milieu de la nature. L'un ne va d'ailleurs pas sans l'autre. Quatre mille ans à ne devoir leur survie, dans ce milieu si rude, qu'à la chasse et à la pêche, laissent forcément des traces. Ils sont les premiers à l'affirmer, et à l'assumer, sans le moindre complexe et même avec beaucoup de fierté.

Nous étions partis à deux bateaux, celui de Josepi et le mien. D'autorité, son père avait choisi d'embarquer avec moi. Contrairement à son fils qui estimait qu'un chien n'avait rien à faire dans une partie de chasse au phoque, il avait trouvé la présence d'Amaruk tout à fait à son goût et ils ne s'étaient guère quittés des deux jours.

Epris d'espace, grisés par la folle sensation de liberté, nous avons écumé toutes les îles, tous les rochers, toutes les anses où nous pouvions aborder jusqu'à très loin au nord. Nous avons planté la tente sur une grève désolée où l'interminable et somptueux crépuscule arctique parut nous engloutir dans l'incommensurable anonymat de la nature encore à l'état d'avant... avant tout... avant l'homme, surtout. Nous avons installé le petit poêle en tôle traditionnel et nous avons réussi à trouver tant de brindilles et de racines de bruyère qu'il faisait presque bon, sous notre toile. Nous y avons dormi comme des sonneurs et, au petit matin, nous sommes repartis en chasse. Trois phoques étaient attachés en travers de nos canots quand nous sommes rentrés, et des seaux pleins d'œufs d'eiders et de bernaches allaient faire le bonheur de toute la communauté.

Alasi, bien sûr, nous attendait. D'autorité, elle avait mis le couvert pour quatre. Tu ne t'en souviens évidemment pas, Pasha, mais tu étais pourtant là. Tu n'avais que quelques mois, mais tu avais déjà réussi à me rendre raide dingue de toi ! Peut-être est-ce pour cela que cette soirée-là, nous l'avons passée chez nous, dans la cuisine, plutôt que dans la salle du restaurant. Peut-être est-ce aussi ce qui lui a donné une atmosphère un peu particulière, un rien plus chaude, plus intime, pour que viennent certains propos, certaines confidences, auxquels il faut ça pour qu'elles naissent.

Nous étions recrus de cette fatigue physique qui relâche l'esprit. Sans ces deux journées d'extrême liberté, nous serions-nous sentis si bien, si heureux, à tirer sur nos pipes, les jambes allongées sous la table, après le repas ? Alasi nous avait servi le café et elle était venue s'asseoir à côté de moi, contre moi, une main posée sur mon épaule. Toi, Pasha, tu étais derrière moi, dans ton berceau. Tu étais censée dormir, mais j'avais toujours une oreille à l'écoute des vagissements que tu émettais parfois, comme si, déjà, tu te mêlais à notre conversation.

Pourquoi en sommes-nous venus à évoquer le temps lointain où Josepi faisait le guide pour les techniciens des chantiers de La Grande et où je vibrionnais de l'un de ces chantiers à l'autre ? J'ai vu le père de Josepi froncer les sourcils. J'ai vu le sourire de Josepi se crisper un peu comme celui d'un gamin lassé par le rappel incessant d'une vieille faute. J'ai senti la main d'Alasi qui se faisait imperceptiblement plus lourde sur mon épaule.

– Le temps des Qallunaat ! a grogné le vieux.

Devant moi, le père de Josepi s'appliquait à mieux s'exprimer en anglais. Et moi, depuis que je vivais avec eux, je faisais des efforts pour mieux maîtriser leur langue. Ils appréciaient et veillaient souvent à m'expliquer quand m'échappait encore le sens d'une de leur complexes constructions de phrases. Ce soir-là, ni Josepi ni Alasi n'eurent à le faire. Nous étions si bien entre nous !

– Pourquoi le temps des Qallunaat ? m'étonnai-je.

Josepi eut de la main un geste d'impatience à moins que ce fut de résignation. Son père feignit de ne pas le voir.

– Tu vois, me dit-il, c'est une vieille histoire, mais il faut que je te raconte. Sinon, jamais tu ne comprendras. Quand j'étais jeune, j'ai été malade. J'avais dix-sept ou dix-huit ans, je ne sais plus très bien. Comme je ne suis pas bien loin des soixante-quinze, tu n'as qu'à voir : tout ça, ce n'est pas d'hier. Dans ce temps-là, c'était simple. Ici, dans le Nord, il n'y avait rien, ni infirmerie, ni médecin, encore moins d'hôpital. Tout ce qu'il y avait, c'étaient les saloperies apportées par les Blancs ; tuberculose, diphtérie, rougeole et je ne sais quoi encore. Nous, avant, on ne connaissait pas tout ça. Ah oui, mais, quand ça a été là, il a bien fallu faire avec. Je connais un clan, ils étaient près d'une centaine. La rougeole est passée par-là. Ils sont restés dix. C'est pour te dire. Alors, quand on était malade, c'était la mort ou, avec un peu de chance, si un missionnaire ou un agent des affaires indiennes s'en mêlait, l'hôpital, dans le sud. Ce n'était pas qu'on aimait trop. Mais le moyen de faire autrement ?

» Moi, j'ai eu cette chance-là. Je suis tombé malade près d'une mission. Si ça avait été au fond de la toundra, pendant la saison de chasse, aujourd'hui, je serais sous quelques pierres, à deux pas de l'endroit où on campait. Enfin ! Voilà donc le missionnaire qui me prend en charge, qui se débrouille je ne sais pas comment, et, un beau jour, un avion qui vient me chercher. Tu ne peux pas imaginer. Aujourd'hui, les avions comme le tien, c'est courant. En ce temps-là, il y en avait encore beaucoup qui ne croyaient même pas que ça pouvait exister, des machines comme ça, quand on leur en parlait. Cet avion, sûr qu'il n'était pas venu exprès pour moi. Il avait à faire par-là, voilà tout. Je dois la vie au hasard de son passage, quoi.

» Me voilà donc dans le sud, dans un hôpital de Blancs. Ah, pour sûr, j'y ai été bien soigné. Ça, il n'y a rien à en redire. J'y suis même resté bien plus longtemps que prévu. Parce que, tu vois, les Esquimaux, comme on disait à l'époque, ils ne supportaient pas le séjour dans le sud. Une fois arrivés là, ils n'avaient qu'une idée : remonter dans le Nord, dans leur Nord. Ce n'est pas que j'y étais plus heureux que les autres. Votre monde à vous, il est trop différent, ou alors c'est nous qui sommes trop différents, je ne sais pas, mais tout ce qu'il y a de vrai là-dedans, c'est qu'on ne peut pas y être heureux. Voilà tout.

» Mais moi, tu vois, j'ai voulu en profiter pour essayer de comprendre. Je le savais bien que le temps était fini où on était heureux entre nous. Je le savais bien qu'il faudrait bien compter avec vous pour toujours. C'était au temps où les derniers comptoirs fermaient les uns après les autres. La traite de la fourrure, c'était fini. Qu'est-ce qu'on allait devenir ? Qu'on le veuille ou non, on allait être toujours un peu plus dépendants des Blancs. Alors, moi, tu comprends, je me suis dit que, puisque j'y étais, autant en profiter pour essayer d'apprendre.

» Pour quoi faire ? En ce temps-là, tu me l'aurais demandé, peut-être que je t'aurais dit pour mieux m'entendre avec eux. Peut-être que j'y croyais encore. Peut-être que c'est pour ça que j'ai accepté quand ils m'ont proposé de me garder à l'hôpital. J'étais guéri, sûr, mais, eux, ils m'ont expliqué que ça valait mieux que je reste encore quelque temps. Ils m'ont occupé en me donnant un emploi de jardinier. Oui, monsieur ! Ça te surprend, ça, mais j'ai été jardinier, moi ! Oh, pour dire vrai, je ne faisais pas grand-chose. Tu le sais bien que le travail de la terre, nous, ce n'est pas notre affaire. Comment veux-tu ? Chez nous, elle est gelée à longueur d'année !

» Non, si je suis resté, ce n'était pas que ça me plaisait. Eux, je crois qu'ils y ont cru. “ Un Esquimau qui veut vivre comme nous ! " qu'ils ont dû se dire. " Il faut vite en profiter, rien que pour montrer aux autres. " Sûr qu'ils auraient bien fait de moi une sorte d'animal dressé à leur façon. Parce que c'était leur idée, en ce temps-là. Les Esquimaux, il faut les intégrer, qu'ils disaient. J'aurais été un Esquimau intégré ; un Esquimau qui aurait tout oublié de son pays, de sa naissance, de sa culture ; un Esquimau bien poli, bien élevé... mais Esquimau tout de même, vois-tu !

» Parce que, bien sûr, j'ai vite compris. J'ai tenu le coup deux ans. Il fallait le faire, non ? Il y avait une raison à ça : je voulais comprendre. Je voulais comprendre par où nous étions si différents, par où nous ne pourrions jamais nous entendre. J'ai fait celui qui entrait dans leur combine. Ça a plutôt bien marché. Ils n'y ont rien vu. Tu sais, c'est naïf, un Qallunaaq !

Il marqua une pause, le temps que naisse une étincelle de malice dans son regard fatigué, un peu embué.

– Tu voudrais bien savoir, hein ? me provoqua-t-il. Tu te demandes ce qu'il y avait à comprendre ? Eh bien, je m'en vais te le dire, moi. Oh ! ça tient à peu de chose. Un mot, pas plus : la différence ! Tout est là, vois-tu. Ça t'étonne ? Et pourtant ! Vous, la différence, vous n'en voulez pas. Il faut que tout le monde soit sur le même modèle. La preuve : ce qu'ils ont voulu faire de moi. Ils auraient bien aimé que je devienne comme eux, Esquimau, mais comme eux. Tu vois, c'est là, déjà, que ça ne va pas, votre truc. Vous voulez que tout le monde soit pareil, mais vous êtes les premiers à établir des différences. Seulement, pour vous, ces différences-là, c'est fait pour ne pas mélanger les genres. Il y a ceux qui sont bien comme tout le monde, bien comme il faut, et puis il y a ceux qui resteront toujours un peu différents... un Esquimau, par exemple, même si vous lui avez bien appris à se tenir comme vous et à oublier qu'il a été Esquimau. Comment tu veux que ça marche, votre truc ?

» Alors que pour nous, tu le sais maintenant puisque tu es là et que tu as une femme inuk, la différence, c'est notre règle. Tu n'es pas comme moi ? Je ne suis pas comme toi ? Qu'est-ce que ça peut faire ? C'est même bien. On est complémentaires, voilà tout. Ça, c'est une chose que vous ne pourrez jamais comprendre. Nous, on vit en communauté. Chacun est un petit bout de sa communauté. Et pourtant, il est d'abord lui-même, tel qu'il est, sans avoir à se plier à telle ou telle façon de faire qui ne lui plairait pas.

» Tiens, tu veux un exemple : chez vous, dans votre démocratie, la règle qui compte, c'est celle de la majorité. Ceux qui ne pensent pas comme le plus grand nombre doivent se taire. Pas chez nous. Chez nous, c'est le consensus. Tout le monde peut s'exprimer, quelle que soit sa façon de voir. Et on discute jusqu'à ce que tout le monde soit d'accord. Tu le sais, que ça marche. Et dans le sud, tu crois que ça marcherait ?

» C'est comme la justice. Pendant si longtemps, ils ont maintenu qu'on n'avait pas de lois, les Qallunaat, parce qu'on n'avait pas de code écrit et qu'on ne pratiquait pas comme vous. Sûr qu'on ne pratiquait pas comme vous ! Chez vous, quand quelqu'un a commis une faute, votre premier souci, c'est de punir. La punition ! A vous croire, il n'y a que ça de vrai. Nous, ce qu'on voit avant tout, c'est la paix ! Quand il y en a un qui a fait une bêtise, qui a troublé la paix du groupe, du clan, de la communauté, comme tu veux, nous, ce qu'on cherche à faire, c'est d'abord de la rétablir. Ce qui ne veut pas dire qu'au bout du compte, le fauteur de troubles ne sera pas puni. Ça dépend de ce qu'il a fait, de la gravité et de la façon qu'il aura de rentrer dans le droit chemin. L'important, dans cette affaire-là, c'est la démarche, l'état d'esprit de ceux qui ont à juger. Et là aussi, tu le sais bien que les résultats, ils sont bons.

Il se tut tout à coup et parut étonné de m'avoir tenu ce long discours. Il avait dû en oublier l'origine et les raisons pour lesquelles il s'y était engagé. Elles lui revinrent vite, ça se lut dans son regard.

– Tout ça pour te dire, reprit-il en désignant Josepi d'un geste du menton, que quand j'ai vu ce grand escogriffe-là tomber dans les pattes des gens qui étaient en train de nous détruire nos territoires de chasse, nos sanctuaires et tout le reste, j'ai fait la grimace. Je l'ai vu embobiné, moi. Ce n'était tout de même plus la même chose que de mon temps. Est-ce que je pouvais me douter de ce qui allait se passer ? Je n'en donnais pas cher, à ce moment-là, de notre culture, de la nation des Inuit et de tout le reste. Est-ce que je pouvais savoir que, au fond, en partant guide comme il l'a fait, il recommençait exactement ce que j'avais fait trente ou quarante ans avant lui ? Il voulait voir, comprendre ! Comme si ce que je lui en avais dit ne suffisait pas. A chaque génération, il y a peut-être des expériences qu'il faut reproduire, comme ça, inlassablement. Il l'a faite, son expérience, et ce que je vois, maintenant, c'est que ce n'est évidemment plus comme de mon temps. C'est une différence de plus et c'est bien. Mais ils ont fait en sorte que, malgré tous ces changements, malgré le progrès, les villages et tout, l'essentiel, ils l'ont gardé. S'ils s'étaient laissé faire, qu'est-ce qu'on serait, aujourd'hui ? Une minorité parmi les Canadiens, qu'ils soient blancs, indiens ou inuit.

» Tiens, les Indiens, demande-leur ce que ça fait d'être une minorité au milieu des Blancs. Tu peux me croire, je n'aimerais pas être à leur place. Nous, un jour, on sera maîtres chez nous. Tu vas me dire, des Blancs comme toi, assez fous pour venir vivre ici, il n'y en a pas beaucoup. Tu crois que ça aurait empêché ceux du sud de décréter qu'on devait vivre comme eux, si on s'était laissé faire ? Tu crois qu'ils nous ont demandé notre avis pour décréter qu'on étaient canadiens, en 1912 ? Quand ils ont déporté ceux d'Inukjuak vers Resolute Bay, sous prétexte de peupler des coins invivables, ils leur ont demandé leur avis ? Quand ils ont tué nos chiens parce qu'il paraît qu'ils pouvaient nous donner des maladies, mais surtout pour nous empêcher de nomadiser, qu'est-ce qu'ils faisaient ? Ils refusaient qu'on soient différents. Et ceux qui n'entrent pas dans le moule, sous-ordre, sous-catégorie !

Il s'emportait, ouvrait trop grand la porte à ses rancœurs. Il dut s'en rendre compte et préféra s'en détourner.

– Mais attention ! continua-t-il. Ce n'est pas parce que nous serons un jour maîtres chez nous, avec nos lois, nos règles, notre justice, qu'on fera la même bêtise que vous. La première de nos règles, je te le dis, c'est le droit à la différence. Tiens, toi, justement, on t'a demandé d'où tu venais, ce que tu pensais, qui tu étais pour t'accepter parmi nous ? Ce que tu es, ce que tu penses, c'est ton problème. Ça ne nous regarde pas dès l'instant où tu ne te mêles pas de tout vouloir changer chez nous, tu le sais bien.

Josepi écoutait sans un mot. Il buvait littéralement les paroles de son père, trop heureux, probablement, de l'entendre exprimer à mon intention ce que lui-même m'avait déjà dit à sa manière. A proprement parler, je n'apprenais rien, ce soir-là, mais il est parfois d'un étonnant confort d'entendre les mots que certaines personnes savent mettre sur leurs idées. Le vieux était de celles-là. A l'écouter, j'avais surtout l'impression de m'enrichir d'une grande clarté. Tout devenait plus net, plus précis.

– Eh bien, justement, finit tout de même par intervenir Josepi. Puisque tu en parles, moi, je peux te dire que le

Nunavik, quand il sera autonome, sera un territoire multiethnique. C'est écrit. C'est déjà écrit dans nos textes. C'est comme ça que nous l'avons voulu. Notre différence, on l'a assez revendiquée pour ne pas refuser celle des autres le jour où elle nous sera définitivement reconnue.

La main d'Alasi n'avait pas cessé de peser sur mon épaule. Elle n'avait pas dit un mot, mais lorsque nos regards se rencontrèrent, je crois qu'elle lut dans le mien tout le plaisir que j'avais pris à écouter le vieux. Dans le sourire qu'elle m'adressa alors, il y avait le démenti le plus formel à ce rabat-joie de Josepi qui osait maintenir qu'elle n'était pas faite pour moi !

Elle était pourtant encore loin du compte et ne sut jamais combien cette affaire de droit à la différence m'occupa et m'occupe toujours l'esprit. Evidemment, je me l'appliquai vite à moi-même et réalisai un peu tard que, en somme, je l'avais toujours revendiqué, même si c'était de façon parfaitement inconsciente et surtout très négative. C'était bien moins un choix de ma part qu'un refus ; celui, obstiné, de me glisser dans quelque moule que ce soit. Pour autant, il faut que je l'admette, je n'avais jamais fait l'effort d'essayer de discerner ce qui, en moi, s'opposait si radicalement à ce que je sois tout simplement comme les autres.

Inuksuk, en somme, ne l'avait été que par défaut. Je me serais bien gardé d'expliquer cela à Josepi, mais une chose me devenait évidente : cette farouche résolution de ne jamais rien concéder, dont on m'avait fait une réputation, n'était en fait qu'une malheureuse incapacité à me situer en fonction des autres. Pourquoi, alors, me suis-je trouvé si bien parmi les Inuit ? Peut-être, justement, parce qu'ils ont cette étonnante faculté d'admettre les différences.

34

Dans deux jours, tu seras là. Je m'y attendais, bien sûr. Tes frères sont arrivés hier. La fête, tu t'en doutes ! Même si, à leur façon de me regarder, je comprends que leur mère leur a parlé et a dû leur faire part de ses inquiétudes à mon sujet.

Ta lettre nous annonçant ton retour imminent est arrivée en même temps qu'eux ou presque. Elle leur a fait pousser des cris de joie, a mis dans le regard de ta mère cette douce lueur de plénitude apaisée que lui procure toujours le retour au bercail de toute sa nichée, et m'a évidemment comblé, même si je ne le laisse pas trop paraître. On ne se refait pas.

Elle n'a pas pour autant ôté du regard qu'Alasi pose sur moi depuis quelques jours cette interrogation muette qui me met si mal à l'aise. D'autant que, cette fois, l'échéance approche. Je suis ridicule, je le sais. Pourquoi ne pas parler ? Nous avons toujours parlé. L'échange est dans la nature de nos rapports. Alors, pourquoi, cette fois encore, je ne parviens pas à m'y résoudre ?

Il y a, au fond de moi, quelque chose qui ressemble fort à une grande peur de tout perdre. J'ai l'impression vertigineuse de tenir dans ma main la clef de voûte de tout l'édifice de nos vies. Il va falloir que je la pose. C'est inévitable, je ne peux plus y échapper, mais je ne sais pas ce qui va se passer quand il faudra que je la lâche. Et si tout venait à s'effondrer ?

Absurde ! Pourquoi tout s'effondrerait-il ainsi ? Je le sais, mais rien n'y fera : c'est comme la poigne terrible d'un mal qui se serait saisie de moi. Elle me mine de cette panique complètement irraisonnée.

Un répit ! Ce matin, j'ai trouvé le moyen de filer seul. Les poubelles du restaurant étaient pleines des reliefs des récents gueuletons. J'ai annoncé que j'emmenais tout ça à l'île aux chiens. Tes frères n'ont pas proposé de m'accompagner. Les uns et les autres, vous avez toujours eu horreur de l'île aux chiens, je le sais bien ! L'endroit, il est vrai, n'est pas trop plaisant. Ça n'y sent pas trop bon et l'ambiance, entre ces chers molosses, est souvent pour le moins électrique, surtout quand il s'agit pour eux de se partager quelques bons morceaux !

Amaruk, lui, n'aurait pas demandé mieux que de venir, mais, pas de chance, il m'a bien fallu lui interdire l'accès au bateau. Il a pris un air outré, mais je pense qu'il a vite compris. Il n'y est jamais allé, à l'île aux chiens, heureusement pour lui. Quelque chose doit pourtant lui dire que c'est un endroit pas trop fréquentable pour un husky de bonne compagnie. Peut-être d'ailleurs, les concerts de hurlements qu'on entend, certaines nuits, lui ont-ils enseigné de s'en défier.

Au printemps dernier, quand le maire a piqué sa colère annuelle contre les dégâts provoqués par la meute des chiens en liberté, je ne veux pas dire que ça lui ait plu de se retrouver attaché au bout de sa chaîne, mais il a pris l'affaire avec plus de philosophie que ce que j'aurais pu craindre. A croire qu'il savait que c'était ça ou la déportation estivale dans l'île aux chiens. Comme tous les ans, j'ai attendu qu'aient eu lieu les rafles ordonnées par le maire et que soient rentrés les bateaux chargés d'emporter les contrevenants jusqu'au lieu de leur détention. J'ai encore laissé passer huit jours par prudence, puis je lui ai rendu sa liberté.

De toute façon, dès l'automne, lorsque la glace sera assez solide, ils reviendront tous par leurs propres moyens. Il sera bien temps qu'il les retrouve, tous ses copains traîne-savates ! La nature étant ce qu'elle est, il est même à peu près certain que, comme chaque année, ils rentreront au village un peu plus nombreux qu'au printemps ! Ils nous tiendront compagnie durant l'hiver et, lorsque reviendront le printemps et le coup de colère du maire, il faudra nous réhabituer aux concerts de hurlements furieux qu'ils nous servent presque toutes les nuits d'été, comme une vengeance.

Je sais que, sauf à supprimer tous les chiens, ce qui est hors de question, le problème est insoluble. Pourtant, ils me font un peu pitié, ces clebs condamnés à sillonner tout l'été cette île minuscule en bandes furieuses, surexcitées et souvent affamées. Alors, chaque fois que je le peux, je leur emporte un petit extra. Je ne suis d'ailleurs pas le seul à agir ainsi. Ils nous connaissent et s'il faut bien distribuer quelques vigoureux coups de pied à droite ou à gauche pour pouvoir débarquer en paix, le risque de se faire attaquer est minime. Je ne dirais pas la même chose s'il s'agissait d'un quidam duquel ils n'ont rien à attendre...

Ma bonne action accomplie, plutôt que de rentrer directement au village, j'ai mis le cap au sud. J'ai traversé le bras de mer séparant l'île aux chiens de sa plus proche voisine, j'ai attaché le canot à un bloc de rocher sur la grève et je suis monté jusqu'au sommet de la falaise. Je me suis assis au milieu d'un parterre de saxifrages voisinant avec des fleurs blanches à étamines jaune vif, qui m'ont semblé être de la famille des dryades. Installé comme je le suis, le vent du large me passe au-dessus de la tête. Seul le soleil atteint ma cache. Il y fait délicieusement doux. On ne peut pas me voir depuis le village. J'ai l'impression d'être libéré de ce poids étrange que je sens peser sur moi depuis ce matin.

Par contre, moi, depuis le haut de ma falaise, je le vois très bien, le village. Je n'en suis guère éloigné que d'un kilomètre et la pureté de l'air me le fait paraître plus proche encore. Je vois ses alignements de maisons pataudes et râblées, construites pour ne même pas frémir sous les attaques du blizzard ; maisons sans charme, toutes identiques et que ne différencient que les couleurs un peu trop vives dont on les a affublées. Un peu à l'écart, au sud, je vois le garage de mon hydravion, porte de droite ouverte sur le berceau d'où, tout à l'heure, j'ai laissé glisser mon canot jusqu'à l'eau. Juste au-dessus, légèrement à gauche, il y a le Café de Paris. Je distingue même parfaitement les trois silhouettes confortablement installées sur des chaises longues devant la maison. Qu'est-ce que ça doit papoter ! Ils en ont, des choses à raconter à leur mère, les deux gamins. Et elle, entre eux, silencieuse, toute ouïe, et tellement heureuse !

Et moi donc ? Bougre de Simare, il va bien falloir que tu te décides à régler ce problème une fois pour toutes. Il y en a assez de t'exclure toi-même, sans que personne te l'ait demandé, de ce bonheur qui est le tien autant que le leur, là-bas, sur leurs chaises longues !

Bigre ! que ce village paraît sans âme... Ah, bien sûr, il n'aura jamais l'allure que leurs murs de granit et leurs toits d'ardoises bleutées, leur apparent désordre et la patine du temps donnent à ceux de mon vieux Morvan. Et pourtant, il n'est pas un de ses habitants, jeunes ou vieux, à qui l'idée viendrait de s'en éloigner. Exactement l'inverse de ce qui se passait chez moi où plus personne ne voulait rester au pays.

Tiens, pourquoi cette image du Morvan? Pourquoi maintenant? Curieux. Il me semble tout à coup essentiel de ne pas la lâcher. Il y a quelque chose d'important qui se dessine derrière cette comparaison un peu incongrue qui m'est spontanément venue à l'esprit. Alors que tout le monde fiche le camp chez nous, les Inuit, eux, se cramponnent à leur communauté.

Remarque, Simare, que tu as dit « chez nous »... Comme si le temps ne faisait rien à l'affaire. Longtemps que ça ne t'était pas arrivé.

Et pourquoi ils fichent tous le camp, là-bas, en Morvan? Pourquoi ils tiennent tant à rester, ici, les Inuit? Tu brûles, Simare. Tu le sens bien, au fond de toi, que tu en as assez déroulé, du long ruban de ta vie, pour qu'enfin apparaisse la logique – si logique il y a – qui te l'a faite si bizarre, pas comme celle des autres...

Comme celle des autres! Il y tenait, ton père, le brave homme, à ce que ses enfants aient une vie décente, pas comme celle que ta mère et lui ont connue; une vie comme on en faisait déjà en ce temps-là; une vie tranquille, Formica dans la cuisine, Dauphine sur le parking, congés payés en camping, appartement en HLM avec vide-ordures intégré et la retraite au bout du compte. Tout ce qu'il n'a pas eu, quoi. Tout ce qu'il voulait que tu aies, comme les autres...

Et toi, Clément Simare, tête de mule, tu n'en voulais pas, de tout ça. Rien à faire, tu voulais rester au pays. Tu voulais que ce soit comme avant. Tu voulais reprendre la forge. Tu voulais faire autrement que les autres.

Tiens donc, la différence! La revoilà! Tu étais différent et tu voulais l'assumer. Non : tu étais différent et tu aurais bien voulu l'assumer. Ce n'est pas la même chose. Le Formica, la Dauphine et le reste, c'était le contraire de la différence. Ton père les voulait pour toi. Toi, tête de chien, tu n'en démordais pas, tu ne voulais rien de tout ça. Tu voulais juste la rustique convivialité du village. Tu aurais bien voulu assumer. Un temps, avec la Fabienne pour te donner du courage, tu aurais bien tenu tête à ton père, Clément Simare. Mais Fabienne a trahi. Seul, tu ne faisais plus le poids, si tant est que tu l'aies jamais fait.

Alors, tu as fui. Devant la farouche détermination du bourrelier Simare, son fils a fui le Formica, la Dauphine, le HLM et la retraite au bout du compte. Voilà, Clément Simare, ce qui t'a fait courir ta vie durant. De ton rêve de vie paisible, au village, il n'est rien resté, pas même la cendre du regret. Par contre, aujourd'hui encore, tu trembles rien qu'à l'idée de ce que le vieux bourrelier voulait pour toi avec une obstination honnête et irréductible.

Je le craignais donc tant que ça, mon père ? Cette idée me choque. Bien sûr qu'il n'était pas commode, le père Simare. Bien sûr qu'il avait des idées bien arrêtées et que ce n'était pas son godelureau de fils qui aurait pu l'en faire revenir. Etait-ce le craindre que de l'admettre ? Certainement pas. Je crois que, sans cesser un seul instant de lui porter un réel respect, j'étais assez déterminé, assez tête de cochon pour défendre mes idées et mes choix devant lui jusqu'à la dernière extrémité.

A bien y réfléchir, ce qui m'a fait reculer, ce qui m'a le plus sûrement désarmé, c'est bien cette fichue différence. Dès que Fabienne m'eût abandonné, j'étais seul différent ; seul contre tous. L'air du temps était à l'exode inéluctable des jeunes vers la ville. C'était l'opinion unanime. Que tout cela aurait été facile si je n'avais pas eu à redouter ma solitude face à cette unanimité.

Elle était là, en fait, ma crainte. Ce n'était pas d'affronter mon père que je redoutais. C'était de l'affronter avec des idées que j'étais seul à oser défendre. Il l'aurait eue belle, le vieux, de s'outrager que son gamin puisse s'élever contre un point de vue qu'il adossait tranquillement à celui de tous. C'était peu de dire que j'étais minoritaire. Elle était là, la règle de la majorité, et je n'avais qu'à me taire... Bien vu, Josepi ! Plutôt que de me soumettre, j'ai fui.

Voilà pourquoi tu t'es sauvé, Clément Simare. Voilà pourquoi toute ta vie ou presque, tu as craint sans trop vouloir te l'avouer qu'ils te reprennent et t'emprisonnent une fois pour toutes, tous ces petits conforts, ces petites facilités, ces minuscules sécurités qu'on voulait pour ton bien mais dont tu savais d'instinct qu'ils allaient tuer ton âme.

Tu as préféré faire de ton âme une vagabonde, une errante, plutôt que de consentir à te fondre dans la masse uniformisée des générations qui se sont vendues au Formica et à tout le reste contre un peu plus de confort, une vie plus facile, une illusion de sécurité. En fin de compte, tu n'as pas à en rougir. Tu te voulais comme ça. Ça ne s'est évidemment pas passé comme tu l'avais rêvé. Est-ce que ça se passe jamais comme on l'a rêvé ? Tu ne t'es pas trahi, voilà tout. Peut-être, Clément Simare, as-tu un peu trop fui ; peut-être t'es-tu laissé un peu trop aller au gré des événements. C'est beaucoup de chance, après tout, qu'ils ne t'aient jamais précipité du haut de tes illusions.

Et puis, la dernière de ces chances, la plus colossale ! Dans mon trou, assis au milieu de mon parterre de fleurs, je ne peux pas m'empêcher d'éclater de rire. Colossale coïncidence ! Pendant que, sans trop en prendre conscience, je fuyais l'autorité de mon père exigeant de moi que je renonce à ma différence, Josepi échappait au sien qui redoutait de le voir perdre la sienne dans l'univers uniforme des Blancs !

Inuksuk ! De nous deux, malgré mes fuites et mes dérobades, les événements auront donc fait que ce soit bien moi l'inuksuk, celui que rien ni personne ne peut faire dévier de ses résolutions. Je sais parfaitement au prix de quelles indécisions, de quelles faiblesses j'en suis arrivé là. Pour une fois, pourtant, je ne m'en flagellerai pas plus que de raison. Pourquoi le ferais-je? Rien ne compte que le résultat obtenu.

Au loin, là-bas, sur la façade ensoleillée de notre maison, je vois qu'on bouge. On s'est levé. On range les chaises longues. Je distingue même Amaruk qui va et vient de l'un à l'autre. Faute d'avoir pu embarquer avec moi, il prend très consciencieusement sur son temps habituel de vadrouilles pour fêter le retour des garçons. Dans deux jours, pour Pasha, ce sera du délire!

Alasi disparaît dans l'ombre de la maison. Les deux gamins restent encore quelques instants, debout, côte à côte à l'angle de la terrasse. Je les imagine en train de se concerter. Le chien n'arrête pas de vibrionner autour d'eux. Puis ils se décident. Je les vois s'éloigner vers le village, le chien toujours sur leurs talons. Vu l'heure, je mettrais ma main au feu que ça s'en va zoner vers la co-op, lieu habituel de rencontre des jeunes et des moins jeunes. Les voilà en chasse, les salopiots! Les copines de classe doivent déjà en glousser. De tout l'été, on ne les reverra plus guère qu'aux heures des repas... et encore! Allons, il faut bien que jeunesse se passe. Le tout est qu'ils ne me fassent pas trop vite grand-père!

Je suis au spectacle. Je suis dans le trou de la petite souris d'où ils ne savent pas que je me délecte à les voir vivre nos simples petits bonheurs. Dans deux jours, Pasha et moi, nous nous en offrirons un autre. Je m'en réjouis à l'avance. Nous irons sur notre gros rocher qui domine à la fois la baie, devant, le village, sur notre gauche, et d'où la vue, à droite, se perd dans l'infini de la toundra.

– Alors ? me demandera-t-elle ?

– Alors quoi ? m'amuserai-je à la taquiner.

Je ne ferai pas durer trop longtemps. Ce serait indigne. Je lui raconterai. Je lui expliquerai ce que j'ai fui en m'éloignant de mon pays, ce que je recherchais en menant la vie qui fut la mienne, ce que j'ai trouvé quand Josepi m'a attiré ici. Oh, bien sûr, je le sais, pendant que je parlerai, il m'arrivera de me reprocher de me donner le beau rôle. A tant de temps et de distance, quelle différence y a-t-il encore entre fuir et prendre la décision de partir ?

Je serai sincère quand je lui dirai tout le bonheur que je ressens à l'idée de retrouver ma mère grâce à elle.

– Et maman ? me demandera-t-elle alors.

Eh oui ! « Et maman ? » Aurai-je le temps d'ici-là de parler à Alasi ? Il le faut pourtant. Je lui dois tout de même la priorité. Ce n'est pas tous les jours qu'après plus de vingt ans de mariage, une native de la toundra se découvre une belle-mère qui ne s'est jamais beaucoup éloignée de ses forêts, à plus de sept mille kilomètres de là !

Et après ? Cette fois, c'est moi qui me pose la question. Je la retourne quelques instants dans ma tête, comme un bonbon sous la langue. Je ne lui trouve évidemment aucune réponse satisfaisante. Elle est là, omniprésente, mais pas gênante. Elle a plutôt bon goût. Elle peut durer. Elle ne fondra que d'elle-même, en même temps que se créeront ses réponses.

En me sortant de mon trou et en jaillissant dans la lumière crue et le vent qui balaient le haut de la falaise, j'ai une furieuse envie de pousser un cri de soulagement. Je me retiens juste à temps, sachant que ce serait le meilleur moyen de déclencher un furieux concert d'aboiements et de hurlements sur l'île voisine, ce qui ne manquerait pas d'attirer l'attention du village. Je n'ai aucune envie qu'on se mêle, aussi peu que ce soit, de ce que je fais là.

Je m'y retrouve, simplement. Je ne vais tout de même pas expliquer ça à tout le village ! Je m'y retrouve et je sais maintenant que je n'aurai pas à baisser piteusement le nez quand viendront, un jour ou l'autre, sur un bord ou l'autre de l'océan, ces « pourquoi ? » auxquels j'avais si peur de ne pas savoir répondre que je les ai fuis ma vie durant.

35

– Et mes poules ? Et mes lapins ? Qu'est-ce que je vais en faire, moi ? Et le chien ? Et la chatte ? Qui c'est qui va s'en occuper ?

Nul ne peut soutenir que Jeanne Simare n'avait pas l'esprit pratique. Accourue aux nouvelles, Adrienne Bouchut n'en croyait pas ses oreilles. Incrédule, son regard allait de la lettre posée bien à plat sur la table, à côté de son enveloppe, au chignon de Jeanne qui s'activait devant la cuisinière à la préparation du café.

– C'est tout ce que ça te fait ? s'étonna-t-elle, un peu outrée. Tu retrouves ton fils après plus de quarante ans ; du même coup, te voilà trois fois de plus grand-mère, et tout ce que tu trouves à dire, ce sont tes poules, tes lapins, ton chien et ta chatte ! Ça y change quoi, à ta ménagerie, que tu aies retrouvé ton fils ? Qu'est-ce qu'elle a à y faire, là-dedans, ta ménagerie ?

Jeanne fit face. Malgré le cheveu gris soigneusement tiré en un chignon dont pas une mèche ne s'échappait, malgré l'impression qu'elle donnait, dans sa grande blouse grise trop ample, ses charentaises élimées, ses lunettes cerclées de fer, toutes rondes, sur le bout de son nez, de s'excuser pour le peu d'espace qu'elle occupait encore, elle ne faisait pas son âge. Quatre-vingt-cinq printemps que semblaient refuser catégoriquement d'assumer des traits restés étonnamment jeunes et un œil toujours aussi vif, souvent pétillant de malice. Tout de même, ce matin-là, quelque chose l'embuait, qui ressemblait fort à de l'émotion.

– Tu en as de bonnes, toi ! Est-ce qu'on peut partir comme ça, sans se soucier de ses animaux ?

Aussi rondelette que Jeanne était sèche, le teint couperosé et l'air facilement las, Adrienne Bouchut, bien qu'un peu plus jeune que Jeanne Simare, en paraissait l'exact contrepoint. Depuis que leurs hommes, le bourrelier et le forgeron, s'en étaient allés : depuis que la rue, jadis si vivante et débordante d'activités avait sombré dans la somnolence un peu morbide des ateliers clos ; depuis que les enfants s'étaient envolés, les uns après les autres, des grandes salles où ne résonnaient plus que les voix assourdies des animateurs de radio ou de télévision, les deux femmes avaient noué une sorte d'alliance de nécessité. On ne s'était pas trop fréquentées, du temps de la grande activité. On n'était pas brouillées, mais c'était juste bonjour, bonsoir, rien de plus. Avait-on seulement le temps ?

Le temps ! Qu'en faire, maintenant que l'effort était à le tuer ? Alors, elles allaient de chez l'une à chez l'autre, toujours sans grande amitié, toujours avec une sorte de défiance à peine voilée, mais parce qu'il faut bien se côtoyer, qu'être seul n'est pas une vie.

C'était le facteur qui avait averti Adrienne. Une lettre du Canada, ce n'est pas tous les jours que ça vient rompre la monotonie des publicités. Et puis, chez la Jeanne, justement. Si c'était... Est-ce qu'on sait ? La Jeanne qui n'a jamais perdu l'espoir, qui n'a jamais voulu baisser les bras ; la Jeanne qui a refusé, quand on le leur a proposé, que le nom de son fils soit inscrit sur le monument aux morts. La seule fois, peut-être, où elle a osé tenir tête à son mari. Pas commode, pourtant, le bourrelier. Elle l'a tout de même emporté, cette fois-là, et ce fut pour elle comme une victoire de plus sur tous ceux qui maintenaient que son Clément était mort.

Adrienne s'était précipitée. Elle avait trouvé Jeanne assise à sa table, contemplant des photos. Les deux feuillets d'une longue lettre étaient posés devant elle.

– Je l'avais bien dit ! avait été son seul commentaire en tendant à Adrienne les photos qu'elle tenait à la main.

– Ah, bien sûr, il a changé, mon Clément ! Quarante-cinq ans ou presque sans le voir, ce n'est pas rien. Là, c'est sa femme, et puis ça, ses enfants. Me voilà trois fois de plus grand-mère, d'un seul coup !

Elle était triomphante, la Jeanne, et déjà un peu méprisante pour l'air circonspect d'Adrienne qui fronçait les sourcils sur les photos.

– Ça t'étonne, hein ? Elle est inuit, sa femme. Inuit... Tu ne sais pas ce que c'est ? Esquimaude, quoi, si tu préfères. C'est ma petite-fille, Pasha qu'elle s'appelle, qui m'explique tout ça. Elle écrit bien, cette gamine-là. Pourquoi qu'il est allé chercher une femme si loin ? Ça... Va, il me l'expliquera bien.

– Tout de même, bientôt quarante-cinq ans... tenta d'insinuer Adrienne.

Jeanne redressa vivement sa petite taille.

– Ça, dit-elle sèchement, je sais. J'ai toujours su. Il n'aura pas besoin de me faire un dessin, marche !

Elle n'en dirait pas plus, c'était évident. Adrienne, quoi qu'il lui en coûtât, préféra ne pas insister.

Verser le café, apporter le sucre et les gâteaux secs et touiller méticuleusement l'épais breuvage noir servit à laisser s'apaiser les émotions. Restait tout de même cette affaire des poules, des lapins, du chien et de la chatte dont Adrienne ne parvenait pas à comprendre ce qu'ils venaient faire là-dedans.

– Où c'est donc que tu veux partir, dans un moment pareil ?

Jeanne leva de dessus sa tasse, qu'elle tenait à deux mains, un regard sidéré.

– Où veux-tu ? s'étonna-t-elle. Chez eux, pardi ! Là où est mon fils, mon Clément, sa femme et ses enfants, mes petits-enfants !

– Tu n'y penses pas !

Affolée, Adrienne osa se saisir de la lettre et chercha l'adresse. Elle s'appliqua à la lire, mais n'en fut guère plus avancée.

– Sais-tu seulement où c'est ? Un pareil voyage, à ton âge !

– Et alors ? Sur l'enveloppe, il est marqué Montréal. Ça existe, ça, Montréal. Peut-être qu'ils habitent tout près de Montréal, comme on dirait une banlieue. Il y a bien des avions qui doivent y aller, à Montréal, non ?

– Tu vas prendre l'avion ?

– Marche ! Je saurai bien me débrouiller.

Elle n'en démordit pas. Un voisin alerté vint avec un atlas sous le bras. C'était un gars du pays que l'été ramenait régulièrement, depuis la ville lointaine où il avait émigré, dans la maison de famille dont les volets, tout le reste de l'année, restaient tristement clos. Malgré toute l'instruction dont on le créditait, il eut bien du mal à dénicher le coin du monde où semblait pouvoir être localisé l'étonnant perchoir que s'était trouvé Clément.

– Les Inuit, disait-il gravement sans rien en savoir... Ce sont des gens... Ils vivent dans des igloos. A ce qu'on dit, ce n'est pas trop brillant, là-haut... L'alcool, la tuberculose...

Adrienne était dans tous ses états. Jeanne, elle, n'entendait que ce que lui dictait son cœur. Son fils était là-haut. Elle irait donc. Ses deux filles et son fils, pris entre le bonheur de retrouver leur frère et le souci de la santé de leur mère, tentèrent mollement de l'en dissuader. Elle les envoya vertement aux pelotes.

Il n'en fallut pas moins attendre que s'établisse une correspondance assez régulière pour que les choses se décantent. C'est que le courrier n'est pas trop rapide, entre le Nunavik et la France. Clément proposa de venir en Morvan, mais il ne pouvait guère se libérer avant l'hiver et, de toute façon, payer le voyage à toute la famille était hors de question. Jeanne décréta qu'elle voulait faire la connaissance de tout le monde. On finit par convenir que Montréal, dans un premier temps, serait un lieu de retrouvailles plus commode.

– Je suis étudiante à Montréal, lui écrivit Pasha. J'ai un petit appartement. Je pourrai te loger. Tu verras. Ce sera très bien !

Jeanne n'en doutait pas. Le ton s'était tout de suite trouvé entre la grand-mère et la petite-fille. Il arriva à Jeanne de se demander de qui, son fils ou cette gamine, elle se languissait le plus. Les gamins, bien sûr... Les garçons y étaient allés tous les deux de leurs petites lettres gentilles, lui exprimant tout le bonheur qu'ils avaient à s'être ainsi découverts une seconde grand-mère, mais elle les sentait plus distants, certainement intimidés et sur la réserve. Quant à sa belle-fille, Jeanne fut quelque temps perplexe. Alasi s'était contentée d'ajouter quelques lignes très brèves au bas d'une des premières lettres de Clément. Les mots étaient pourtant bien choisis. Jeanne les avait relus maintes et maintes fois, pressentant plus qu'autre chose dans leur ombre, une grande sensibilité et une disponibilité qui lui plaisaient en même temps qu'elle ne pouvait se défendre d'une certaine appréhension. Elle était femme et parvenait sans peine à se mettre à la place de cette autre femme. Qu'aurait-elle ressenti si, alors qu'elle avait l'âge d'Alasi, avait surgi dans son existence un tel événement ? Et si ce grand benêt de Clément se laissait tout à coup emporter par la nostalgie du pays ? Que sa femme voie dans tout cela une menace sur son couple ne lui semblait pas illogique. Il y avait apparemment tellement de différences entre son Morvan et cette terre lointaine dont elle avait essentiellement retenu, de tout ce qu'on lui en avait dit, que le sol y était gelé à longueur d'année et qu'il n'y avait pas un arbre.

Qu'on puisse vivre dans un pays où il n'y a pas un arbre dépassait son entendement. Mais puisque c'était ainsi ! Elle s'installa à sa table, ouvrit son bloc de correspondance et s'appliqua à calligraphier une lettre chaleureuse et rassurante pour Alasi. La réponse parvint à Jeanne quelques jours avant son départ. Elle était telle qu'elle emporta ses dernières inquiétudes.

Clément s'était chargé de lui retenir une place sur le vol régulier d'Air France à destination de Montréal-Trudeau et lui avait fait envoyer le billet. Septembre tirait à sa fin quand son fils vint la chercher. La passation des consignes au voisin qui avait accepté de prendre en charge les poules, les lapins, le chien et la chatte, fut un moment de grande intensité, mais l'émotion ne vint que lorsque, son manteau sur le dos, la vieille dame entreprit un dernier et méticuleux tour de sa maison aux volets déjà clos, pour s'assurer que tout y était en ordre. Ce fut alors seulement qu'elle prit la vraie mesure de l'aventure dans laquelle elle se lançait. Elle partait. Elle quittait pour de bon sa maison. Elle s'engageait dans le vaste monde, toute seule, toute menue, dans son grand manteau gris anthracite, sa canne à la main, son petit sac de cuir noir étroitement serré sous son bras. Elle eut un moment de complet désarroi. Son fils dut l'aider, la guider pour ses derniers pas complètement désemparés dans ce lieu où elle avait vécu tant d'années, où elle avait élevé sa famille et d'où le dernier départ avait été celui de son mari qu'on emmenait au cimetière.

Il fallut qu'ils aient quitté le Morvan et qu'ils se soient fondus dans le flot monotone et anonyme de l'autoroute pour que revienne toute sa détermination. La soirée qu'elle passa entre son fils, sa belle-fille et ses deux petits-enfants, dans leur pavillon de banlieue, fut une épreuve pour tout le monde. Totalement indifférente à l'événement que représentait, pour ses petits-enfants, le passage de la grand-mère, elle n'avait en tête que son voyage, les retrouvailles avec Clément et la découverte de sa famille. Leurs assauts de gentillesse et les amabilités de sa belle-fille tombaient à plat. Elle houspilla son fils toute la soirée sous mille prétextes plus futiles les uns que les autres et fit tant et si bien que, lorsqu'elle les quitta, le lendemain matin, après un au revoir de pure forme, tous poussèrent un soupir de soulagement !

Le contournement de Paris, puis l'arrivée à Roissy parvinrent tout de même à la calmer quelque peu. Les innombrables embranchements d'autoroutes entre les terminaux de l'aérogare et surtout la proximité de ces énormes avions stationnés pratiquement au bord de la route dont ne les séparait qu'un grillage, la firent se tasser sur le siège de la voiture. Elle y paraissait encore plus menue.

Il fallut trouver une place de stationnement, arpenter la zone des départs, passer à l'enregistrement des bagages. Puis son fils dut la quitter. Après s'être retournée aussi longtemps qu'elle le put sur sa silhouette qu'elle voyait agiter la main, de plus en plus loin, derrière l'ultime barrière, elle fut tout à coup seule au milieu de cette foule qui n'en finissait pas d'aller et venir à grands pas pressés sans qu'on pût pour autant comprendre où elle allait.

Crispée sur les indications que son fils lui avait données et qu'il lui avait même fait répéter, elle trouva enfin le numéro de sa porte d'embarquement. Suivant les autres, elle osa les escaliers roulants, puis les couloirs interminables. Elle ne comprit qu'elle était dans l'avion que lorsqu'une hôtesse souriante, que cette vieille dame en manteau gris, canne à la main, ne pouvait laisser indifférente, vint l'aider à trouver sa place et à s'installer.

Jeanne ne put réprimer un léger haut-le-corps de stupéfaction vaguement inquiète quand, jetant un premier coup d'œil par le hublot auprès duquel elle était assise, elle vit l'immensité de l'aile de l'appareil et, en dessous, tous ces hommes et ces engins qui s'activaient. Pouvait-elle imaginer que tout ça soit si grand, si impressionnant ? Il fallut qu'on l'aide à boucler sa ceinture. Cramponnée de toutes ses vieilles forces aux accoudoirs de son siège, elle crut sa dernière heure arrivée lorsque l'avion décolla, puis les choses se calmèrent. Etonnée de ne pas être saisie de vertige, elle se plut à contempler le paysage de si haut. Elle n'avait jamais vu la mer. Il fallut qu'on lui expliquât lorsqu'ils survolèrent le littoral. L'idée de ne plus avoir que cette énorme étendue d'eau en dessous d'elle la fit un instant frémir. Quand on lui dit que douze mille mètres l'en séparait, elle eut un instant d'hésitation.

– Douze mille mètres... ça fait bien douze kilomètres, ça ? s'assura-t-elle, tout à coup prise d'un doute.

On le lui confirma. Elle ne pouvait pas y croire.

– Douze kilomètres ! Ce n'est pas possible. Douze kilomètres, c'est presque la distance de chez moi à la ville !

Elle ne parvint évidemment pas à dormir et les habituels trous d'air au-dessus de Terre-Neuve lui firent très peur. Ce ne fut rien, pourtant, en comparaison de son affolement lorsque, après l'atterrissage, trottant, malgré sa fatigue, au milieu des passagers qui quittaient l'avion, l'idée lui vint soudain qu'elle était seule à des milliers de kilomètres de chez elle et que tous ces couloirs, tous ces halls, toutes ces galeries étaient bien trop vastes pour qu'elle ait la moindre chance d'y retrouver cette petite-fille que, par-dessus le marché, elle n'avait jamais vue. Ce fut une vraie panique. Le douanier chargé de contrôler ses papiers n'eut d'autre ressource que de se transformer en confident. Il dut appeler un de ses collègues qui tenta de comprendre, rassura et poussa même l'amabilité jusqu'à aider Jeanne à retrouver son bagage sur le tapis roulant et le lui installer sur un chariot.

Enfin, il fallut franchir la porte au-delà de laquelle s'ouvrait le vaste monde québécois. Terrorisée, Jeanne se trouva à nouveau seule face à une véritable marée humaine à peine contenue par une barrière en métal chromé. Personne ne s'intéressait plus à elle. Les regards l'avaient brièvement effleurée, puis s'étaient à nouveau concentrés sur cette porte, maintenant dans son dos, d'où chacun attendait qu'apparaisse le voyageur attendu. Tout ce monde s'impatientait en parlant fort, en riant nerveusement. Où aller ? Quel geste accomplir ? Elle le voyait bien, cette pauvre Jeanne, qu'elle gênait. Ils se poussaient du coude, devant elle, pour pouvoir contourner sa personne, pourtant bien modeste, de leurs regards avides. Des larmes lui en venaient aux yeux et elle sut que, si elle y cédait, c'en serait fini de son sang-froid.

– Grand-mère !

Pas un seul instant, elle ne pensa que cet appel jailli de la foule pût lui être adressé. Son regard, pourtant, faute de pouvoir se fixer sur autre chose, se porta dans sa direction. Une petite pancarte blanche se dandinait frénétiquement au-dessus des têtes. Jeanne, incrédule cligna des yeux. « Jeanne Simare » ! C'était bien son nom, écrit en grosses lettres noires sur fond blanc, qu'on brandissait ainsi. A petit pas prudents, elle approcha.

– Grand-mère, je suis là ! C'est moi, Pasha. Laissez-moi passer...

– Ma petite-fille ! C'est ma petite-fille, bredouillait Jeanne en se cramponnant à la barrière pour ne pas défaillir pendant que Pasha tentait de se faufiler entre des groupes indifférents.

« Dieu qu'elle est grande et belle, se disait Jeanne. Mais ces yeux, ce teint, ces cheveux presque roux. Ce n'est pas nous, ça. Ça ne fait rien, je l'aime comme elle est ! »

36

Clément fut intraitable. « Descendre » jusqu'à Montréal représentait pour lui un événement tellement considérable qu'il s'obstina à l'organiser selon ce qu'il entendait qu'il soit. Il n'en démordit pas : malgré l'avis d'Alasi et les conseils de Josepi, il ne pouvait être question de voyager le plus simplement du monde sur la ligne régulière d'Air Inuit dont, trois fois par semaine, le bimoteur De Haviland 8 faisait escale à Richmond Gulf et ralliait Montréal en quatre heures.

C'était un moyen de transport pour touristes ! Le pilote de brousse aurait crû perdre son âme à en user. Il parvint à se trouver des tas de choses à faire en cours de route qui justifiaient qu'il entreprît ce voyage aux commandes de son propre appareil. La raison principale était plus sûrement une sorte de pèlerinage à rebours, un retour vers chacune des étapes de sa migration vers le Nord. S'il en eut conscience, ce qui est vraisemblable, il se garda bien d'en faire état. Seule Alasi, peut-être, en eut-elle l'intuition, mais elle n'en laissa rien paraître.

S'il n'avait tenu qu'à lui, toute la famille serait descendue à bord de l'hydravion jusqu'à Montréal. Il fallut, bien sûr, que des tas de contretemps viennent lui compliquer la vie. A l'heure où sa mère devait se poser à Montréal, il serait dans son avion, de retour de Radisson où il avait bien dû accepter de transporter les derniers touristes de Josepi. Et puis on lui faisait un tas d'histoires pour qu'il puisse se poser à Montréal-Trudeau. Comme si son petit coucou n'y était plus présentable. On lui avait même maintenu qu'il n'était pas en règle ! Etaient-ce leurs papiers et leurs règlements qui le faisaient si bien voler, son petit coucou ? Prudemment, il préféra ne pas insister.

Il décida que Pasha descendrait par le vol régulier avant le reste de la famille pour pouvoir accueillir la grand-mère. Alasi, les deux gamins et lui partiraient le lendemain, rejoindraient le lac Saint-Jean en hydravion, descendraient jusqu'à Québec en autocar et gagneraient Montréal par le train. On eut beau lui faire valoir que c'était là un plan d'une étonnante complication, qu'ils arriveraient épuisés, il ne voulut rien savoir. Il avait, disait-il, plusieurs choses à faire à Roberval ainsi qu'à Québec. C'étaient, selon lui, des choses très importantes qui attendaient depuis longtemps. Ses moyens ne lui permettaient pas de négliger l'occasion qui se présentait de les régler. Alasi n'eut d'autre choix que de se résigner, d'autant que ses fils, bien moins motivés par la connaissance qu'ils allaient faire de leur grand-mère que par l'aventure que représentait cette étonnante traversée du Québec du nord au sud, prirent sans vergogne le parti de leur père.

Ils décollèrent à l'aube. Une seule silhouette, sur la plage, agita le bras vers eux aussi longtemps qu'elle le put. C'était celle de Josepi aux pieds duquel, remarquablement sage pour l'occasion qu'il devait pressentir exceptionnelle, se tenait Amaruk.

Clément résista à l'envie de se poser à Kuujjuarapiq. L'escale de Radisson fut brève, juste le temps de dire bonjour à quelques amis. Puis ce fut cap au sud. Alasi près de lui, ses deux fils debout dans son dos, Clément fut intarissable. Il n'y eut pas un paysage, une vallée qui n'éveillât en lui des souvenirs. Silencieuse, Alasi souriait au plaisir de son mari et à la curiosité enthousiaste de ses fils. Il lui semblait qu'un vide se comblait. Les gamins étaient en train de découvrir leur père. « Pourquoi s'est-il tu si longtemps ? » s'étonnait-elle. Cette excursion québécoise n'était évidemment qu'un prélude. L'idée lui vint que Clément l'avait voulue pour se mettre en état d'aborder le reste, le plus important, qu'ils n'allaient pas manquer de découvrir en même temps que la grand-mère. Elle fit l'effort de se tourner vers lui et, à son tour, y alla de ses questions.

Le grand hangar des hydravions de Roberval avait été démonté. Seul subsistait un quai où ils purent amarrer l'hydravion. La petite ville des bords du lac Saint-Jean avait retrouvé son aspect paisible et quelque peu somnolent de cité balnéaire d'un autre temps. Clément n'y retrouva pas ses souvenirs. C'était prévisible, mais il n'en éprouva pas moins une certaine déception. Seule existait encore l'agence d'assurances où jadis travaillait Nancy. De la rue, on voyait une secrétaire s'activer derrière son bureau. Ce n'était pas elle, bien sûr. Clément eut la sensation douloureuse qu'un dernier lien ténu se rompait.

Le *Bed and Breakfast* qu'ils trouvèrent avait les pieds dans l'eau. Ce n'était pas le même, mais il y avait assez de ressemblance avec celui où il avait séjourné avec Laure, à tant d'années de là, pour que surgisse une nouvelle bouffée de souvenirs. Se rassurant à la beauté du site dont ils ne manqueraient pas de se régaler en son absence, il y abandonna sa famille et partit vaquer à ses affaires. Elles n'étaient en fait pas bien nombreuses ni importantes et tenaient surtout à l'évident besoin de solitude que faisaient naître en lui toutes ces évocations d'un passé qu'il ne pouvait partager avec sa femme.

En embarquant, le lendemain matin, dans un autocar à destination de Québec, Clément eut la désagréable sensation de perdre son identité. Rien ne distingue un pilote de brousse des autres passagers lorsqu'il attend de pouvoir embarquer, son billet à la main, dans la file anonyme. Ses fils n'avaient pas de ces inquiétudes existentielles. Leur enthousiasme et le feu roulant des questions auxquelles ils le soumettaient furent à la fois une sorte de rappel à l'ordre et un heureux dérivatif.

Après tout, Clément Simare, il faudra bien que tu te fasses à l'idée que ce n'est pas parce que tu as eu une existence un peu particulière que tu es autrement que les autres. Tu es père de famille et c'est déjà pas si mal. Assume donc !

C'est ce qu'il fit et ce fut peut-être ce qui l'aida à supporter le choc du retour à la ville. Lorsqu'ils débarquèrent dans l'immense gare routière de Québec, il lui fallut bien, quoi qu'il lui en coûtât, prendre leurs affaires en main. C'en était trop pour Alasi qui, totalement déboussolée, se cramponnait à son bras, et pour ses deux fils, répliques fidèles de tous ces Inuit dont le seul souci, lorsqu'il leur faut affronter la ville des Blancs, est de savoir quand ils pourront reprendre le chemin de leur toundra !

– Nom d'une pipe ! voulut-il les secouer, vous savez ce que c'est que la ville ! Votre mère, je ne dis pas : c'est la première fois qu'elle y vient. Mais vous ! Un an que vous êtes à Montréal !

– Parce que tu crois qu'on y est bien...

Ils tournèrent en rond durant tout un après-midi dans la chambre d'hôtel où il dut les abandonner pour aller courir quelques bureaux. La soirée fut morose et vite expédiée. Clément leur avait proposé une visite dans la vieille ville, au bord du Saint-Laurent et au pied du château Frontenac. Ils avaient décliné avec l'obstination boudeuse que sont capables d'opposer des gamins de cet âge aux projets qui ne leur conviennent pas. Aussi mal à l'aise qu'eux, Alasi avait abondé dans leur sens.

Lorsque le train s'ébranla, le lendemain matin, ce fut pour eux un répit en même temps qu'un grand soulagement. Silencieux, ils s'absorbèrent dans la contemplation du paysage durant tout le voyage. Clément se sentit trahi. Il avait fait durer les choses autant qu'il l'avait pu. Il avait baguenaudé d'un bout du Québec à l'autre pour retarder au-delà du raisonnable ce moment auquel désormais il ne pouvait plus échapper. Il le redoutait autant qu'il l'espérait. Il aurait aimé que se prolonge jusqu'au bout la diversion de leurs questions, de leurs commentaires et de leur étonnante faculté à trouver en tout raisons de blaguer et de rire.

Mais ils se taisaient. Et Clément, confiné dans une solitude que, cette fois, il n'avait pas souhaitée, sentait peser sur lui le regard compatissant d'Alasi. Elle comprenait, bien sûr. Alasi comprenait tout, toujours. Cette fois, pourtant, c'était trop. Il lui en voulut presque. Cette commisération, ce cocon d'affection lui pesaient. Un fardeau dont il eût voulu se débarrasser d'une de ces ruades énergiques dont était ponctuée son existence.

Inuksuk était pris ! Il ne pouvait plus se dérober, d'autant moins que, cette fois, c'était en lui que se déroulait le combat. A tout ce qu'il redoutait de l'inéluctable confrontation vers laquelle ils roulaient, répondait le brûlant désir d'en finir avec les regrets et ce qu'il identifiait comme une récurrente mauvaise conscience qu'il avait traînée toute sa vie dans un coin de son être sans jamais vouloir l'admettre.

Ce fut là, dans ce train qui roulait vers Montréal qu'il s'en fit enfin l'aveu et que se consuma en lui la victoire du bon sens.

– Il t'aura fallu tout ce temps... maugréa-t-il à mi-voix.

– Tu dis ? s'inquiéta Alasi qui ne le quittait pas des yeux.

– Rien, grogna-t-il en faisant mine de s'intéresser au paysage.

Si on n'y a pas une bonne raison, on ne s'attarde jamais sur un quai de gare. Ce n'est pas un lieu d'une folle gaieté. Ceux de la gare centrale de Montréal, outre qu'ils sont le plus souvent balayés d'une bise glaciale, sont franchement sinistres et de nature à ce qu'on désire les quitter le plus vite possible. D'ailleurs, il ne viendrait à l'idée de personne d'attendre un voyageur sur le quai de la gare centrale de Montréal. Il suffit pour cela de se tenir en haut des escaliers remontant comme d'un puits de chacun de ces quais. On y est bien. Il fait bon, on y baigne dans une lumière agréable et le va-et-vient de la foule sillonnant l'immense hall surplombant les quais a quelque chose de détendu et de souriant, qui ne peut qu'ajouter au bonheur des retrouvailles.

Pasha, rose d'excitation, s'était accoudée à la balustrade de pierre entourant l'escalier au-dessus duquel était annoncé le train de ses parents et de ses frères. Lorsqu'ils parurent, encombrés de leurs bagages, elle bondit.

– Papa, maman ! Je suis là !

Ils finirent de gravir les marches, posèrent leurs sacs et leurs valises, reprirent leur souffle.

– Eh bien, et ta grand-mère ?

– Elle est là. Elle vous attend.

Elle s'empara des bagages de son père et le poussa devant elle.

– Va !

Clément se raidit. Sur presque toute la longueur de la grande esplanade souterraine, entre les galeries marchandes la reliant au reste de la ville, à peine séparées de la foule par quelques barrières aux couleurs claires, les terrasses se succédaient, offrant leurs tables et leurs chaises aux consommateurs qui s'approvisionnaient aux échoppes les plus proches. Devant ses petits plateaux et ses grands cafés crème plantés d'une paille, un peuple bigarré devisait ou lisait son journal, paisiblement, étranger au va-et-vient incessant des voyageurs.

Elle était là, bien sûr, à quelques mètres de Clément, mais il lui fallait la trouver tout de suite, sans délai, comme si l'instinct devait guider son regard, faute de quoi se reconnaîtrait-il seulement ? Il en fut brièvement glacé d'angoisse. Très brièvement car, bientôt, il n'y eut plus devant lui que ce sourire, ce petit sourire discret, timide, presque effarouché, là, tout proche, juste derrière une barrière.

Il crut un instant qu'il lui serait impossible de se remettre en marche. Il dut fournir un effort énorme pour que l'ordre émanant de son cerveau tétanisé parvînt à ses jambes de se remettre en branle. Il réussit à bousculer trois personnes et trébucha dans un bagage posé là, près d'un voyageur qui attendait on ne sait quoi, pour accomplir les quelques mètres qui le séparaient de la barrière.

– Maman !

– Ah, parce que, malgré tout ce temps, tu sais encore dire ça ?

Il avait suffi qu'il s'approche et qu'il prononce ce mot pour que la vieille dame surmonte son émoi et retrouve tout son aplomb.

– Ne reste donc pas là planté comme un poireau derrière ta barrière ! Amène-moi toute ta famille et présente-la moi.

Pasha était déjà près d'elle.

– Non, pas celle-là. Je la connais depuis longtemps. Rien que pour elle, tu es déjà à moitié pardonné !

Il n'y avait même pas eu à rompre la glace. Il n'y en avait pas eu. Elle avait fait rire tout le monde. Debout, près de sa table, elle les accueillit tous dans ses bras, les uns après les autres, Alasi en premier, les garçons ensuite, Clément pour fermer le ban. Quand, presque cérémonieusement, elle lui eut tendu une joue puis l'autre, elle ne le lâcha pas. Elle attira Alasi, les serra l'un contre l'autre, les dévisagea longuement.

– C'est fou ce que vous allez bien ensemble, conclut-elle. Venez, ajouta-t-elle en les poussant vers des chaises en face de la sienne. Asseyez-vous là, que je vous voie bien. Et vous, là !

Elle répartissait son monde. Avec une étonnante énergie, elle houspillait l'un, installait l'autre.

– Que je vous voie bien ! répéta-t-elle.

Ils s'installèrent. Pasha revint avec des cafés qu'elle distribua. Cela leur donna une contenance. Jeanne ne quittait plus Clément des yeux, et lui, perdu, sans voix, ne savait plus rien de ce qu'il aurait voulu dire.

– Tu vois, dit-elle enfin, tu as eu raison. Ton père, il n'aurait jamais voulu que tu restes au pays. Une tête, que ton père, tu le sais bien. Et puis, dans ce temps-là, qui restait au pays ? Mais tout de même, une petite lettre, de temps à autre, pour donner des nouvelles, tu aurais peut-être dû. Tu ne penses pas ?

Anost, le 20 avril 2005.

Remerciements

Ce livre ne doit d'exister qu'à la constance de la confiance et de l'aide que j'ai rencontrées durant ma longue démarche initiatrice vers les Inuit et pendant mon séjour chez eux.

La division de l'écrit et des médiathèques du ministère des Affaires étrangères, et plus particulièrement Yves Mabin, son chef, et Agnès Maury qui ont permis que se réalise ce fabuleux voyage.

Paul Bussières, écrivain québécois (Prix de l'Astrolabe 1992 pour *Mais qui va donc consoler Mingo* [1] *?*) qui a voué sa vie aux Inuit et fut mon conseiller attentif. Roger Beaudoin qui, comme Paul Bussières et avec lui, a œuvré toute sa vie pour que revive la nation inuit, et qui me remit une documentation d'une rare qualité. Louise Ducap, rencontrée presque par hasard à Kuujjuaq, qui sut, de quelques mots, me mettre sur la voie lorsque je doutais de parvenir à comprendre.

Jean-Marie Arseneault, pilote de brousse sans qui j'aurais pu ignorer une des dimensions essentielles de l'épopée inuit : celle des aventuriers.

Et puis tous mes amis inuit parmi lesquels je citerais Elijah Imbeault, maire de Kangiqsualujjuaq, George

1. Editions Robert Laffont.

Pilurtut et sa femme Alasi, de Kangiqsujuaq, le jeune mais si dynamique Charlie Epoo Pallisier d'Inuqjuaq, et tant d'autres à qui je dois d'avoir osé ces lignes.

Cet ouvrage a été composé et imprimé par

FIRMIN DIDOT

GROUPE CPI

Mesnil-sur-l'Estrée

pour le compte des Éditions Anne Carrière
104, bd Saint-Germain 75006 Paris
en mars 2006

Imprimé en France
Dépôt légal : avril 2006
N° d'édition : 386 – N° d'impression · 78388